中国渭河流域の西周遺跡

飯島武次編

同 成 社

はじめに

渭河流域の西周遺跡

　陝西省中央部を西から東に流れる渭河の北岸の宝鶏市から武功県にかけての一帯は、広い意味での周原に当たり、史書に見られる周建国の舞台になっている。后稷棄の邰、公劉の豳、古公亶父の周城などは、その伝承の地に関して各説があるが宝鶏市から武功県にかけての渭河流域に伝承が展開している可能性が高い。特に『詩經』大雅・緜篇、『竹書紀年』、『史記』周本紀には、古公亶父が豳から岐周に遷り、岐邑を造営する歴史が記載され、この古公亶父の周城は、渭河北岸の黄土台地に位置すると考えられる。この時代に入ると考古学的な遺跡と史書の記載が結びつき、歴史上の事実として考古学的な遺跡・遺物の調査が可能となってくる。

　渭河流域の先周文化・西周文化に対する考古学的研究は、1930年代から行われ、蘇秉琦氏が1934年から行った宝鶏市鬪鶏台遺跡の西周墓と土器の調査研究や、石璋如氏が1943年に行った渭河流域の周城・豊京・鎬京の位置に関わる西周時代遺跡の地理学的調査がよく知られている。しかし、遺跡・遺構・遺物の本格的な研究が広く開始されたのは1970年代後半からと言っても過言ではない。先周時代・西周時代にかかわる周城・豊京・鎬京の位置問題、西周王陵の探索は、今日においても重要な研究課題である。西周王朝の遺跡に関しては、考古学的な研究が日々進んでいるにもかかわらず相変わらず不明な点が多い。西周王陵の所在に関しては、2004年の秋、陝西省岐山県周公廟の北東に位置する陵坡で西周王侯貴族墓地が発見されたことによって解決したかに思われたが、現状では、結論は先送りされ未解決のままである。もし、周公廟陵坡の西周墓発掘において文字資料等が出土し西周王陵の存在が証明されることになれば、それは21世紀最大の世界的な考古学の発見となるであろう。周公廟陵坡西周王侯貴族墓地の発見によって、亜字形を呈する西周大墓の存在が明らかになったことはたしかであるが、西周王陵の確認には結びついてはいない。西周の都城の所在に関しても、周城の位置に関する問題は、扶風県召陳村・雲塘遺跡、岐山県鳳雛村遺跡に存在する大型建築址の発見によって1970年代から1980年に問題のすべてが解決したかに思われたが、岐山県周公廟南の西周時代大型建築址群および窯・灰坑などの遺構群の発見や、西周時代水溝村故城の発見によって振り出しにもどった感じがする。先周・西周考古学は、相変わらず不明の点が多い、解決の待たれる課題が山積している。中国考古学を研究する者にとって先周・西周考古学は、相変わらず最も興味ある時代として新たな研究課題を提供している。

　西周王朝の建国時期にかかわる歴史は、『尚書』『詩經』『史記』などの文献史料に記載がある。六朝時代には、それらの史料に基づいて現在の武功県の西、武功鎮付近の漆水河西岸から、扶風県に至る一帯が周原と考えられていたものと推定される。現在、西安市から宝鶏市に向かう高速道路は、武功のインターチェンジを越えるとまもなく漆河を渡るが、周の古公亶父はこの漆河を渡り、岐山を越え、岐下に於いて戎狄の風俗から抜け出し、築城し、邑を築いたと言われている。漢代の美陽県の西北に岐山があり、岐山之陽つまり岐山の南に、周成王が大蒐（春に狩りを行う）した周

城があるならば、周城の位置は、美陽県の西北、岐山の南に位置していたことになる。いずれにしろ古公亶父から文王に至る周の本拠地に関しては、今の渭河の北岸、宝鶏市から武功県にいたるいずれかと見る考えが有力で、この地域を広い意味での「周原」と呼んできた。また現在の陝西省扶風県法門寺付近を漢代の美陽県と見る考えがあり、扶風県召陳村から岐山県鳳雛村一帯の斉家溝両岸を狭い意味の「周原遺跡」と呼び、1980～1990年代にはこの地を古公亶父の周城とする考えが概ね定説となっていた。

調査への道程

渭河北岸の所謂周原に対する考古学的な調査は、1934年から1937年にかけての蘇秉琦氏による宝鶏市の闘鶏台遺跡に対する発掘が最初であった。1943年に石璋如氏は、当時、周原あるいは岐邑と推定された地域の踏査を行っている。その後、この地に対する本格的な調査は、1976年に行われた扶風県召陳村遺跡の宮殿址発掘や岐山県鳳雛村建築址西周甲骨出土灰坑の発掘まで行われなかった。

筆者が渭河流域の遺跡を初めて訪れたのは1985年3月のことである。この頃『文物』に掲載された報告により扶風県召陳村遺跡や岐山県鳳雛村建築址の存在をすでに知っていた。ようやく中国国内における外国人の1人旅行が許可されるようになり、西安市の公安局に出向き宝鶏市への外国人旅行許可書を入手することができたが、扶風県・岐山県への旅行許可は出なかった。北京大学考古系研究生として西安に滞在していた徐天進氏と、1985年3月26日の西安駅発10時22分の列車に乗ったが、宝鶏駅着は午後3時22分で、西安・宝鶏間の移動に5時間を要している。今日、西安・宝鶏間は高速道路を利用すれば2時間半たらずで移動でき、隔世の感がする。

この1985年3月の旅行では宝鶏市の竹園溝遺跡・茹家荘遺跡などを見学したが召陳遺跡や鳳雛村遺跡を訪ねることができたのは、翌1986年の夏になってからであった。1985・1986年に渭河流域の西周遺跡踏査を希望し、訪れたのは、この地が西周建国の地であったことに他ならない。

その後、西周建国の地は、考古学の醍醐味を最も深く味わえる場所だと思いつづけていたが、20年ちかく経て、北京大学考古文博学院教授となった徐天進氏からの誘いで、2003年9月と2005年9月に、駒澤大学の考古学実習として扶風県周原遺跡と岐山県周公廟遺跡の発掘調査に参加する機会に恵まれた。この周公廟遺跡の発掘に関しては、徐天進「周公廟遺址的考古所獲及所思」(『文物』2006年第8期) に詳しく報告されている。徐教授によれば、周公廟遺跡の先周文化層 (殷墟第4期併存) は西周時期の文化層に破壊され、今日残る周公廟遺跡の遺構の時期は西周時代に属し、先周時代の遺物を包含するものの、古公亶父の岐邑の時期ではなく、遺構の年代からは周公の采邑である可能性が高いと言う。

2003・2005年の考古学実習と先周西周時代遺跡・遺物の研究を踏まえ、2005年秋に「中国渭河流域における西周時代遺跡の調査研究」の研究課題名で、文部科学省科学研究費補助金を申請したところ、翌年から補助金を得ることができ、2006・2007・2008年の3ヶ年に渡って発掘調査を実施することができた。またこの研究企画の実行に当たって、海外共同研究者として、北京大学考古文博学院および陝西省考古研究院の諸先生の協力を得ることができた。

研究の目的

　周原遺跡における近年の発掘成果を基礎に、古公亶父の周城の位置を確定し、その他の西周王朝の都城の位置を考古学的に確認し、あわせて西周王陵の位置と実態を明らかにすることを研究の目的とした。そのため上記の3年間にわたって先周・西周遺跡の分布踏査・測地調査を行い、併せて中国側が行う周城を求めての発掘調査に参加した。

　周武王が殷を滅ぼす以前を先周時代と呼ぶが、この時期の古公亶父は岐山を越えて周原に遷り、周城を築き、周を建国したという。この周城に関して現在までの見解は、陝西省扶風県と岐山県の間を流れる斉家溝を挟む方約5kmの範囲、つまり狭義の周原遺跡とする説が有力であった。この説に到る考古学発掘報告や論文としては、陝西周原考古隊「陝西岐山鳳雛村西周建築基址発掘簡報」(『文物』1979年第10期)・陝西周原考古隊「扶風召陳西周建築群基址発掘簡報」(『文物』1981年第3期)・羅西章『北呂周人墓地』(西北大学出版社、1995年)・尹盛平『周原文化与西周文明』(江蘇教育出版社、2005年)・曹瑋『周原遺址与西周銅器研究』(科学出版社、2004年) など、多数の報告や論文がある。しかし、これらの報告や論文は周原遺跡が周城である可能性を示唆してはいるが実のところ最終的な結論にはいたっていない。

　飯島と徐教授は、2003年時点の考古学的な諸研究から、周城の位置は、従来から考えられている陝西省扶風・岐山県境界に位置する斉家溝両岸の召陳村遺跡・荘白遺跡・雲塘遺跡・鳳雛村遺跡などの遺跡群ではなく、そこから西へ25kmほど隔たった陝西省岐山県の周公廟付近である可能性が高いとの初歩的な結論に達した。その初歩的な結論の根拠は、岐山県周公廟南側扇状地における西周時代の空心塼の散布、高領乳状袋足分襠鬲破片の散布、付近における過去の西周青銅器発見を拠り所としていた。北京大学による2003年12月の周公廟周辺地域に対する一般調査で西周甲骨片を発見し、それに基づいて2004年に入って行われた北京大学考古文博院と陝西省考古研究院による予備的な調査では、再び多くの西周甲骨文の発見があり、灰坑や窯などの諸遺構の発掘もあり、さらに周公廟の東北において王陵に匹敵する西周大型墓群の存在が確認され、そのうちのM18号墓の発掘調査も行われた。岐山県周公廟遺跡が、周城であるか否かを此度の研究目的の一つとする。しかし、周城は周原遺跡でも周公廟遺跡でもない、新たな第3の遺跡である可能性もある。

調査研究の組織・経過・展望

　研究組織は、研究代表者・飯島武次、海外共同研究代表者・徐天進(北京大学考古文博学院教授)とした。研究分担者として酒井清治(駒澤大学文学部教授)・設楽博己(駒澤大学文学部教授)・石井仁(駒澤大学文学部准教授)・西江清高(南山大学人文学部教授)・鈴木敦(茨城大学人文学部教授)・渡部展也(中部大学人文学部講師)の諸氏、また海外共同研究者として雷興山(北京大学考古文博学院准教授)・焦南峰(陝西省考古研究院院長)・王占奎(陝西省考古研究院副院長)の諸氏が加わった。また研究協力者として古庄浩明(駒澤大学文学部非常勤講師)のほか駒澤大学の大学院生もしくは卒業生である以下の諸氏が参加した。

　　堀渕宜男・菊地大樹・高野晶文・長尾宗史・佐藤絵里奈・鯨井美咲・中村慶子・正木未央・

　　八尋ゆかり・岸本泰緒子・瀧音大・松下賢・坂爪絵美

　調査経過の概要は下記の通りである。

◎2006年の調査（8月23日～9月21日）

　8月23日～9月10日に、飯島・西江・渡部が北京大学の徐天進教授および陝西省考古研究院の王占奎副院長の協力のもとに渭河流域遺跡の分布調査と測地を行い、調査の中心地としての扶風県・岐山県・鳳翔県・彬県付近を踏査した。さらに9月7日～21日に、飯島・酒井・設楽の3名、および調査補助員としての大学院生2名が陝西省岐山県において西周時代考古遺物の調査研究を行い、あわせて北京大学考古文博学院・陝西省考古研究院が主体者として行う陝西省岐山県の祝家巷北遺跡の発掘調査に参加した。祝家巷北遺跡は甲骨文字の出土した先周・西周時代遺物散布地である。

◎2007年の調査（8月23日～9月19日）

　8月23日～30日に、飯島が岐山県の周公廟田野考古教学実習基地で、2006年度発掘遺物の写真撮影を行い、あわせて漢中出土の青銅器の観察を行った。続いて西江・渡部が9月3日から渭河流域先周・西周遺跡の分布と水源関係の調査を行い、また9月7日～19日に、飯島・酒井・設楽が周公廟南西付近で行われた遺跡調査に参加したが、この期間の主たる研究目的は、北京大学考古文博学院・陝西省考古研究院が主体者として行う陝西省岐山県の廟王村地点の発掘調査に参加することであった。廟王村地点は甲骨文字の出土した先周・西周時代遺物散布地である。

◎2008年の調査（9月7日～19日）

　陝西省岐山県の周公廟遺跡祝家巷北A1・A2地点の発掘調査に参加した。A1・A2地点は先周・西周時代遺物散布地である。調査参加後の11月6日に、徐天進教授より祝家巷北A2地点（2008QFⅢA2）の溝から多くの西周甲骨が出土したとの連絡を受けた。甲骨文字のある遺物も含まれ、甲骨文字の総数は1976年に鳳雛村甲組建築址で発見された西周甲骨の文字数よりも多いとのことであった。

　以上の研究活動の成果については、飯島が「中国渭河流域における先周・西周時代遺跡の踏査」として本書に報告した。また西江清高氏・渡部展也氏には渭河流域に広がる先周・西周遺跡の立地に関して衛星写真を用いた先進的な研究を掲載してもらった。鈴木敦氏には所謂周原以外の地に存在する西周甲骨出土遺跡の現状をまとめてもらい、石井仁氏からは、時代は下るが後漢・南北朝時代の渭河流域における村塢（環土塁集落）に関する論文を本報告に付けてもらった。この論文は、先周・西周時代のこの地における采邑や集落の分布を考える時、重要な手がかりを与えてくれるものと思われる。

　これらの研究・調査の成果が、日本における中国考古学研究の進展に一定の役割を果たすであろうことを確信している。

　2009年2月

飯島武次

目　次

はじめに ……………………………………………………………飯島武次

1. 中国渭河流域における先周・西周時代遺跡の踏査 ………………飯島武次 ……… 1
2. 渭河流域における先周・西周時代墓地の地形図と分布図 …………長尾宗史 ……… 51
3. 関中平原西部における周遺跡の立地と地理環境 …………西江清高・渡部展也 ……… 63
　　──水資源の問題を中心として──
4. 周公廟遺跡から得られた考古資料と所感 ……………………………徐　天進 ……… 93
5. 周原以外の有字西周甲骨出土遺跡の現状 …………………………鈴木　敦 ……… 105
6. 渭河流域における村塢の基礎的研究 ………………………………石井　仁 ……… 115

渭河流域先周・西周考古学文献目録 …………………………………飯島武次 ……… 135

おわりに ……………………………………………………………飯島武次 ……… 149
中文提要 ……………………………………………………………飯島武次 ……… 151

中国渭河流域の西周遺跡

1．中国渭河流域における先周・西周時代遺跡の踏査

飯島　武次

はじめに

　周王朝が担った西周文化は、古代中国における禮制、儒教、封建的価値観の母体となっている。周初の文化を理想とした孔子の思想や儒教が、日本の封建時代の学問、制度、価値観に与えた影響は極めて大きい。戦国武将の織田信長は、稲葉山城を占領し、井口と呼ばれていた城下町を岐阜と改めたが、それは周文王が岐山より起こり天下を定めた故事に倣ったものと言われている。そのような理由から、我々日本人の西周文化や西周王朝に対する関心は大変大きい。

　周は、第1代の武王が、最後の殷王である帝辛紂を牧野に破って成立した王朝である。周が殷を破った年代に関しては各論があり確かではないが、前11世紀の終わりごろと考えられている。陳夢家氏は、この年を前1027年としているほか、董作賓氏の前1111年説、新城新蔵氏の前1066年説などが古典的な克殷の年として有名である。近年では、平勢隆郎氏の前1023年説、中国夏商周断代工程専家組の前1046年説が提唱されている。近年になって武王による西周の成立および鎬京造営以前の所謂克殷前の周関係遺跡の存在が考古学的に明らかになり、その研究成果に多くの注目が集まっている。今日の先周・西周時代研究の現状から見れば、周王室発祥の地は、陝西省渭河流域の何れかの地と考えられる。先周文化と認識される遺跡が分布する地域の中心は、渭河流域の周城を含むであろう周公廟・周原地域と豊京地域で、それに渭河の支流である涇水の上流域も加わる。古来言われてきた広い意味での周原は、陝西省にある岐山の南山麓で、渭河の北岸に広がる台地のいずれかの地域である。周城の位置が、岐山県と扶風県の境を流れる斉家溝の両岸の所謂「周原遺跡」である可能性は排除できないが、所謂周原遺跡が古公亶父・太王の邑であるとの最終的な結論を出すには至っていない。筆者もかつて所謂周原遺跡を太王の周城であると述べたことがあるが[1]、その後の21世紀に入って明らかになった新資料を踏まえると、その位置に関してはより柔軟に考えるべきで、西は宝鶏市付近より、東は漆河の流域、武功県付近まで、北は鳳凰山を中心とした岐山の南山麓、南は渭河までのいずれかの地点と考えるべきであると考えが変った。この地域には多数の大規模な先周・西周遺跡が分布し、新しい事実が明らかになっている。

　この陝西省武功県から宝鶏市に至る渭河流域の先周・西周時代遺跡にかかわる考古調査は、1930年代から行われ、蘇秉琦氏が1934年から行った宝鶏市闘鶏台遺跡の西周墓と土器の調査研究が最も早いもので、今日においても蘇秉琦氏の研究が出発点となっている[2]。また石璋如氏が、1943年に行った渭河流域の周城・豊京・鎬京の位置に関わる西周時代遺跡の地理学的調査がよく知られ、この時に石璋如氏は、今日の武功県・岐山県・扶風県など広い意味での周原地域を踏査している[3]。新中国成立後は、1959年に中国科学院考古研究所の趙学謙氏等が渭河流域の考古学的一般調査を行い、今日の宝鶏市・彬県・武功県・鳳翔県一帯の調査簡報を公にし、そこで宝鶏市姫家店遺跡の高

領乳状袋足分襠鬲の写真を示している⁽⁴⁾。

　この度、「中国渭河流域における西周時代遺跡の調査研究」の研究課題で、2006・2007・2008（平成18・19・20）年度の3ヶ年にわたり科学研究費補助金の採択を受けることが出来た。渭河流域に分布する先周・西周遺跡を踏査し、測地図等を収集し、遺物研究資料を収集・撮影し、併せて中国側の北京大学考古文博学院・陝西省考古研究院が行う発掘調査に参加した。上記の調査研究活動の中で、主として研究代表者・飯島武次が踏査した先周・西周遺跡の研究経過を報告し、あわせて収集した遺跡・遺物研究資料（実測図・写真）の一部を紹介する。

（1）　古典文献に見える先周・西周時代の邑・都について

　周原の位置とその広がりを考古学的に考証できるのは、周原に関しての古典文献の記述が存在するからである。周の始祖は、后稷棄であると言われている。后稷は舜によって『邰（斄）』に封ぜられたが、邰に関しては、『史記』周本紀に

　　　封棄於邰。號曰后稷。

とあり、邰は棄の母である姜原の国で、棄の生まれたところと言われている。邰は陝西省武功県付近との説も有るが、考古学的にはその地点はまったく不明である。

　后稷棄の4代後の周公劉のころ『豳（邠）』に移ったという。『詩經』大雅、公劉には、

　　　豳居允荒、篤公劉、于豳斯館。

また『史記』周本紀には、

　　　公劉卒、子慶節立、国於豳。

そして、『漢書』地理志、栒邑県には

　　　栒邑有豳郷、詩豳国、公劉所都。

　この豳は陝西省彬県付近との説も有るが、考古学的にその地点は確定していない。邰や豳に関しては、その地点について各説があり、ある意味では伝説的な時代で、考古学的に明らかにするにはまだしばらく時間が必要である。

　后稷から13代目の古公亶父（太王）は豳より岐山のもと「周原」に移り、姜族の女と結婚し、ここに城を築いたと伝えられている。この周原の名を取って「周」と称するようになったと言う。『詩經』大雅・緜篇には、

　　　民之初生、自土沮漆、古公亶父、陶復陶穴、未有家室、古公亶父、来朝走馬、率西水滸、至于
　　　岐下、爰及姜女、聿来胥宇、周原膴膴。

と、周原に至った古公亶父を歌っている。『史記』周本紀および「集解」には、

　　　古公亶父立……乃與私屬逐去豳、渡漆沮、踰梁山、止于岐下。「集解」徐廣曰、岐山在扶風美
　　　陽西北。其南有周原。駰案皇甫謐云邑於周地、故始改國曰周。

とある。この「集解」によれば、六朝時代には、現在の武功県の西、武功鎮付近の漆水河西岸から、扶風県に至る一帯が周原と考えられていたものと推定される。さらに『史記』周本紀には、

　　　盡復歸古公於岐下、及他旁国、聞古公仁、亦多歸之。於是古公乃貶戎狄之俗、而営築城郭室屋、
　　　而邑別居之。

とあり、岐下に於いて周が戎狄の風俗から抜け出し、築城し、邑を築いた様子を述べている。『竹書紀年』には殷武乙の元年に

  ……邠遷于岐周、三年……命周公亶父賜以岐邑。

と見られる。この古公亶父が、移った岐下または岐邑あるいは周城と呼ばれた地に関しては、文献上に多くの記載があるが、問題も多い。『漢書』地理誌の美陽県下注には、

  禹貢岐山在西北、中水郷周大王所邑。

とある。この中水郷と周城について、『水経注』渭水注は、

  岐水……逕周城南、城在岐山之陽而近西、所謂居岐之陽也、非直因山致名、亦指水取稱矣、又歷周原下。北則中水郷成周聚、故曰有周地、水北即岐山矣。

とある。これによると、雍水の支流である岐水は、周城の南を流れ、周原の下を経て、その北が中水郷成周聚であるという。雍水および岐水の北の地に周城が存在したことは明かであるが、これだけでは不明の点が多い。『左傳』昭公四年の条に、

  成有岐陽之蒐。

と、この杜預注に、

  周成王歸自奄、大蒐於岐山之陽、岐山在扶風美陽縣西北。

とある。これによって美陽県の西北に岐山があり、岐山之陽つまり岐山の南に、周成王が大蒐した周城があるのならば、周城の位置は、美陽県の西北の岐山との中間に位置していたことになる。『後漢書』郡国志には、

  美陽、有岐山、有周城。

とあって、これは前述の『左傳』杜預注の記載にも合致する。また六朝時代に周城と推定された地が美陽県下に含まれていたことが知られる。『括地志』では、美陽を周城と理解し、

  故周城一名美陽城、在雍州武功県西北二十五里、即太王城也。

と言っている。この漢代・六朝の美陽県の位置ついては若干の見通しが立つはずである。今のところ美陽県の位置を最終的に決定する確実な資料はない。しかし、漢代瓦などの若干の出土遺物によって、今日の扶風県法門寺（崇正鎮）付近を漢の美陽県とする考えがある。今日の陝西省扶風県法門を美陽県と推定すれば、その西北は、扶風県召陳村・斉家村、岐山県鳳雛村・賀家村一帯で、ここが周原の中心の周城付近とする考えが、1980年代には有力であった。確かに漢代以降、今日に至るまで、陝西省の扶風県・岐山県の境である斉家溝（七星河の上流）の両岸からは、たびたび西周青銅器が発見されている。

 古公亶父の孫・文王は武王を連れて「豊」に都した。『詩經』鄭玄「周南召南譜」の記載には、

  周召者禹貢雍州岐山之陽地名。……文王受命、作邑于豊、乃分岐邦、周召之地為周公旦、召公奭之采地、施先公之教于己所職之國。

とあり、文王の豊京が造営され、また周公旦・召公奭の采邑が営まれたことが知られる。豊京の遺跡は、澧河の西岸に比定されている。豊京に関しては、『詩經』大雅・文王有聲に、

  文王受命、有此武功、既伐於崇、作邑於豊、文王烝哉、築城伊淢、作豊伊匹、匪棘其欲、遹追来孝、王后烝哉、王公伊濯、維豊之垣、四方攸同、王后維翰、王后烝哉、豊水東注、維禹之績、

> 四方攸同、皇王維辟、皇王烝哉。

と見られる。この豊の位置について『説文解字』には、

> 酆、周文王所都、在京兆杜陵西南、從邑豐聲。

と、『後漢書』郡国志には、

> 杜陵酆在西南。

と、『詩經』大雅・文王有聲の鄭注に、

> 豐邑在豐水之西、鎬京在豐水之東。

と見えている。『史記』周本紀正義には『括地志』を引いて、

> 周豐宮、周文王宮也、在雍州鄠県東三十五里。

とも言う。文王が遷都した豊京について、後漢から六朝にかけて、おおむね灃河の西岸との考えが定着していたようである。

　文王の子・武王はさらに「鎬」へ遷都したと言われている。鎬京に関しては、『詩經』大雅・文王有聲に

> 鎬、京辟廱……考卜維王、宅是鎬京。

とあり、『傳』に

> 武王作邑於鎬京。

さらに先に引用した『詩經』大雅・文王有聲の鄭注にも「豐邑在豐水之西、鎬京在豐水之東」とある。『説文解字』には

> 鎬、武王所都、在長安西上林苑中。

後の『雍録』には

> 諸家皆言、自漢武帝穿昆明池後、鎬京故基、皆淪入於池。

ともある。武帝の昆明池造営によって鎬京の遺跡は破壊されたとも伝えられる。

　そして、武王の後第2代の成王の時代に、周公は東方経営の根拠地として洛邑（洛陽）に王城と成周を築いたと伝えられている。考古学的に多少とも明らかにできる先周時代の遺跡は古公亶父の周城の探索からである。つまり考古学的に取り扱うことのできるのは、古公亶父から文王・武王にかけての時代で、先周文化の主たる分布地域は宝鶏市から武功県に至る古来から言われる広い意味での周原の地である。

　考古学的に取り扱うことが可能な渭河流域に分布する先周・西周時代の邑・都は、周城・豊京・鎬京（宗周）である。周城・豊京・鎬京はいずれも渭河の流域に存在し、周城を溯る豳や邰も渭河の流域あるいはその支流域に存在するものと予測される。そしてこれら先周・西周時代の都城址に推定される地域の周囲には、同時代の多数の遺跡の存在が確認されている（第1図）。

(2) 渭河流域の先周・西周時代遺跡

① 周原遺跡の大型建築遺構

　今日、特に「周原遺跡」と固有名詞で呼ばれている遺跡は、一説に太王の周城と推定される地域で、岐山県の京当・鳳雛・賀家・礼村・王家、扶風県の張家・斉鎮・斉家・劉家・召陳・任家・康

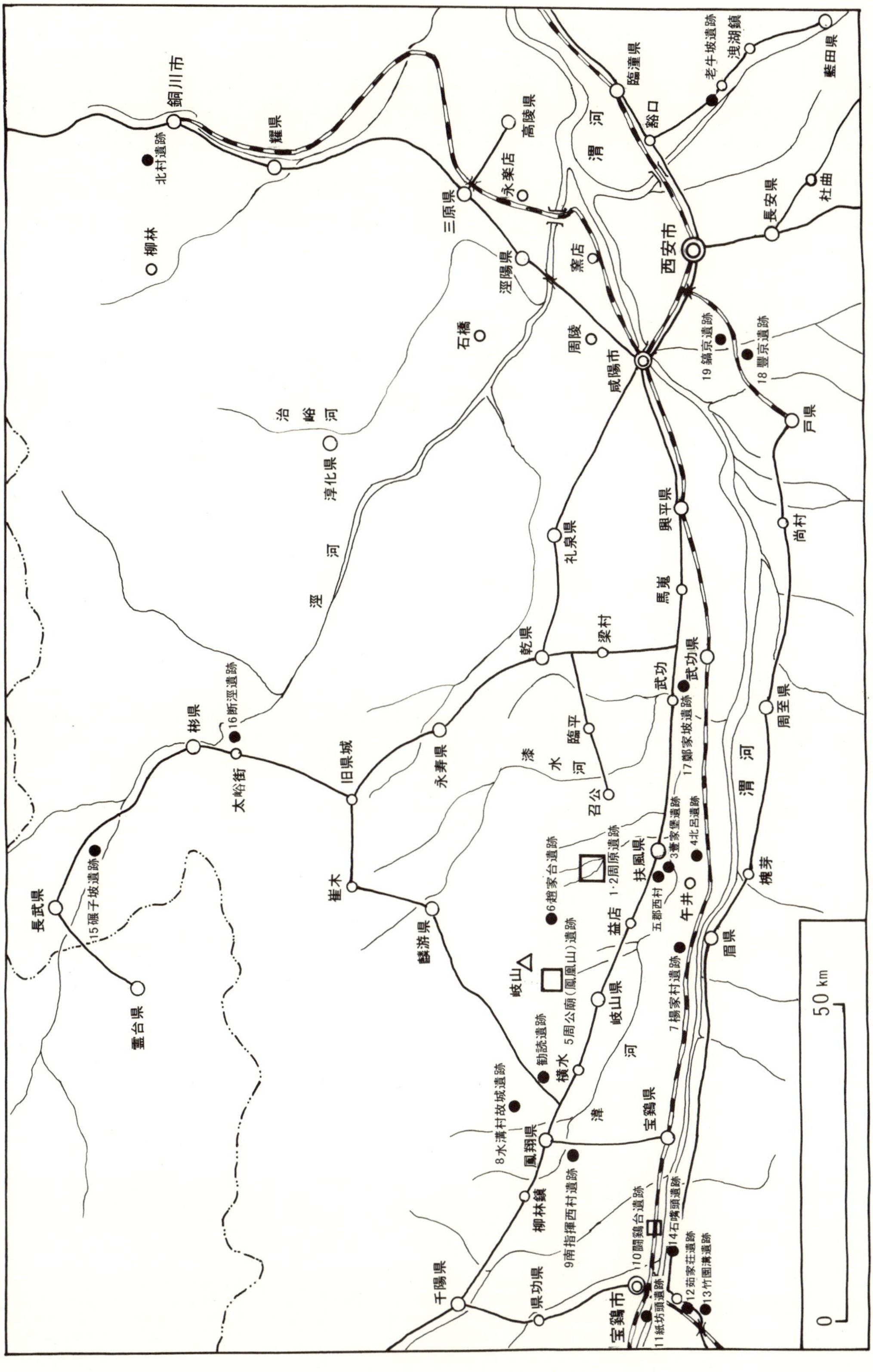

第1図 調査遺跡分布図

家の各村落を包括する方約 5 kmの範囲である（第 2 図）。この範囲内の幾つかの地点には先周・西周時代の大型建築址・窖蔵・墓・鋳銅遺跡が存在する。

(a)鳳雛村甲組建築址

陝西省岐山県の鳳雛村では、一群の西周時代建築址が発見されている（第 3・4 図）[5]。この建築址は、鳳雛村の東南約200mで発見され、甲組建築基址と呼ばれる建物で、最も早く発見された西周大型建築址の一つである。『文物』1979年第10期の報告に基づいて、この建物群を紹介すると、建物の大きさは南北長さ45.2m、東西幅32.5m、面積は1469m²である。この建物の方向は基本的に南北方向を向いているが、多少西に偏している。建築群は南から北に影壁・門堂・前堂・後室と並び、東と西に東室（東廂）列と西室（西廂）列が並び、東室・後室・西室の内側を回廊が回る。甲

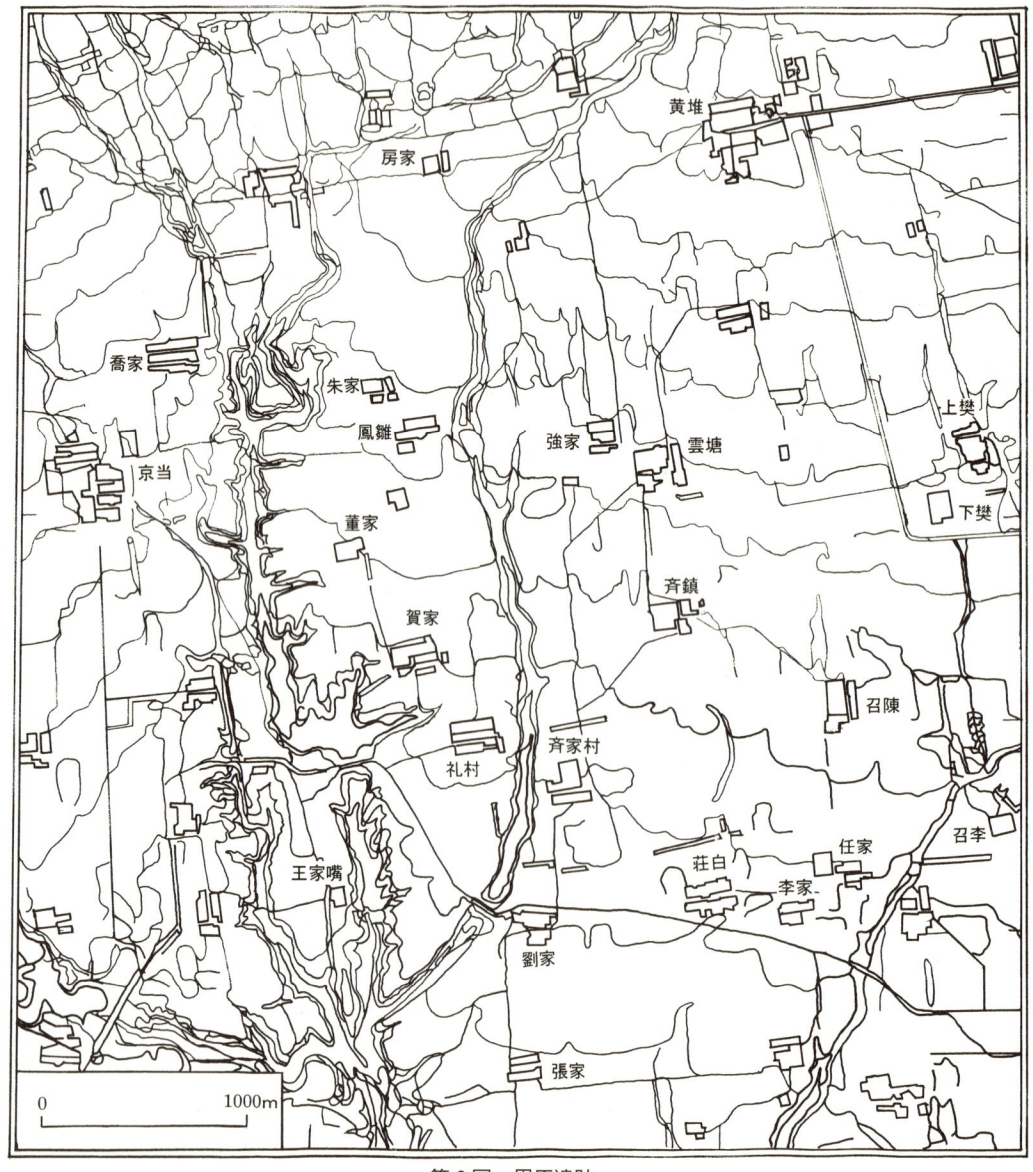

第 2 図　周原遺跡

第3図　鳳雛村甲組建築址発掘地点（岐山県）

組建築址のこれらの建物群は全体として四合院式の建築様式を呈している。

門道は東西の門房の中央を貫き、東西幅は3mである。門道の中間はやや高くなり、それぞれ南北方向に緩い傾斜を為し、地面は漆喰状に硬くなっている。東門房、西門房とも東西長さ8m、南北幅6m、高さ0.48mほどの基壇上にのっている。東門房の基壇下には南北に走る陶製の排水管が敷設されている。中院は中庭である。東西長さ18.5m、南北長さ12mの大きさを占め

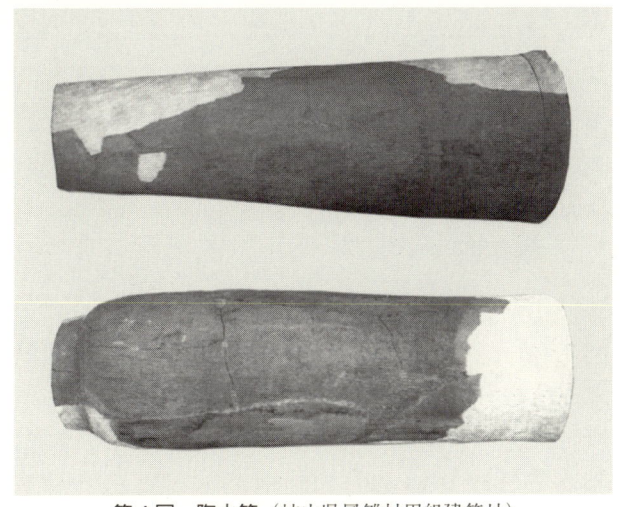

第4図　陶水管（岐山県鳳雛村甲組建築址）

ている。中庭は周囲の基壇面より0.61mないし1mほど低くなっている。前堂に向かって3組の階段が存在する。

　前堂は甲組建築址の中心をなす建物である。前堂基壇の上面の一部はすでに破壊をうけ、礎石の一部は地表面に露出していた。前堂の基壇は、周囲の回廊などの基壇上面より0.3mから0.4m高く、版築の土壁に取り囲まれた建物であったと推定される。柱穴の位置からの計測では東西長さ17.2m、南北幅6.1mの大きさで、東西6間、南北3間の建物であったことが報告されている。前堂の北には、東西に並ぶ東小院（東小庭）・西小院（西小庭）が存在する。

東西小院の北、回廊の奥には、2間の後室が東西に並んで存在する。後室の前の回廊の床は踏み固められて漆喰状になっている。東の回廊沿いに8間の東室（東廂）が並び、また西の回廊沿いに同じく8間の西室（西廂）が並ぶ。各部屋は厚さ0.58mの土壁で仕切られている。西室のF2・F3・F6・F8にはそれぞれ灰坑が存在した。

　F2室のH11灰坑からは、10000点を越す西周甲骨が発見されている。この甲組建築址の年代に関して、H11灰坑から出土した甲骨文が西周武王の克殷以前と推定されることによって、建物の開始年代について克殷以前とする考えもある。

　甲組建築址の建物の性格に関しては、この建物を宗廟とする考えがあり、妥当な考えと言える。甲組建築址のF11室には、甲骨が納められていた。『史記』の亀策傳によれば、

　　王者発軍行将、必鑽亀廟堂之上、以決吉凶。今高廟中有亀室、蔵内以為神寳。

とあって、王が軍を発するに当たっては宗廟で亀甲を刻り、漢の高祖の廟には甲骨を納める部屋としての亀室があったという。つまり亀室のある建物は宗廟ということになり、この甲組建築址も宗廟である可能性が高い。また『爾雅』釋宮に、

　　室有東西廂曰廟、無東西廂有室曰寝。

とあることによって、東西に廂が配列される鳳雛村の甲組建築址は、さらに宗廟である可能性が高いと推定される。報告書及び王恩田の論文では、そのように述べている[6]。

　岐山県鳳雛村の甲組建築址に関係するC14年代測定としては、前庭木材（BK76018）が前1040±90年（経樹輪校正、前1263-前992年）で、また木柱（BK77011）は前1080±90年（経樹輪校正、前1310-前1008年）であった。C14の年代は、この建築址が西周時代前期を前後することを示す結果となっているが、出土した土器は西周中・後期に属する遺物が中心で、少なくともこの建物の下限は西周後期である。鳳雛村甲組建築址に関しては、2005年8月の研究代表者・飯島の踏査を含め、数次の踏査を行っている。

(b)召陳建築址

　陝西省扶風県の召陳村においても大型建築址と称される建築群が発見されている（第5図）[7]。召陳西周大型建築群は、扶風県法門召陳村の北、斉家溝の東1.5kmに位置している。すでに6375㎡ほどの面積が発掘調査され、西周時代の建築址15基が発見されている。その中の2基の建築址（F7・F8）は下層に属し、その年代は西周前期のやや遅い時期と報告されている。残りの13基の建築址（F1〜F6・F8・F10〜F15）は上層に属し、西周中期に属するという。報告（『文物』1981年第3期）に示された図によれば、発掘区の北側にはF10・F13・F6・F12の建築址が東西に配列し、土壁によって仕切られ、F12建築址から東へ向かいさらに北へ延びる土壁が存在している。F13建築址の南面には、F8建築址が存在する。F8建築址の南東と南西それぞれ5mには、F11小型建築址、F15小型建築址が存在する。さらにF11小型建築址の東には大型のF3建築址が位置し、F15小型建築址の西には大型の建築と推定されるF2建築址が位置している。F8建築址の南17mには、大型のF5建築址が存在する。発掘区内の上層建築址の位置関係は図で見る限りにおいて、概ねF13・F8・F5建築址の中心線を真ん中に東西対象に配列されている。

　上層のF8建築址の基壇の大きさは、東西長さ約22.5m、東西幅約10.4m、残存する基壇の最大高

第5図　召陳大型建築址発掘地点（扶風県）

0.76mと報告されている。基壇の周囲には幅50cmほどの雨垂石敷（散水面）がとりまいている。基壇上には、東西8本、南北4本の礎石や柱の基礎の痕跡が残り、東西7間、南北3間の建物が想定される。基壇の両側には南北の柱列に沿って壁基礎が残り、基壇の上は3室に分けられている。中央の部屋の南北出口には、それぞれ階段が存在するが、東西の両側の部屋の階段は破損して残っていなかった。

　上層F3建築址は、F8建築址の東南15mほどのところに存在する。版築の基壇の大きさは、東西長さ24m、南北幅15mで、残存する基壇の高さは0.73～0.32mある。基壇上には、東西に7本、南北に6本の礎石や柱の基礎が残り、東西6間、南北5間の建物が想定される。基壇の東西には南北方向に壁の基礎部分が残り、基壇上面を3室に分ける。基壇の正面と背面にはそれぞれ四つの階段が付いている。

　この召陳村の西周建築群からは、相当量の屋根瓦が出土し、召陳村の陝西周原考古隊の工作站の収蔵庫に格納されている。瓦には板瓦と称する反りの浅い瓦と、筒瓦と称する丸瓦状の反りの深い瓦と、半瓦当が存在する。報告では、瓦を西周前期・中期・後期に分類しているが、西周前期の瓦が概ね下層建築群に相当し、西周中・後期の瓦が概ね上層建築群に相当すると解釈される（第6・7図）。

　上層建築址の復元図が、傅熹年等によって示されているが、それによって建物の大まかな配列を想定することが出来る[8]。召陳村の建築址に関しては、2005年8月の研究代表者・飯島の踏査を含

第6図　半瓦当（扶風県召陳村）

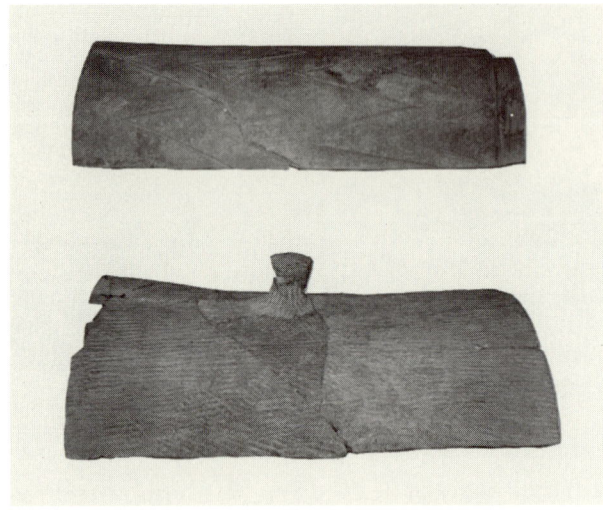

第7図　丸瓦・平瓦（扶風県召陳村）

め、数次の踏査を行っている。

(c)雲塘・斉鎮建築址

　扶風県雲塘・斉鎮においても特異な宮殿址と称される大型建築群が発見されている（第8図）[9]。雲塘西周建築遺跡は、扶風県黄堆郷雲塘村の西南約300m、斉鎮の西北約200mに位置し、斉鎮建築遺跡は、雲塘建築遺跡の東50mに位置し、雲塘建築群と斉鎮建築群は一つの宮殿址群と認識される。雲塘遺跡では、F1・F2・F3・F5・F8の建築址が発掘され、斉鎮遺跡ではF4・F6・F7・F9の建築址が発掘されている。雲塘遺跡のF1・F2・F3建築址は、F1建築址が北側、F2建築址が西側、F3建築址が東側の「品」字形に配置され、F3建築址は西南角の一部が残るのみである。

　『考古』2002年第9期の報告に基づいて、雲塘・斉鎮の建物群を紹介する。F1建築址は平面「凹」字形を呈する建物で、建物主軸の方位は東に8度ふれ、版築基壇は2段の階段状で、当時の表土面から0.7mの高さを有している。南の凹部に二つの階段が、東、北、西には一つの階段が取り付けられたいる。基壇の大きさは、一段目の基壇底部で東西総長22m、東辺と西辺の長さ16.5mである。基壇の表面で37箇所の柱礎坑が発見されている。基本的には東西に7本の柱が、南北に6本の柱が立てられたと推定されが、南辺の一列は凹部分に柱礎坑がなく6本の柱が存在したと推定される。柱礎坑は円形を基本とし、直径は約1mで、柱礎坑の底には自然石の暗礎がおかれる。柱間は3mを基本としている。基壇に上る階段は東西北に1箇所づつ、南に2箇所が発見されているがそれぞれの階段は3段である。F1建築址基壇の周囲には、卵石を引き詰めた幅約0.6mの散水が1周する。F1建築址の南側の二つの階段を起点として、F8建築址（南門）へ向かって幅1.2m、長さ13.1mほどの平面U字形の卵石を引き詰めた歩道が設けられている。

　F2建築址は長方形の建物で、F1建築址の南西に存在する。F2建築址の北東角とF1建築址の南西角の間隔は1.5mほどである。F2建築址の基壇の残りは良好で、南北長さ11.4〜11.6m、東西幅8.4〜8.5mの大きさである。基壇上からは11箇所の柱礎坑が発見されている。柱礎坑は南北に4箇所、4箇所、3箇所の排列となっている。

第8図　雲塘建築址（扶風県）

　F3建築址も長方形の建物と推定されるが、F1建築址の南東に存在し、建物の南西部基壇の残存である。F3建築址の西辺とF1建築址の南東角の間隔は1.6mほどである。南北長さ10.76m、東西幅2.92mほどが残るのみである。

　F8建築址は、F1建築址の南、14mに存在し、建物の南北主軸はF1建築址に一致する。F8建築址は、東西に長い基壇状建築址の門塾である。大きさは、東西長さ12.84m、南北幅6.7mである。散水はなく、基壇上から9箇所の柱礎坑が発見されている。柱礎坑は北辺と南辺にそってそれぞれ4箇所づつ、東辺中央に1箇所が発見されている。

　斉鎮のF4建築址は、F1建築址の東52.4mに位置する版築基壇である。F4建築址の平面形は、F1建築址のそれと基本的に同じである。F1建築址の平面形は凹字形を呈し、南面している。南北主軸は東に約9度ふれている。東・北・西には1階段が存在し、南の凹部には2つの階段が存在する。基壇の高さは、当時の生活面から約0.32mである。基壇の大きさは、北辺で長さ約23.8m、東辺で18.8mある。基壇の上面では、44箇所の柱礎坑が発見されている。北辺に沿って8箇所の柱礎坑が、東辺に沿って7箇所の柱礎坑が発見され、基本的には、東西7間、南北6間の建物が建っていたと推定される。F4建築址基壇の四周を幅0.48～0.6mの卵石を引き詰めた散水が取りまいている。F4建築址の凹部には、F1建築址と同じ様相の「U」字形の石路が存在する。

　雲塘遺跡・斉鎮建築遺跡からは、鬲・罐・盂・簋・盆などの土器、平瓦・丸瓦・半瓦當などの瓦が出土している。平瓦には雷紋やW字紋状の磨消紋が施されている遺物もあり、半瓦當には鱗紋の施されたものもある。土器・瓦などの出土遺物の編年的な年代観から、雲塘遺跡・斉鎮遺跡の建築址は、西周後期のやや早い時期に属するものと考えられている。雲塘遺跡・斉鎮遺跡の建築址に関

連するC14年代測定の結果が公にされている[10]。出土した木炭（ZK-5733）は前972±46年（経樹輪校正、前1050-前910年）、木炭（ZK-5736）は前943±38年（経樹輪校正、前1005-前910年）、木炭（ZK-5737）は前956±47年（経樹輪校正、前1020-前900年）と報告されている。雲塘遺跡・斉鎮遺跡の建築址に関して、「品」字形に配列された建物群は宗廟と推定され、2001年9月に、研究代表者・飯島が海外共同研究者の王占奎副院長の案内で踏査を行っている。

　岐山県鳳雛村の甲組建築址や扶風県召陳大型建築址・雲塘大型建築址の発見や各遺跡における瓦の出土、それに建物の四合院式配列、品字形配列は、この一帯に周文化に属する宗廟や宮殿建築群が建っていたことを示している。この時代の都は、祖先・先王を祭る宗廟を中心に造営されていたと推定され、甲骨文の出土した鳳雛村甲組建築址が周の宗廟であるのならば、宗廟の存在したこの一帯が周の都つまり周城の地との推定論も1980・1990年代には盛んであった。所謂周原遺跡の都城としての遺構や平面配置の様子は今一つ不明確ではあるが、近年、岐山県鳳雛村北側における版築城壁の発見も伝え聞いている。岐山県鳳雛村甲組建築址や扶風県召陳大型建築址・雲塘大型建築址の発掘報告は、後述する周公廟遺跡の建築群の建物を考察する上で欠くべからざる資料である。

② 周原遺跡のその他の窖蔵・墓・鋳銅遺跡など

　周原遺跡では、大型建築遺構の他、窖蔵・墓・鋳銅遺跡・窯・玉器製作工房など各種の遺跡・遺構が発見されている。

(a)李家村西鋳銅遺跡

　李家村西遺跡は、陝西省扶風県李家村の西、荘白村の東に位置する鋳銅遺跡である[11]。『古代文明』第3巻に報告された内容を見ると、2003年に875㎡を発掘し、西周時期の120基の灰坑、8基の住居址、2基の井戸、35基の墓などの遺構が確認されている。この発掘は、海外共同研究者・徐天進教授が担当し、研究代表者・飯島も発掘期間中に二度にわたって現場を訪れ、踏査および発掘調査に立ち会っている（第9図）。発掘された灰坑からは、多数の西周土器の他、陶范も出土してい

第9図　李家村西遺跡発掘景観（扶風県）

第10図　荘白遺跡（扶風県）

る。H116灰坑からは甗の陶范などが多数出土し、西周前期の年代が与えられている。H66灰坑は李家村西遺跡としては、最も多くの陶范を出土した灰坑の一つで、79点の陶范が出土している。それらには、鼎頸部外范6点、鼎足部外范10点、鑾鈴范38点があった。H66灰坑には西周中期の年代が与えられている。ほかにH119灰坑・H92灰坑・H97灰坑などからも各種陶范や陶模が出土し、それらには、鐘范・鑣范・鼎范・車轄首模・馬鑣模などがある。H119灰坑には西周中期の年代が、またH92灰坑とH97灰坑には西周後期の年代が与えられている。李家村西遺跡における2003年の発掘では、青銅器鋳造に関わる製范・范窯・煉炉・鋳銅工房などの遺構は十分に発見されていない。従って李家村西遺跡に於いて現在発掘が終了している区域は、鋳銅遺跡の鋳銅工房などがある中心地点とは考えられないが、西周鋳銅遺跡に関係する重要な遺構であることに間違いはない。その年代は、出土した陶范の青銅器紋様および土器型式から、西周前期に始まり西周後期に至ると考えられるが、ここでの鋳銅は、西周中・後期に盛んであったと推定される。李家村西遺跡は、渭河北岸で発見された西周時代を代表する鋳銅遺跡である。

(b)荘白遺跡

荘白遺跡の1号窖蔵は、1976年12月に行われた土取で扶風県荘白村の南100mほどのところで発見されたれた遺構で、また、2号窖蔵は同年の同時期に荘白村の西北で発見された遺構である（第10図）(12)。『文物』1978年第7期と同年第11期の報告によれば、1号窖蔵から出土した青銅器は合計103点で、その内訳は、鼎1点、方鬲1点、鬲17点、簋8点、盨2点、豆1点、釜2点、觥1点、觚7点、盤1点、匕2点、尊3点、卣2点、方彝1点、斝1点、壺4点、貫耳壺1点、罍1点、爵12点、觶3点、斗4点、鐘21点、鈴7点で、そのうち銘文のある青銅器は74点であった（第11・12・13

第11図　青銅器（左：豊尊、右：折斝、扶風県荘白村）

第12図　青銅器（左：旅父乙觚、右：方炉、扶風県荘白村）

図）。この中に西周貴族と考えられる微史一族に関する青銅器が55点有り、最も重要な遺物の一つは、史墻盤と呼ばれている青銅盤である。また2号窖蔵からは、甗・匜・盨・簠・簋各一点の青銅器が発見され、甗・盨・簠には銘文があった。荘白遺跡に関しては、2001年9月に研究代表者・飯島が海外共同研究者・王占奎副院長の案内で踏査を行っているほか、2003年には北京大学考古博文

学院・雷興山准教授の案内で、荘白村東側の遺跡踏査を行っている。

(c) 劉 家 遺 跡

劉家遺跡は、斉家溝の東岸、扶風県劉家村の南西に存在する（第14図）。劉家村では、1972・1973年に鼎・甗・鬲・簋・尊・壺・卣・爵・觶などの青銅器盤・盉・卣などの鉛器が西周墓から出土

第13図　史墻盤（扶風県荘白村）

している(13)。1981年11月に劉家遺跡の第3層下に西周墓・先周墓が発見されている(14)。西周墓20基、先周墓20基が発掘されているが、『文物』1984年第7期の報告では、これらの先周墓を姜戎の墓として報告している。20基の先周墓のうち18基から副葬品が出土し、副葬品の主な物は土器であった。土器の器形には、高領乳状袋足分襠鬲・単耳罐・折肩罐・双耳罐・腹耳罐・双大耳罐・圏足杯などがあった。劉家遺跡の先周墓出土の主要な土器器形は、高領乳状袋足分襠鬲と各種の罐で、土器は型式によって6期に編年された。劉家遺跡の報告は、「陝西周原考古隊」の名で報告されているが、執筆は尹盛平氏・王均顕氏によるもので、劉家遺跡の6期に関して、第1期を二里頭類型第3期相当、第2期を二里岡下層相当、第6期を西周文武時代とし、劉家第2・3・4・5期を殷前期から周人の遷岐の間に当たると述べている。しかし、この年代観は必ずしも適切ではない。研究代表者・飯島は、1988年にこれらの土器のすべてが殷墟文化期に併存するとの見解を示したことがある(15)。すなわち劉家第1期を殷墟第1期相当、劉家第2期を殷墟第2期相当、劉家第3期を殷墟第3期相当、劉家第4・5期を殷墟第4期相当、劉家第6期を殷墟第4期より後の時代と考えた。劉家遺跡

第14図　劉家水庫（扶風県）

先周墓出土の土器によって、より具体的に周原地域の先周土器である高領乳状袋足分襠鬲等の編年が確立された。高領乳状袋足鬲が属する文化と民族に対しての議論が盛んに行われ、ある説ではこれを周民族の土器として、ある説では姜族の土器と考えている。劉家遺跡に関しては、2001年9月に、研究代表者・飯島が海外共同研究者・王占奎副院長の案内で劉家遺跡付近および劉家水庫遺跡の踏査を行っている。

(d)斉家村遺跡

斉家村遺跡は、召陳村の真西、斉家溝の東岸に位置している（第15図）。1958年1月に斉家村の東南約100mで盂・鬲など4点の青銅器が発見されている[16]。1960年10月に斉家村の東南100mの田地で一つの窖蔵が発見され、罍・壺・簋・鼎・鬲・甗・盂・簠・盤・匜・編鐘など39点の青銅器が出土し、28点に銘文があった[17]。その後も、1961にも斉家村の東南120mで3点の青銅簋が発見されている[18]。1997年9月に斉家村の北側で卜辞のある卜甲の発見があり、続いて発掘が行われ、併せて22片の西周甲骨を得ている[19]。1978年8月に斉家村の東側でM19号墓が発見され、鼎・簋・甗・尊・卣・爵・觶・盂・盤など12点が出土している[20]。1982年には村の西側でJ7窖蔵が発見され、鼎・簋などの青銅器が発見されている[21]。1984年3月には村の東側でJ8窖蔵が発見され、簋など7点の青銅器が発見されている。

2002年9月から2003年1月にかけて陝西省考古研究院・中国社会科学院考古研究所・北京大学考古文博学院からなる周原考古隊が、斉家村の北で、西周時期の107基の灰坑、41基の墓の発掘調査を行った[22]。斉家村遺跡に関しては、2003年9月に、研究代表者・飯島が海外共同研究者・徐天進教授の案内で遺跡見学を行い、土器の写真撮影を行っている。

第15図　斉家村遺跡と斉家溝（扶風県）

(e)強家村遺跡

強家村は、斉家溝の東岸、雲塘の西に位置する。1974年12月に鼎1点、鐘1点、簋2点、簋蓋2点、鏤空豆1点の青銅器が窖蔵から発見されている[23]。鼎は、恭王・孝王の時代に鋳造されたものと考えられている。この窖蔵は西周中期の遺構と考えられてもいる。1981年に西周後期のM1号墓が発見され、鼎・鬲・簋・甑・壺・盉など18点の青銅器が出土している[24]。2003年9月に研究代表者・飯島が遺跡付近の踏査を行っている。

(f)黄堆老堡子遺跡

扶風県黄堆村は、周原遺跡の北辺に位置している。黄堆老堡子地点の南東においては、1980年代の鑽探調査で西周墓と車馬坑合わせて56基の遺構が確認されている[25]。その後1995年には、16基の西周墓と馬坑2基が発掘されている[26]。その中の11基の西周墓と馬坑の発掘報告が発表され、西周の穆王から幽王に至る間の遺構と考えられている。1996年には西周墓8基と大型の車馬坑2基が発掘されている[27]。これらの遺構の年代は穆王から懿王・孝王にいたるものと推定されている。黄堆老堡子遺跡の過去の調査成果を当研究で参考にしている。

(g)美陽遺跡

扶風県法門鎮美陽において(第16図)、1973年に墓の副葬品であたと考えられる一群の青銅器が発見された[28]。それらの青銅器には、鼎・鬲・簋・卣・高足杯・斧・錛・鑿があったが、そのなかの鬲は二里岡上層第2期文化に属する遺物と考えられ、高足杯は二里岡上層第2期文化から殷墟第1期文化に属する遺物と考えられている。二里頭上層期の殷文化の青銅器が、先周文化期に渭河流域に達していたことを示す遺跡ではあるが、その埋設時期は殷墟文化の遅い時期である可能性もあ

第16図　法門寺塔（漢代美陽県付近）

る。美陽遺跡出土の二里岡期併存の青銅器に関しては、研究代表者・飯島が二里頭期青銅器に関する研究論文中で取り扱っている[29]。

(h)董家村遺跡

董家村遺跡は、陝西省岐山県董家村の東辺に存在し、村の北には鳳雛村、南には賀家村が位置する[30]。1975年2月に窖蔵が発見され、37点の青銅器が出土している（第17・18・19図）。その内訳

第17図　青銅鼎・鬲（岐山県董家村）

第18図　青銅簋・匜（岐山県董家村）

は、鼎13点、簋14点、壺2点、鬲2点、盤1点、盉1点、匜1点、鎣豆2点で、青銅器の製作年代は一律ではなく、埋納時期は西周後期末と推定されている。そのうち銘文のあるものが30点あったが、重要な遺物は、裘衛の4器と西周貴族に関わる銘文のある匜で、この地の西周貴族に関する内容が記載され、この時代の土地関係や訴訟・刑罰を理解する上で重要な資料である。研究代表者・飯島は2006・2007年に、宝鶏青銅器博物館にてこれらの青銅器の大部分を写真撮影をした。

第19図　青銅壺・盉・盤・豆（岐山県董家村）

(i) 京 当 遺 跡

　京当遺跡は、陝西省岐山県の東部、扶風県との県境に近く、七星河の上流、所謂周原遺跡の北西部に位置している。1972年に付近の農民が窖蔵と思われる石積みの坑内から5点の青銅器を発見している（第20図）[31]。発見された青銅器は、爵・觚・鬲・斝・戈の各1点で、爵・觚・鬲・戈は二

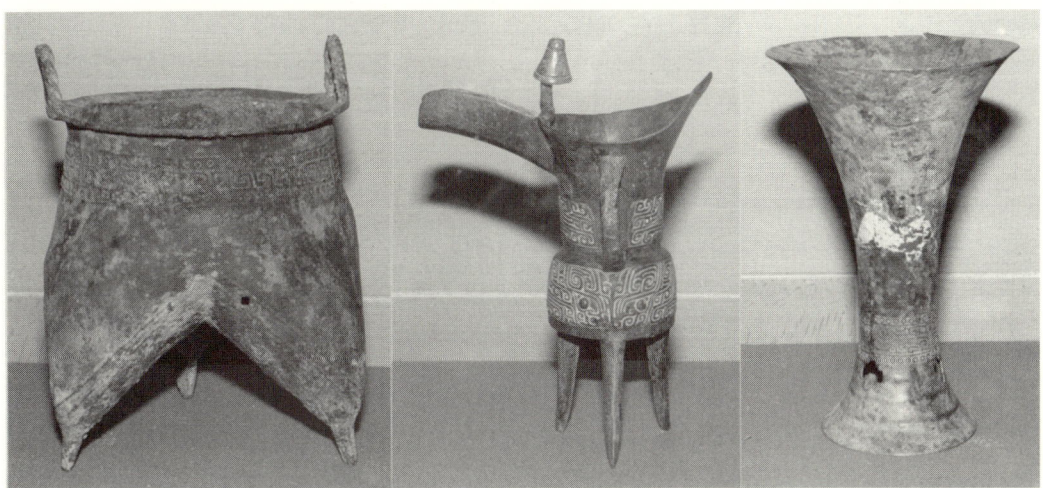

第20図 青銅器（左：鬲、中：爵、右：觚、岐山県京当）

里岡上層第2期文化に属する遺物で、斝は殷墟第1期ないしは第2期に属すると考えられる。この灰坑出土の青銅器の大半は二里岡上層第2期に属する遺物であるが、埋納された上限の時期は殷墟第1期文化以降と考えられる。周原遺跡に殷文化の青銅器が伝播した時期を考える上で重要な遺跡である。2006年9月、2007年9月に宝鶏青銅器博物館にてこれらの青銅器を観察、写真撮影を行っている。

(j)賀家村遺跡

岐山県の東外れ、董家村の南の賀家

第21図 人面盾飾（岐山県賀家村）

村付近には、東西600m、南北400mにわたり西周墓が分布し、度々西周墓からの青銅器の出土が伝えられている。1963年に54基の先周後期および西周時期の小型墓が調査されている[32]。1966・1967年には簋・鼎・罍・角・瓿・尊など17点の青銅器が西周墓から発見されている[33]。1973年冬にも西周墓が10基ほど発掘され、そのうち4基の報告がある[34]。鼎・鬲・簋・盨・斝・卣・罍・匜・勺などの西周青銅器の他、先周文化に属する高領乳状袋足分襠鬲の出土も報告されている。1976～1978年には57基の先周と西周墓、4基の車馬坑が発掘されている[35]。2001年には北京大学文博学院・陝西省考古研究院・中国社会科学院考古研究所の連合組織による大規模な発掘調査が行われている[36]。飯島が、2005年8月に賀家村遺跡出土の青銅人面盾飾の写真撮影を行っている（第21図）。

(k)礼村地点

礼村は岐山県の東北部に位置し、斉家溝を挟んで扶風県斉家村と相対している。1960～1962年に礼村付近の考古調査が行われている[37]。礼村では27基の周墓が確認されている。副葬陶器として簋・

豆・罐が出土しているほか、報告の写真には、複数の高領乳状袋足分襠鬲と西周瓦が示されている。研究代表者・飯島は、1986年7月にこの地を訪れたのを最初に数次にわたり付近を踏査している。

(1)王家嘴地点

岐山県王家嘴村は斉家溝の西側、礼村の南に位置する。1977年に王家嘴村で殷後期の墓が発見され、鼎1点、斧1点の青銅器が出土したと伝えられている[38]。2001年9月から11月に北京大学考古文博学院・陝西省考古研究院・中国社会科学院考古研究所の連合組織による大規模な発掘調査が行われている[39]。先周文化の包含層からは、典型的な殷式鬲・連襠鬲・分襠鬲・甗・豆・簋・盆・罐・尊などの土器が出土している。ⅢDB4M1号墓は長方形竪穴墓で、長さ3.7m、幅1.08〜2.05mの大きさがあり、一棺一槨であった。副葬品として青銅弓形器1点、青銅管1点、青銅策1点、青銅泡2点があり、ほかに盗掘坑から高領乳状袋足分襠鬲3点が出土し、これに朱砂の付着した遺物があり、副葬品であったと考えられている。高領乳状袋足分襠鬲墓に青銅器が伴うと推定される珍しい例である。研究代表者・飯島は、1986年7月にこの地を訪れたのを最初に数次にわたり付近を踏査している。

以上の遺跡が、斉家溝を挟んで周原遺跡と命名された方5kmほどの範囲に分布する遺跡群の一部である。この地域には鳳雛甲組建築址・召陳大型建築址・雲塘大型建築址などが集中的に存在し、西周墓の発見も多い。そして多数の窖蔵が発見され、多数の窖蔵青銅器が出土し、また鳳雛村甲組建築址や斉家村遺跡など西周甲骨を出土する遺跡が存在している。この周原遺跡の特色は、大型建築と墓と窖蔵と西周甲骨出土灰坑の存在である。この所謂周原遺跡の他、岐山の南山麓、渭河北岸の先周・西周時代諸遺跡においては、このように大型建築と墓と窖蔵と西周甲骨出土灰坑が重複して存在する。特に窖蔵から出土した青銅器は、窖蔵青銅器と呼ばれ、銘文を有する青銅器も多く、この地の遺跡の特色を示している。それらの銘文には直接的に西周貴族名の示された遺物もあり、また史書の記載と合わせて、この地に「虢季」「微史」「裘衛」「毛公」「南宮」などの西周貴族が居住してたことが推定される。

③ 壹家堡遺跡

壹家堡遺跡は、扶風県県城の南西約3.5kmの漳河の左岸（北側）に位置している。当時の北京大学考古系によって1986年に発掘が行われている[40]。報告によれば壹家堡遺跡の堆積は4期に区分され、壹家堡第1期は殷文化第1期併存の文化層、第2期と第4期は周文化系統の範疇に入り、壹家堡第2期は殷墟文化第2期に対応し、壹家堡第4期は殷墟文化第4期に対応する。第3期は分襠鬲を持った戎狄の文化系統と述べている。壹家堡遺跡出土遺物は、遷岐以前の殷併存の在地文化と、遷岐以降の先周文化を考える上で重要な資料的意味を持っている。壹家堡遺跡に関しては、1986年7月に研究代表者・飯島と研究分担者・西江清高氏が共に踏査している（第22図）。

④ 北呂遺跡

北呂遺跡は、渭河北岸の扶風県の南側に位置している[41]。遺跡は渭河の北4km付近に位置し、黄土高原の南縁の海抜480〜530mの高さに位置する。遺跡の南縁は隴海鉄道に接している。1977〜1981年に灌漑用水路の建設に伴って6次の発掘が行われている。西周前期から後期に至る284基の

第22図　壹家堡遺跡発掘地点（扶風県）

墓と西周前期の窯が発掘されている。北呂西周墓地は、東西約500m、南北約400mの広がりを有していた。これらの墓は、6期に編年されている。北呂第1期は古公亶父の遷都前後、北呂第2期は武王の克殷以前、北呂第3期は西周前期の成王まで、北呂第4期は穆王前後、北呂第5期は懿王・孝王時期、北呂第6期は厲王前後としている。北呂遺跡に関しては、1980・1990年代に研究代表者・飯島が付近を踏査している。

⑤　周公廟（鳳凰山）遺跡

周公廟遺跡は、陝西省岐山県城の北7.5kmの鳳凰山南麓の周公廟周辺に広がっている。この遺跡は、1943年に当時中央研究院歴史語言研究所に勤務していた石璋如氏が文献にある周人早期の都邑を探して訪れている。

これまでのボーリング調査などで確認された殷周時期の墓地は6ヵ所あり、その中の2ヵ所が遺跡北部の山の背に位置し、3ヵ所が遺跡の東側、1ヵ所が遺跡の西南部に位置する。同時に遺跡の範囲内にいくつかのまばらに分布した墓があり、西周時期の墓は総数千基近く存在すると推定されている。遺跡の中心に位置しその名の由来する周公廟から南に広がる鳳凰山の南麓斜面には、大型建築址・鋳銅遺跡・窯・窖蔵などの先周・西周遺構が分布する（第23図）[42]

(a)陵坡西周王侯貴族墓地

陵坡に分布する大型墓は、周公廟遺跡中最も重要な遺構である。ボーリング調査が終わっている37基の墓の中で、4条の墓道のあるものが10基、3・2・1条の墓道があるものが各々4基ずつ有り、ほかに長方形竪穴墓もしくは車馬坑が15基ある（第24図）。墓の規模と墓道の設置の状況から考えると、過去に知られている西周時代墓地の中で最も重要な遺跡の一つである。特に4条の墓道と3

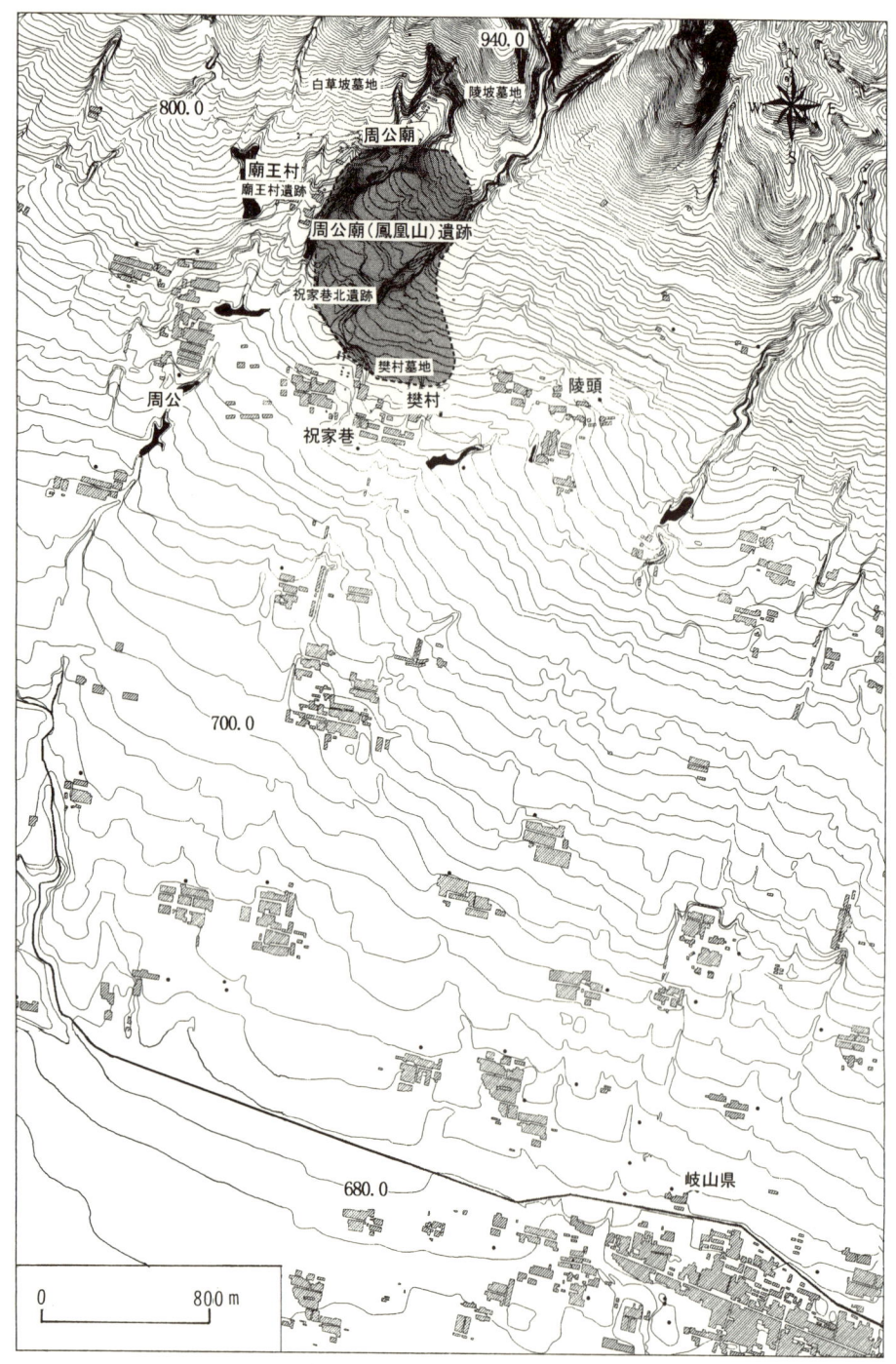

第23図　周公廟（鳳凰山）遺跡

条の墓道を持つ墓の発見は、西周墓の新たな形態の発見であった。陵坡墓地の東・西・北の三面に、長さ1500mの墓地の外周を巡る版築壁が発見された。壁の幅は約5m、部分的に残存する壁の高さは2.5mである。東西両側の壁は南に向かって伸びているが継続しているかどうか確認できないため、版築と陵坡墓地あるいは遺跡との関係について的確な判断をすることが出来ない。ただ遺跡の

第24図　陵坡M18号墓発掘地点遠景

第25図　白草坡西周墓地遠景

情況から見ると、壁が包囲している範囲内には陵坡墓地を除いて他の遺跡がないので、陵園の囲壁との推測は可能である。陵坡西周王侯貴族墓地に関しては、2004年以降、全研究分担者が、海外共同研究者・徐天進教授等の案内で度々踏査を行っている。

(b)白草坡西周墓地

　白草坡西周墓地は、陵坡西周墓地の西約600mに位置している（第25図）。この墓地は中型墓が中心となる貴族墓地である。洛陽鏟によるボーリング調査の結果、200基あまりの墓が検出され、3

基が甲字形墓で、他は墓道を持たない長方形竪穴墓である。2004年秋に3基の墓が発掘されているが、ひどい盗掘を受けたいたと伝えられる。青銅簋・簋蓋、玉器が出土し、西周中期・後期の墓であったと推定されている。

(c)樊村墓地

樊村墓地は、周公廟遺跡の南東部、馬尾溝の東に位置し、過去に觚・爵・鼎・鬲・簋蓋・觶・戈などの西周青銅器を出土している[43]。2005年に洛陽鏟によるボーリング調査が行われ、300基あまりの墓が確認され、小型墓が多いと報告されている。29基の小型墓と馬坑の発掘が行われ、土器・玉器・青銅武器・車馬具が出土している。年代は西周前期から中期に至ると考えられている。

(d)周口廟大型建築址群

大型版築建築群の発見は、周公廟遺跡中のもう一つの重要な収穫である。2003年冬に北京大学考古文博学院が行った周公廟南東斜面の調査では、先周・西周時期の塼と瓦を採集すると同時に、この地点で版築建築遺跡を発見している。また2004〜2005年のボーリング調査では、40余りの版築基壇が確認された。これらの大型建築基壇は主に陵坡墓地の西南に集中して分布し、そこは、東の馬尾溝、西の大殿溝に挟まれた陵坡尾根から南に延びる緩い南斜面になっている。建築群の北端は陵坡墓地の南端から約360〜750m付近に位置し、建築群は東北－西南の方向に広がっていることが解った。版築基壇の範囲は、南北長さ約300m、東西幅約90mであった。

2005年秋と冬には、版築建築群の北部の1500㎡が発掘されている。建築基壇の床面上部および基槽上部は、耕作や浸食によって破壊されて、発見された排水溝や小型の柱洞など僅かな遺構を除き、建築本体の形成や構造に関して知る手がかりはなかったと報告されている。発掘現場に立ち会った筆者もその状況を確認している。発掘区域の版築基壇は40余りの版築の塊から形成されている。これらの版築の塊は長方形で大きさは不規則で交互に交錯している。地層関係と出土遺物の年代を根拠に版築基壇の年代を判断すると、構築年代は先周後期よりも新しく、廃棄年代は西周中期よりも古いと言う。発掘区域からは、多くの空心塼と条形塼が出土し、その中で接合復元できた条形塼は、長さ約103㎝、幅32㎝あり、その大きさは、趙家台遺跡で発掘された空心塼に相当する（第26図）。残念ながらこれらの塼は、廃棄後の堆積層中から出土していて、遺構に直接乗っていたわけではなく、そのために具体的用途などは明らかにされていない。

北京大学考古文博学院および陝西省考古研究院によって2005年9月に行われた周公廟遺跡の建築群の発掘調査には、研究代表者・飯島、研究分担者・酒井清治氏、設楽博己氏、研究協力者・古庄浩明氏が駒澤大学特別研究費による調査研究の一環として立ち会っている。

第26図　塼（岐山県周公廟遺跡出土）

(e)祝家巷北地点

祝家巷北地点は、周公廟の南、馬尾溝の西、大殿溝の東の平坦面である。2003年12月に周公廟遺跡祝家巷北地点において文字の刻まれた西周時代の卜甲破片が採集された（第27図）。2004年の春には廟王村の北と陵坡の南の2

つの地点においても刻辞卜甲や卜骨を発見し、この3つの地点について同時に小規模な試掘が行われている。

2004年に行われた祝家巷北地点の発掘面積は150㎡で比較的狭い。そこで新たに10片の卜甲が出土し、さらに大量の土器破片・骨器・原始磁器破片の出土もあったと報告されている。地層関係および各

第27図　祝家巷北地点甲骨出土地点

遺構に含まれる土器片の特徴分析にもとづき、これらの遺構の多くは先周後期に属し、一部は西周前期に属し、ある遺物は西周中期に属すると言う。2004年春の発掘は、2003年に2片の卜甲発見した灰坑を徹底的に発掘している。その灰坑（H45）の平面は不規則な楕円形で、鍋底状を呈し、南北の残長約4m、東西の残幅2.65m、深さ0.82mであった。坑内に含まれる遺物には、大量の土器片があり、その中の高領乳状袋足分裆鬲や連裆鬲・甗・小口折肩罐の破片は、先周後期から西周前期の遺物と報告されている。ほかに、西周前期の陶窯が発見され、それらの窯で陶笵が焼成された可能性が考えられている。北京大学考古文博学院および陝西省考古研究院によって2006年9月および2008年9月に行われた祝家巷北地点・A1地点・A2地点の発掘調査には、研究代表者・飯島、研究分担者・酒井清治氏、設楽博己氏、研究協力者・古庄浩明氏が2006・2008年度科学研究費補助金による調査研究の一環として立ち会っている。

　(f)廟王村地点

　廟王村は、大殿溝の東側、白草坡墓地の南下の緩い斜面に位置している。卜甲が発見された地点の2004年の発掘面積は100㎡あまりで、あわせて3つの西周時代の灰坑を発掘し、その中の2つの灰坑と坑の傍の現代の用水路を埋めた土の中から約700片の卜甲が出土した（第28図）。その中に刻辞のあるものが約90片あり、文字数の最も多いものは1片の卜甲に30字、合計約400字の文字が刻まれていた。刻辞の内容は、人名・地名・軍事や事件の記録などに関係する。その中の人名には「周公」が数件見られ、地名には「周」・「新邑」・「唐」・「先」・「薄姑」などがあり、これらの内容は、直接的または間接的にこの遺跡と周公との様々な関係を想像させるものである。これらの甲骨文の出土により、周公廟遺跡が周公の采邑であるとする論証が有力になっている。卜甲と一緒に出土した土器片の型式的な特徴によって、これらの灰坑の形成年代は西周中期と推測され、卜甲自体は西周前期の遺物と報告されている。

　北京大学考古文博学院および陝西省考古研究院によって2007年9月に行われた廟王村地点の発掘

調査には、研究代表者・飯島、研究分担者・酒井清治氏、設楽博己氏、研究協力者・古庄浩明氏が2007年度科学研究費補助金による調査研究の一環として立ち会っている。

⑥ 趙家台（孔頭溝）遺跡

趙家台遺跡は、陝西省岐山県の北東 9 kmの孔頭溝の東岸黄土台地上に位置し、孔頭溝遺跡の名称でも呼ばれている[44]。遺跡周辺では長年にわたって、土取が行われ遺跡には多くの西周時代土器片が散布し、空心塼破片・長方形塼破片・瓦片も過去に発見されている。2006年春には鋳銅遺跡の発掘も行われ、多くの西周時代陶笵が発見されている。また趙家台遺跡では、西周時代

第28図　浩善坑（廟王村地点）

第29図　趙家台遺跡2006年度発掘地点（岐山県）

に属する土器の窯や塼の窯も多数発見されていて、西周時代の青銅・土器・塼などの生産工房が集中する場所であったと推定される。趙家台遺跡内の各遺構に関して、2006年から2008年にかけ中国側による詳細なGPS調査が行われた[45]。2006年 7 月の踏査時には多くの西周時代土器片を確認している（第29図）。遺跡内には大型墓も存在し、2007年 9 月の踏査時には、海外共同研究者・王占奎副院長を担当者にして西周時代中字形墓・甲字形墓の発掘が行われていた。趙家台遺跡は、出土している土器から考えると基本的には西周前期から中期に属する遺跡と考えられる。趙家台遺跡に関しては、2006年 8 月、2007年 9 月に研究代表者・研究分担者全員で踏査を行っている。

⑦ 楊家村遺跡

楊家村遺跡は、陝西省眉県馬家村の東北に位置し、渭河の北岸、沖積面から 2 段目の台地上に位

第30図　楊家村2003年1月青銅器出土地点（眉県、鈴木敦氏撮影）

置している（第30図）[46]。遺跡の南、渭河の手前には西安と宝鶏を結ぶ隴海鉄道が走っている。この楊家村遺跡においては、2003年1月の土取の際に窖蔵に納められた大量の西周青銅器が発見されている。窖蔵は楊家村北側の南斜面で発見され、直径1.6×1.8m、高さ1.1mの竪穴洞室と推定される。付近からは、西周瓦の発見や西周墓の存在が確認されていると聞く。楊家村の窖蔵から出土した西周青銅器は、全部で27点で、その内訳は、鼎12点、鬲9点、方壺2点、盤1点、盉1点、匜1点、盂1点で、全ての青銅器に長文の銘文がある。それらの銘文は単氏家族に関わるもので、付近に単氏一族の采邑の存在が推定される。2005年8月と2006年8月の調査時に、宝鶏青銅器博物館に於いて、眉県楊家村遺跡出土の青銅器を写真撮影している。2005年に撮影したそれらの青銅器を第31・32・33図に示したが、縮尺は不同である。2007年9月には、研究分担者・鈴木敦氏、西江清高氏、渡部展也氏がそれぞれ楊家村遺跡を踏査した。

⑧　水溝村遺跡

水溝村故城遺跡は鳳翔県城の東北約10kmの黄土台地上に位置する糜杵橋郷に属し、東南の周公廟遺跡との直線距離は約20kmである。海外共同研究者・徐天進教授等は、2004年12月31日から水溝村故城遺跡に対する4日間の初歩的な調査を行い、周囲の長さが4000mに近い版築の城壁を新たに発見した。その後、2005年の冬にも城壁の範囲内において10日間の詳細な調査を進め、版築城址の年代を再度確認した。版築城壁の版築層内には陶水管が設置され、その陶水管の年代は、殷末周初の時期と考えられている。地表面に見られる城壁遺跡は水溝村の北部と東部に位置し、「水溝」は南から北へ城の中央を穿ち、東は王家齢、西は許家山に臨む。城のすぐ東隣には北から南に向かって

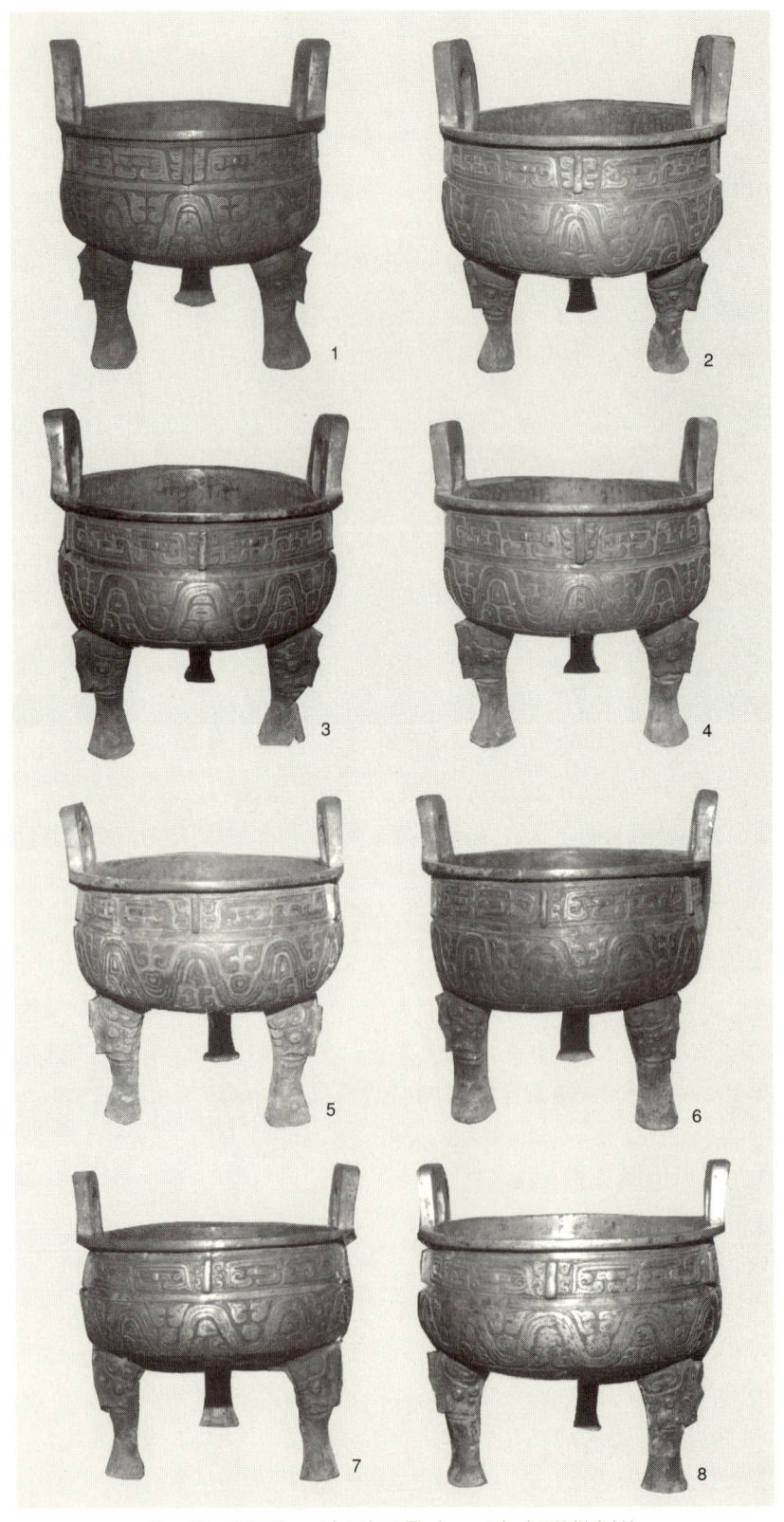

第31図　青銅鼎　四十三年逨鼎（一～八）（眉県楊家村）

第32図　青銅鼎・鬲（1・2：四十三年逨鼎の九・十、3・4：四十二年逨鼎の一・二、5〜8：単叔鬲、眉県楊家村）

第33図　青銅器（1：単五父壺、2：叔五父匜、3：逨盤、眉県楊家村）

干河が流れる。北壁付近の海抜は約1000mで、南壁付近の海抜は約900でm、壁体はゆるい傾斜面に構築してある。城壁で囲まれた地域は不規則な形を呈しており、周囲の長さは約4000m、現存する版築の壁体（南壁）は最も高い場所で6.5m、幅は5m余りあることが分かっている。版築層の厚さは7～9㎝、版築の突き固めた窪みは直径3～5㎝、夾板の幅は約20㎝、城内の面積は100万m^2である。2度の調査で得られた資料を見ると、この遺跡で最も豊富なのは仰韶文化時代の文化堆積で、それに次いで殷末周初時代の文化堆積、そのほかに少量の龍山文化時代の遺物があり、東周以降の遺物はあまり見られない。城壁は仰韶文化後期堆積の上に構築され、また壁体の版築の土の中には仰韶文化後期の土器片がある。このことから、城壁を築き始めた年代は仰韶文化後期より早いとすることはできない。龍山文化時代の遺跡の規模は小さく、龍山文化時代に築城された可能性は排除される。城壁の創建年代は、城壁を貫通していた陶水管が先周あるいは西周時代の遺物であることから、先周あるいは西周時代に最も可能性があると考えられている。水溝村故城遺跡に対しては、2005年1月と8月の二度にわたって研究代表者・飯島が踏査しているが、遺跡内には焼土や窯壁の散布もあった（第34・35図）。

⑨　南指揮西村遺跡

南指揮西村遺跡は、宝鶏市鳳翔県の南に位置している[47]。『考古与文物』1982年第4期の報告によれば、1979～1980年に210基の周墓の発掘が行われ、墓地の範囲は南北127m、東西129mにわたり、その年代は先周中期から西周中期にいたるものであった。発掘された210基の墓全てが墓道を持たない長方形竪穴墓で、基本的には仰身直肢で埋葬されていた。出土した副葬品には、青銅器の鼎3点、簋4点、戈27点、銅泡16点、銅鏡3点があり、土器としては、高領乳状袋足分襠鬲11点、

第34図　水溝村故城（鳳翔県）

尖袋足鬲4点、矮足鬲27点、錐足鬲47点、平足鬲27点、罐79点、甑6点、尊1点、壺1点、盂1点、器蓋1点があった。2006年9月に研究代表者・飯島が南指揮西村付近の踏査を行っている。

⑩　闘鶏台遺跡

第35図　陶水管（鳳翔県水溝村故城）

　闘鶏台遺跡は、陝西省宝鶏市の東6kmの渭河北岸の台地上に位置する（第36・37図）。国立北平研究院に所属していた蘇秉琦教授が1934～1937年に3次にわたり発掘調査を行っている[48]。1934年当時の闘鶏台遺跡と現在の情況は大きく変化している。蘇秉琦教授が調査した台地は、隴海鉄道の建設で削られ、消失していると聞いている。蘇秉琦教授の3年半の調査で104基の墓が発掘され、副葬品を出土した82基の墓の内、45基が先周と西周墓であった。出土した陶鬲の分類によって、前期・中期・後期に区分が行われ、錐足鬲すなわち高領乳状袋足分襠鬲は前期、折足鬲すなわち連襠鬲類は中期、短足鬲は後期に区分されている。闘鶏台遺跡に関しては、1980年代に研究代表者・飯島と研究分担者・西江清高氏が遺跡と周辺の踏査を行っている。

⑪　紙坊頭西周墓地

　紙坊頭西周墓地は、陝西省宝鶏市西寄りの渭河北岸の紙坊頭村に位置する[49]。1981年9月の大雨で、西周青銅器が露出し、西周墓の発見に至った。M1号墓からは、「強」銘のある青銅器が出土し

第36図　闘鶏台遺跡（宝鶏市）

第37図　土器（左：高領乳状袋足分襠鬲、右：折肩罐、宝鶏市闘鶏台遺跡）

ている。紙坊頭遺跡に関しては、1985年3月に研究代表者・飯島が中国社会科学院考古研究所の盧連成氏の案内で付近を遠望する。

⑫　茹家荘西周墓地

　茹家荘西周墓地は、陝西省宝鶏市の渭河南岸、清姜河東岸の茹家荘に位置する[50]。1974年12月から1997年4月にかけての2次にわたる調査では、西周時代に属する3基の大型墓、1基の小型墓、2基の車馬坑、1基の馬坑が発掘されている。M1号墓、M2号墓からは、「彊」銘のある青銅器が出土し、また虎・鳥・魚などの特色ある鳥獣形青銅器が出土している。茹家荘遺跡に関しては、1985年3月に研究代表者・飯島が盧連成氏の案内で踏査を行っている。

⑬　竹園溝西周墓地

　竹園溝西周墓地は、陝西省宝鶏市の渭河南岸、清姜河東岸の竹園溝に位置する（第38図）[51]。1976年から1985年までの調査で西周時代に属する22基の西周墓、3基の馬坑が発掘されている。竹園溝遺跡に関しては、1980年3月に研究代表者・飯島が盧連成氏の案内で踏査を行っている。

⑭　石嘴頭遺跡

　石嘴頭遺跡は、渭河南岸の宝鶏市渭濱区石嘴頭村の黄土台地上に位置している[52]。遺物が散布す

1．中国渭河流域における先周・西周時代遺跡の踏査　35

第38図　竹園溝遺跡（宝鶏市）

る範囲は、東西350m、南北300mほどの広さである。遺跡内には、文化層や灰坑の断面が露出している箇所も認められる。双耳罐・高領乳状袋足分襠鬲・盆などの土器破片の散布が認められる。宝鶏青銅器博物館には、石嘴頭遺跡出土の高領乳状袋足分襠鬲の展示がある（第39図）。石嘴頭遺跡に関しては、2006年8月30日に研究分担者・西江清高氏、渡部展也氏が踏査を行っている。

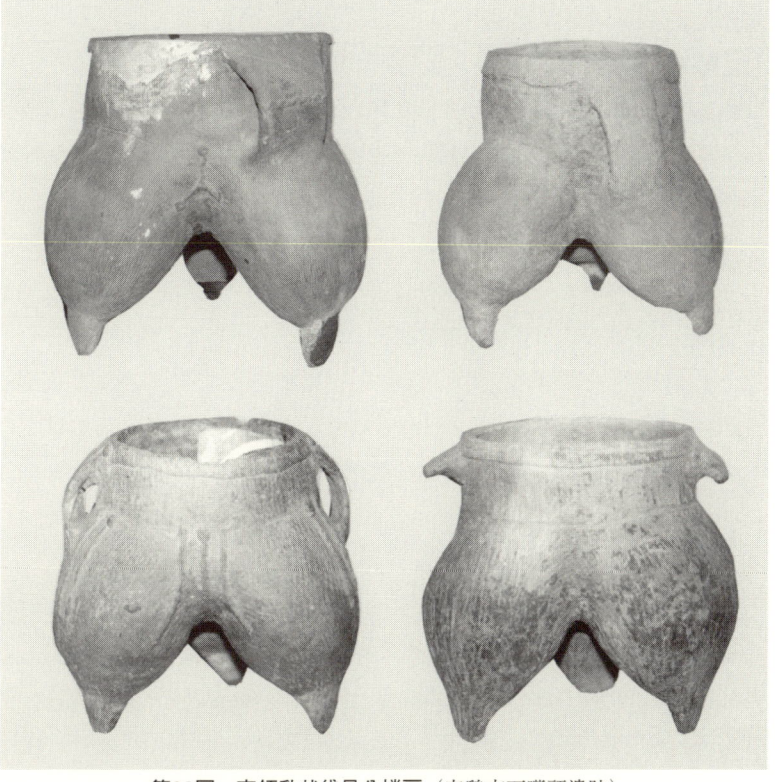

第39図　高領乳状袋足分襠鬲（宝鶏市石嘴頭遺跡）

⑮　碾子坡遺跡

　　碾子坡遺跡は、渭河の支流である涇河の上流域に位置する陝西省長武県冉店郷碾子坡に存在する先周・西周遺跡である。遺跡は涇河の南岸に北向きに張り出した台地上位置している。この遺跡は1959に発見され、1980年以降本格的な発掘が開始され、1980年から1986年の11次の調査に関する報告が公にされている[53]。この間に発掘された先周時代住居址は21基、灰坑は177基、墓は138基以上である。先周文化の墓は前期と後期に分けられ、前期の墓からは高領乳状袋足分襠鬲・豆が出土し、後期の墓からは多数の高領乳状袋足分襠鬲が出土している。碾子坡遺跡に関しては、2006年9月2日に研究分担者・西江清高氏、渡部展也氏が踏査を行っている。

⑯　断涇遺跡

　　断涇遺跡は、陝西省彬県の南東9kmに位置ある[54]。遺跡は涇河右岸の海抜800m付近に位置している。1995年秋に発掘が行われ、灰坑22基、先周墓4基が発見されている。M4号墓は、木棺木槨を持つ大形の長方形竪穴墓で、長さ4.92m、幅3.8mの墓口を有し、墓底までの深さは2.8mあった。副葬品として、斧・刀・錐・鏃・泡などの青銅器が出土している。灰坑と包含層からは、高領乳状袋足分襠鬲・甗・甑・簋・罐・甕などの土器が出土している。断涇遺跡の出土遺物は、2期に分類され、断涇第1期は碾子坡先周前期よりやや早く、殷墟第2期相当と報告されている。断涇第2期は、遷岐以降の先周文化相当と報告されている。また断涇遺跡で採集された木炭のC14年代測定の結果が報告にされている[55]。その木炭（ZK-6100）の報告は、前1099±56年（経樹輪校正、前1270-前1110年）とある。2006年9月に研究分担者・西江清高氏、渡部展也氏が彬県を訪れ、彬県付近の踏査を行っている。

⑰　鄭家坡遺跡

　　鄭家坡遺跡は、陝西省武功県武功鎮の東南、漆水の東岸に位置している（第40図）。この遺跡は1981年から1983年にかけて宝鶏市考古工作隊によって発掘調査が行われた[56]。発見された土器の器形には、鬲・盆・罐・甕・尊・簋・盂・豆・甗・甑・鉢・杯・盤などがある（第41図）。これらの土器は、生活址から出土した資料として最も良好なもので、地層と器形を根拠に前期・中期・後期の3時期に分類されている。報告によるとこれらの時期は、前期が二里頭文化後期から二里岡下層文化相当、中期が古公亶父の遷岐前後、後期が文王の豊京時代に当たると言う。中期が鄭家坡遺跡出土土器の特色を顕著に示すと思われる。鄭家坡遺跡出土の鬲には弧形連襠鬲と高領乳状袋足分襠鬲があるが、弧形連襠鬲が主で、後者に関しては報告されているのは、わずか1点だけで、出土量も少なかったと推測される。鄭家坡遺跡に関しては、1991年9月に研究代表者・飯島が踏査している。

⑱　豊京遺跡

　　豊京の地を求めての、灃河西岸における初歩的な考古学調査は、1933年[57]、1943年[58]に行われているが、本格的な調査が開始されたのは、1950年代に入ってからである。今日、豊邑の遺跡と推定される地域は、西安市の南西約14kmの灃河西岸の長安区客省荘・馬王村・張家坡・大原村・馮村・曹家寨・西王村の一帯である[59]。この地域は標高400m程の平地で、付近には先周以降、西周時代の遺物が多数散布している。また、先周・西周時代の墓・車馬坑・窖蔵・住居址・版築基壇の発見

第40図　鄭家坡遺跡遠景（武功県）

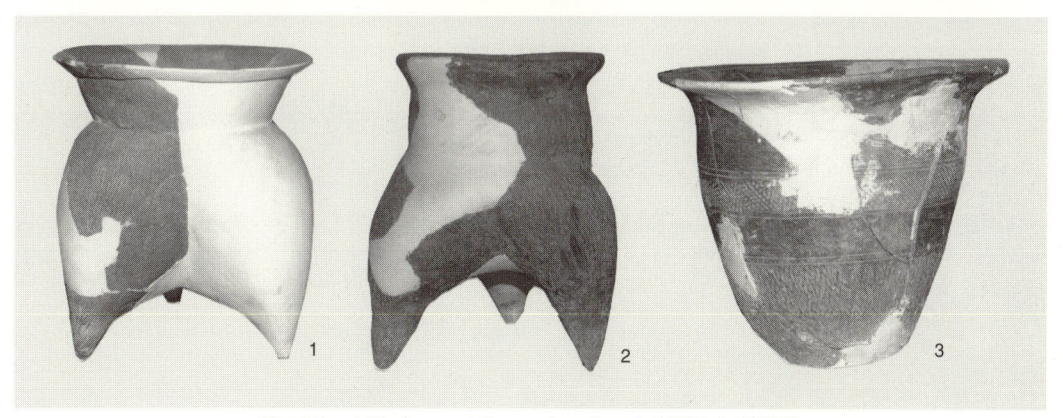

第41図　土器（1・2：鬲、3：大口尊、武功県鄭家坡遺跡）

も伝えられている。豊京遺跡は西周時代都城として重要な遺跡なので、ここに取り上げたが、今回の研究調査の一環としては踏査していない。過去には、1985年3月に研究代表者・飯島が踏査し、さらに翌年の1986年7月に研究代表者・飯島と研究分担者・西江清高氏が共に踏査している。

(a)張家坡地点

　澧西の豊京遺跡内の張家坡地点においては、1955～1957年に初期の発掘が行われ、張家坡地点の西周墓出土の副葬土器を中心に西周土器を5期に分類する基礎的な編年が試みられている[60]。1961年には西周時代窖蔵が発見され、簋・鬲・壺・盤・盉・鑾・豆・杯・匕など57点の青銅器が出土している。その後、1983年から1986年に張家坡地点を中心に調査された西周墓は400基近くに及び、その中のM157号墓など中字形墓を含む大型西周墓は、西周貴族井叔一族の墓を含んでいる（第42・

第42図　張家坡M157号墓発掘地点（西安市長安区）

第43図　張家坡西周車馬坑（西安市長安区）

43図）⁽⁶¹⁾。出土した多数の副葬陶器と青銅器に対する研究が行われ、西周土器と青銅器の遺物編年がより細かに組み立てられている。

(b)客省荘地点

客省荘は、灃河の西岸、村の東は灃河に臨み、張家坡村の東北に位置している。客省荘の北側で1955～1957年に初期の発掘が行われ、西周文化層の発掘の他、47基の西周墓が発掘され、村の西側で4基の西周墓が発掘されている⁽⁶²⁾。1983・1984年には大型の西周時代に属するとされる4号版築基壇が発掘されている⁽⁶³⁾。この版築基壇は東西長さ61.5m、南北幅35.5mの大きさがある。客省荘の西から南にかけての地域では14基以上の版築基壇が確

第44図　鎬京5号宮殿址発掘地点（西安市長安区普渡村）

認され、この付近に大型建築が存在していたであろうことが推定されている。

⑲　鎬京遺跡

　西周王朝12代の都である鎬京（宗周）の比定地は、今日の灃河東岸の斗門鎮・普渡村付近とされている。西周鎬京の跡と推定されるこの付近における西周都城遺跡の発見は必ずしも明確なものではない。鎬京遺跡は西周時代都城としてきわめて重要な遺跡なので、ここに取り上げた。今回の研究調査の一環としては踏査を行っていないが、1986年7月に研究代表者・飯島、研究分担者・西江清高氏が共に踏査を試みている。

　(a)普渡村建築址地点

　1983年に陝西省考古研究院は、斗門鎮の北約700m付近の普渡村西側で西周時期と推定される10基の版築基壇を発見したと伝えている[64]。報告によれば5号建築址は平面「工」字形を呈し、東向きの建物で、建物の南北長さ59m、東西幅23mの大きさである。東西に4条の壁が、南北に北側で14条、南側で同じく14条の壁が建造されていたと推定され、南北に対称の建築が考えられている（第44図）。この建築址からは2808片の瓦が発見されているが、建物の規模から考えると瓦の数量は決して多くはない。瓦には平瓦と丸瓦がある。この建築址の上屋の姿は明らかでない。報告によるとこの建築址の年代に関して、武王克殷前後に建てられたと述べているが、その根拠は必ずしも明らかにされていない。たしかに出土している瓦は西周の遺物であるが、版築基壇としての5号建築址と出土した瓦の層位的な関係も説明不足で、5号建築址の遺構の情況と年代を考える資料が十分に提供されているとは言えない。

　(b)普渡村西周墓地点

　灃河東岸の西安市長安区斗門鎮の普渡村においては、たびたび西周墓が調査されている[65]。1954

年4月には、2基の西周墓が発見され、1号墓からは簋2点、甗9点、鬲8点の土器が出土し、2号墓からは鼎1点、鬲2点、簋1点、尊1点、爵2点の青銅器が出土している。同年11月には、先の墓から東北へ95mほどの場所でさらに1基の西周墓が発見されている。この墓は槨室と腰坑を持ち、副葬品として青銅器27点、土器22点、玉器23点などが確認されている。青銅器には鐘3点、罍1点、簋2点、鼎4点、盉1点、瓿1点、盤1点、卣1点、觚2点、爵2点、勺1点のほか、車馬具・飾金具などがあった。この西周墓は、出土した青銅盉の銘文に穆王の名があることにより西周中期の穆王期の標準となる墓とされている。1981年にも土取にともなって西周墓の調査が行われている[66]。1984年にも、西周墓42基、車馬坑2基の発掘調査が行われている[67]。

⑳ 城固・洋県青銅器出土遺跡

城固県から洋県に至る漢江の流域には、20箇所を越える多数の殷代青銅器を出土する遺跡が分布している[68]。城固県・洋県出土の青銅器は、二里岡文化上層期から殷墟文化期にかけての遺物が大多数であるが、西周時代に下る遺物も散見される。2007年8月に研究代表者・飯島が城固県の龍頭遺跡・宝山遺跡を踏査する（第45図）。

(a) 龍頭遺跡

龍頭遺跡の1980・1981年青銅器出土地点は、漢江北岸の龍頭小学校運動場の西部に位置し、ここには直径50m、高さ約8mの土丘が有ったという。龍頭遺跡からは、1980年に罍1点、尊2点、提梁卣1点、簋1点、壺1点、盤1点、觚4点、鉞4点、矛7点、弯形器43点など計65点の殷代青銅器が出土している。1981年には、罍2点、鬲1点、提梁卣1点、盤1点、觚1点、爵1点、戈2点、弯形器17点の合計26点の殷代青銅が出土している。2004年にも先の地点の東北約200mで、鼎1点、鬲1点、瓿1点、甑1点の合計4点の殷代青銅器が発見されている。

(b) 宝山遺跡

宝山遺跡は、湑水河の左岸に位置する。宝山地点からは1990年に青銅鼎1点が発見されている。

第45図　宝山遺跡（城固県）

蘇村塔冢地点では、1963年に尊1点、獣面飾15点の青銅器が発見され、1974年に青銅尊2点が発見されている。蘇村小冢地点では1955年に青銅矛21点が出土し、1959年に青銅罍1点が出土し、1976年には罍2点、戈97点、人面飾21点、獣面飾11点、青銅泡283点の青銅器が出土している（第46・47図）。

（3）まとめ

渭河流域に分布する先周・西周遺跡の数は膨大な物で、六百数十箇所以上とも聞いている。3ヶ年の限られた時間の中で訪れることの出来た遺跡数は限られ

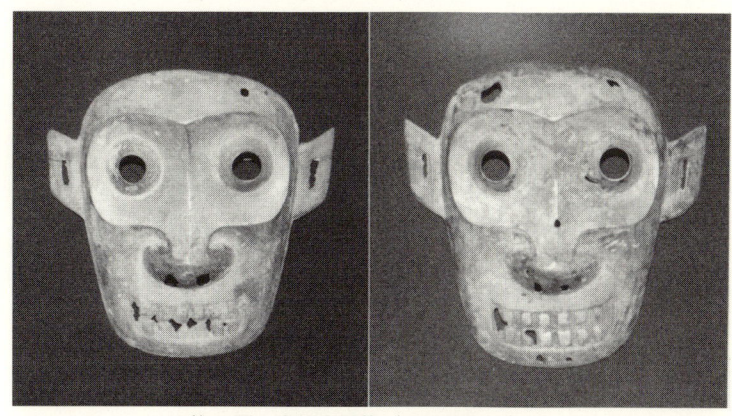

第46図　青銅人面飾（城固県蘇村小冢）

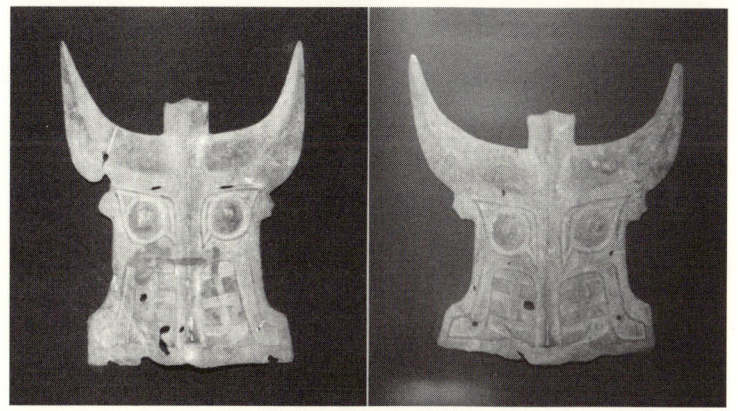

第47図　青銅獣面飾（城固県蘇村小冢）

ている。また、中国側が行う発掘に立ち会うことのできたのは3箇所の遺跡である。それらの遺跡を中心に遺跡の概略を紹介してきた。さらに、この3年間以外に、過去に訪れ、遺跡付近の踏査を行った渭河流域の先周・西周遺跡や、筆者が過去に研究論文上で重要視した遺跡にも触れてみた。しかし、この地域の先周・西周遺跡を全てを踏査し網羅的に紹介することは、限られた日時の中では我々の力のおよぶところではなかった。限られた成果ではあるが、この3ヶ年の調査と研究を踏まえて。最後に「まとめ」として考察してみる。

ここまでに紹介してきた渭河流域の先周・西周遺跡に関しては、それを5地域に分けることが出来る。東から、第1地域は豊京・鎬京遺跡を中心とした豊鎬遺跡群、第2地域は周原遺跡を中心とした周原遺跡群、第3地域は周公廟遺跡（鳳凰山遺跡）を中心とした周公廟遺跡群、第4地域は淫河上流の碾子坡遺跡を中心とした碾子坡遺跡群、第5地域は石嘴頭遺跡や強国墓地を含む宝鶏市周辺の宝鶏遺跡群である。なお漢江流域の龍頭遺跡や宝山遺跡は、秦嶺を南に越えた漢江流域の遺跡で、別の機会に考えることとし、ここでは省くことにする。

第1地域の豊鎬遺跡群は、基本的に西周時代の遺構を主体とする遺跡である。豊鎬遺跡には、西周時代の中型・小型墓が多数分布し少数の西周大型墓も発見され、西周全時代におよんでいる。また大型建築址や西周時代瓦の出土も確認されている。澧西遺跡においては、先周文化末（劉家第4・5期）の高領乳状袋足分襠鬲なども検出される。この遺跡群の東辺ではさらに古い遺跡が存在

し、殷文化土器の出土も知られ、代表例として二里岡期に遡る老牛坡遺跡がある。しかしながら、第1地域の豊鎬遺跡群は、歴史記載から見ると文王・武王の西周建国期の都邑と西周の都の置かれた場所である。豊京・鎬京の都城としての古典文献記載は重視されるが、考古学的にその姿は未だ不明のことが多い。

　第2地域の周原遺跡群は、渭河流域の北岸の中心地に位置し先周時代から西周後期に至る全時代の遺跡群が存在し、劉家遺跡や北呂遺跡における高領乳状袋足分襠鬲を副葬する先周墓の存在は、第2地域が殷後期併存期からの重要な遺跡であることを示している。しかし、所謂周原遺跡の中心的時代は西周中・後期と推定される。多数の窖蔵・西周墓の発見があり、鳳雛甲組建築址・雲塘大型建築址・召陳大型建築址など大型建築址の発見と西周瓦の出土もある。また鳳雛甲組建築址や斉家村においては西周甲骨文が発見されている。斉家村・荘白村・董家村・強家村などの窖蔵からは極めて多数の青銅器が出土し、この地域の南辺の眉県楊家村の窖蔵からも多くの青銅器が発見されている。多数の銘文をもつ窖蔵青銅器の存在と甲骨文の出土がこの遺跡群の特色を示す。この遺跡群の地理的位置と、史書における古公亶父の遷岐の記述を無視することは出来ず、従来から言われるように、この地が「周城」である可能性は高い。しかし、周原遺跡は西周中・後期の遺構が中心で、必ずしも直接的に古公亶父の遷岐に結びつく遺跡・遺物の発見が多いわけではなく、あるいは召公など周王朝の有力貴族の采邑である可能性も考えざる負えない。また窖蔵からは各種の青銅器が出土し、銘文を有する青銅器も多く、それらの銘文はこの地に「虢李」「微史」「裘衛」「毛公」「南宮」など多くの西周貴族の一族が居住してたことを示している。さらに李家村西遺跡における鋳銅遺跡の存在は、この地で上記の青銅器が鋳造されていた事を明らかにしている。

　第3地域の周公廟（鳳凰山）遺跡群は、2003年暮れの西周甲骨文発見によって基本的な調査が開始されたとも言える遺跡である。周公廟遺跡において特に重要なのは、陵坡地点の亜字形墓を含む37基の西周大墓の存在である。祝家巷北地点と廟王村地点におけるきわめて多数の西周甲骨文の出土とそこに刻まれた「周公」「新邑」などの甲骨文字も周公廟遺跡を考える上で重要な資料である。また宮殿建築に用いられたと推定される西周空心塼破片の出土も、この遺跡の性格を考える上で同じく重要な資料である。また周公廟遺跡の各地点に散布する高領乳状袋足分襠鬲の破片は、この地域に先周時代から聚落や都邑が営まれていたことを暗示する。周公廟遺跡と趙家台遺跡はいずれも大墓を有し、二つの遺跡の関係は密接に考えておく必要がある。さらに周公廟遺跡と趙家台遺跡と周原遺跡は、約15kmの隔たりをもって位置し、この三つの遺跡の関係も密接に考える必要がある。この周公廟遺跡群の性格を考える上で、所謂周原遺跡と同じく史書における古公亶父の遷岐の記述を無視することは出来ない。また周公廟の存在と周公旦に関わる歴史記載は考古学的にも無視できず、後述するように周公廟遺跡は周公旦の采邑である可能性が推定される。

　第4地域の碾子坡遺跡群は、東西に並ぶ豊鎬遺跡群・周原遺跡群・周公廟遺跡群・宝鶏遺跡群とは離れて、北の涇河上流に位置してる。高領乳状袋足分襠鬲を副葬する先周時代墓の存在がこの遺跡群の特徴である。史書の上からは、古公亶父以前の周の遺跡が、存在すべき地域であるが、発見された先周時代遺跡や遺物と、史書記載の公劉にかかわる周の歴史との関係は混沌としている。

　第5地域の宝鶏遺跡群の先周・西周時代遺跡の分布は複雑である。先周時代の類型としては石嘴

頭類型がこの地の代表であるが、西辺に辛店文化が迫り、辛店文化との交流が認められる。西周時代遺跡としては、茹家荘遺跡や竹園溝遺跡を代表とする強国の墓地がある。北西部の鳳翔県の水溝村故城の発見があるが、この故城と西周史の関係は未だ明確でない。

渭河流域に分布する先周・西周遺跡を5地域に分けて考えたが、周王朝建国以前および建国前後の遺跡としては、西周甲骨文が存在し多くの有銘の窖蔵青銅器が存在し大型建築址のある周原遺跡群と、西周甲骨文が大量に出土し10基の亜字形墓が存在する周公廟遺跡群を、その時代の中心的遺跡と考えたい。周原遺跡群と周公廟遺跡群は直線で東西約25kmの距離がある。いずれかが周建国期の岐邑で、西周時代に入り周の都が宗周としての鎬京の地に遷ってからは、いずれの地も西周有力貴族の采邑であった可能性が極めて高い。

周原遺跡の鳳雛甲組建築址や召陳村大型建築址や雲塘遺跡からは西周時代の屋根瓦が出土し、そこに四合院式あるいは「品」字配置の大型の建物が建てられていたことが知られる。鳳雛甲組建築址からは西周甲骨文が発見され、その建物が甲骨を用いる祭祀と関係のある建物であったことを示している。西周王室の宗廟であった可能性も捨てきれない。しかし、周原遺跡からは、宮殿に用いられたであろう建築部材の空心塼・方塼の出土はない。周原遺跡では、これまでに80基に近い西周時代の窖蔵が発見され多くの西周貴族にかかわる青銅器が出土している。これに対して、周公廟遺跡には亜字形墓が存在し、空心塼・方塼などの大型建築の建築部材の出土がある。祝家巷北地点や廟王村地点で発見された西周甲骨文字数は鳳雛村甲組建築址出土の甲骨文字数を超えているとも聞いているが、周公廟遺跡での窖蔵青銅器の発見は今のところ少ない。一般的にこの時代の都市が東西25kmの幅を持っていたとは考えにくい。城壁や溝が繋がるなどの遺跡と遺構の連続的な関係もないので、周原遺跡と周公廟遺跡は、それぞれ別の采邑と考えざる負えない。

考古学研究の上で今世紀最大の発見になるかもしれない周公廟陵坡西周王侯貴族墓地と周囲の西周遺跡の発掘は、陝西省考古研究院と北京大学考古文博学院によって2004年から開始された。周公廟陵坡に存在する西周王侯貴族墓地に関しては、ボーリング調査とGPS測量により大墓の分布の概略が明らかとなっている。2005年に旧周公廟考古隊工作站で見たGPSによる測量図では、周公廟の東側に大殿溝と馬尾溝の二つの谷に挟まれた北から南に下る尾根が存在し、陵坡の名称で呼ばれている。この海抜800〜900m付近の尾根に沿って南北約450m、東西約200mの範囲に37基の古墓の存在が確認されている。その中には大型墓22基が存在し、その内訳は、亜字形墓10基、卜字形墓4基、中字形墓4基、甲字形墓4基であるという。ボーリング調査であるため発掘を行うとこの数値に若干の変化があるかもしれない。周公廟西周王侯貴族墓地の東には残長700m、北には長300m、西には残長500m、厚さ約10mの版築の土塁が取りまいている。この版築土塁内には、陵坡の西周大墓群以外の遺跡は存在しないので、版築土塁は西周大墓墓地を取り囲む施設と考えられる。また、周公廟西周王侯貴族墓地の西600mでは、白草坡西周墓地が発見されている。周公廟の南から南東の扇状地には、先周・西周時代遺物散布地が広がり、西周甲骨出土遺構（廟王村地点）、西周甲骨・陶范出土遺構（祝家巷北地点）、大型建築址（周公廟遺跡）などが確認されている。

殷墟遺跡においては、1920年代から1950年代に、洹河北岸の西北岡侯家荘および武官村に到る一帯の東西約450m、南北約200mの範囲で、殷の王陵と称される12（13）基の大墓が発見されている。

これら12基の大墓のうちM1001・1002・1003・1004・1217・1500・1550・1400号墓の8基が亜字形墓で、M1129・1443号墓と武官村大墓の3基が中字形墓で、司母戊鼎を出土したと伝えられる大墓は甲字形墓であった。ほかに未完成墓と推定される1567号と呼ばれる大坑1基も存在する。この1567号坑を含むと大墓は13基となる。武官村側のM1400号墓の周囲には南北約200m、東西約150mの範囲に多数の祭祀坑が密集する。これら12（13）基の墓は、殷後期に比定される19代盤庚から30代帝辛紂いたるいずれかの殷王の陵墓であるとする説も存在するが、その証拠はない。殷墟西北岡侯家荘の殷王陵の墓域は東西に長く、周公廟西周王侯貴族墓地の墓域は南北に長いが、その面積はほとんど同じである。亜字形墓の数においては、周公廟西周王侯貴族墓地のほうがまさっている。ただ最大規模の墓は、殷墟のM1217号墓が墓道を含む南北長が120.19m有るのに対して、周公廟陵坡西周王侯貴族墓地では最大規模の亜字形墓でも南北約75m、東西約53mほどであると推定される。墓道の幅は、殷墟のM1001号墓は7〜8mあるが、周公廟西周王侯貴族墓では0.5m〜0.8mと異常に狭い墓も存在する。また周公廟西周王侯貴族墓地では、殷墟に見られた大規模な祭祀坑密集地は未だ発見されていない。。

　周公廟陵坡西周王侯墓地が、西周王室の墓地であれば殷墟の王陵に匹敵する規模の墓が存在すべきと考えられる。上記の状況からは、周公廟西周王侯貴族墓地は西周王室の墓地ではなく、周公一族の聖地に造営された周公一族の墓地である可能性が高いとの考えが成り立つ。しかし、殷後期において、亜字形墓は王墓であった。周公廟陵坡の亜字形墓も西周王墓である可能性は依然として高い。また規模の点においては、確かに殷墟王陵群における最大のM1217号墓は南北長さ120.19mに達しているが、殷墟遺跡でもM1550号墓は南北長さ47.55mと比較的規模が小さい。周公廟西周王侯貴族墓北端にある最大規模の亜字形墓は、南北長さ75mほどで、これは殷墟王陵群の中程度の規模となる。従って周公廟陵坡の西周王侯貴族墓群は王墓に準じる貴族墓が含まれていると考えざる負えない。西周時代において西周王に準じる貴族といえば、それは周公旦である。陵坡の西周墓地は周公一族の墓である可能性が高い。

　高領乳状袋足分襠鬲と連襠鬲の年代問題と、族属問題が存在する。高領乳状袋足分襠鬲の年代としては、劉家遺跡の高領乳状袋足分襠鬲を基準に考えれば、劉家第1期は殷墟第1期併存、劉家第2期は殷墟第2期併存、劉家第3期は殷墟第3期併存、劉家第4・5期は殷墟第4期併存、劉家第6期は殷墟第4期より新しく西周前期前半と考えている。

　高領乳状袋足分襠鬲の文化を姜戎の文化とする説は有力である。仮に、高領乳状袋足分襠鬲を姜族の文化と考えるにしても、「姜」や「戎」は殷甲骨文にはまれな文字で、豫西嵩嶽に居たと言われる「羌」と同一民族とするわけにはいかない。高領乳状袋足分襠鬲を姜戎と呼ばれる民族の遺物と考えるのならば、その姜戎すなわち姜族は、渭河流域に居住する民族であるべきである。しかし、姜戎が先周・西周時代のいかなる種族・民族を示しているのか具体的に理解がないので、従って高領乳状袋足分襠鬲の文化を姜戎文化とする説にはそくざに賛成しがたい。

　古典文献の記述から姫姓・姜姓が古代において通婚関係にあることを前提として考えると、前1000年頃渭河流域において、周人と姜人はきわめて密接な関係にあり、共存していたと推定することが可能である。その立場に立てば、高領乳状袋足分襠鬲とその一群の土器を姜族のものと考える

説も成り立つ。高領乳状袋足分襠鬲とそれに伴う土器は、連襠鬲群とそれに伴う土器と同じく、時代的にも地域的にも先周・西周文化の時代に重なり、広い意味で姫姓・姜姓の民族が残した包括的周文化の遺物と考えたい。高領乳状袋足分襠鬲を姫姓・姜姓の民族が残した包括的周文化の遺物と考える説は、従来の高領乳状袋足分襠鬲を先周時代の周人が残した遺物とする筆者の考えと大きく代わるものではない。

　鳳凰山の南麓に広がる周公廟遺跡は、周公旦の采邑である可能性が高くなって来た。従って周公廟の北東の尾根に分布する陵坡の大墓群は、周公旦一族の墓地である可能性が強い。廟王村出土の西周甲骨文中には度々述べたように「周公」「新邑」など周公旦との関係を示す文字が存在する。『詩經』鄭玄「周南召南譜」の記載などから、周公旦は古公亶父の岐邦周の地を文王から譲り受けたと考えられ、周公廟遺跡が周公旦の采邑であったことを認めるのなら、周公旦の采邑はつまり古公亶父の周城である可能性も高くなってくる。周原遺跡はその規模と大建築の存在から古公亶父の岐邑との説を捨てさることはできないが、先記したように召公一族など西周有力貴族の采邑である可能性も推定される。

　そのほか、眉県楊家村付近に単氏一族の采邑が存在した可能性が考えられ、趙家台遺跡も西周王朝の有力貴族の采邑の跡である可能性が推定される。このように、3年間の先周・西周時代遺跡の踏査と調査を経て、渭河北岸の台地、岐山南山麓には、先周・西周時代に属する水溝村遺跡・勧読遺跡・周公廟遺跡・趙家台遺跡・周原遺跡などの大遺跡が東西10～20㎞ごとに点在し、それらの大遺跡はあるいは岐邑であり、あるいは西周王朝有力貴族の采邑であったことを確認することができた。

おわりに

　『詩經』や『史記』周本紀に記載された豳から周城さらに豊京・鎬京へ遷っていく周本拠地移動の歴史を、2006・2007・2008年度の渭河流域の先周・西周遺跡の調査は、漠然としたものではあるが考古学的遺跡・遺物の研究を通して歴史上の事実として示してくれた。

　渭河流域の先周・西周時代の遺跡・遺物に関する著書・論文および発掘報告書は、「渭河流域先周・西周考古学文献目録」に示したごとく中国側によって膨大な著録が発表されている。たとえば、著書としては、陳全方『周原与周文化』[69]、北京大学考古文博学院・北京大学古代文明研究中心『吉金鑄国史──周原出土西周青銅器精粋』[70]、曹瑋『周原遺址与西周銅器研究』[71]、尹盛平『周原文化与西周文明』[72]等があり、特に2005年に刊行された曹瑋『中原出土青銅器』は、周原遺跡各地点から出土した青銅器を収録したのみならず、伴出した土器の紹介も行い、その成果は特筆に値する[73]。近年、デジタルカメラの利用や印刷技術の高まりによって、これらの著書中には、青銅器や土器の鮮明な写真が掲載されて、それらの資料を利用しての研究も可能になったが、中国における考古学研究の水準が高まり、外国人である我々がそれに追いつくことが必ずしも容易でなくなっている。そのような状況下で、2006・2007・2008年度と「中国渭河流域における西周時代遺跡の調査研究」の研究題目で科学研究費補助金（基盤研究(B)）の助成を受けることができた。当初の研究計画では、GPSを用いた遺跡測量や遺跡立地研究を研究目的の一つにおいていたが、中国側の規則に

より、2007年度から中国国内においてGPSを用いることが困難になった。渭河流域の先周・西周時代遺跡の調査としては、研究分担者各位の努力と多くの助力を得たにもかかわらず、2006年当初に予定した計画の半分の仕事もできなかったように思われる。これは研究代表者の微力によるもので申し訳なく思っている。2006・2007・2008年度と中国側の発掘調査に立ち会い、また多くの先周・西周遺物の写真を撮影し、膨大な資料を蓄積することができた。しかしながらそれらの多くは、未だ発掘報告が未発表でこの報告書中に掲載することはできなかった。残念に思う。2008年10月に陝西省考古研究院成立五十周年の祝賀会が開催され、同研究院による「陝西夏商周考古発現与研究」が発表された[74]。そこには渭河流域における先周・西周遺跡に関する研究成果が要領よく纏められている。最後に、おしみのない研究協力をいただいた海外共同研究者（中国側研究協力者）の北京大学考古文博学院・徐天進教授・雷興山准教授、陝西省考古研究院・焦南峰院長、王占奎副院長に心より御礼申し上げる。

註

(1) 飯島武次　『中国周文化考古学研究』（同成社、1998年、東京）
(2) 蘇秉琦　『闘鶏台溝東区墓葬』（『国立北平研究院史学研究所陝西考古発掘報告』第一種第一号、1948年）
(3) 石璋如　「伝説中周都的実地考察」（『国立中央研究院歴史語言研究所集刊』第二十本下冊、1949年）
(4) 考古研究所渭水調査発掘隊　「陝西渭水流域調査簡報」（『考古』1959年第11期）
(5) 陝西周原考古隊　「陝西岐山鳳雛村西周建築基址発掘簡報」（『文物』1979年第10期）
(6) 王恩田　「岐山鳳雛村西周建築群基址的有関問題」（『文物』1981年第1期）
(7) 陝西周原考古隊　「扶風召陳西周建築群基址発掘簡報」（『文物』1981年第3期）
(8) 傅熹年　「陝西扶風召陳西周建築遺址初探——周原西周建築遺址研究之二」（『文物』1981年第3期）
(9) 周原考古隊　「陝西扶風県雲塘、斉鎮西周建築基址1999－2000年度発掘簡報」（『考古』2002年第9期）
(10) 中国社会科学院考古研究所考古科技実験研究中心碳十四実験室　「放射性碳素測定年代報告（二九）」（『考古』2003年第7期）
(11) 周原考古隊　「2003年秋周原遺址（ⅣB2区与ⅣB3区）的発掘」（『古代文明』第3巻、2004年）
(12) 陝西周原考古隊　「陝西扶風荘白一号西周青銅器窖蔵発掘簡報」（『文物』1978年第3期）
　　陝西周原考古隊　「陝西扶風県雲塘、荘白二号西周銅器窖蔵」（『文物』1978年第11期）
(13) 陝西省考古研究所・陝西省文物管理委員会・陝西省博物館　『陝西出土商周青銅器（三）』（1980年、北京）
(14) 陝西周原考古隊　「扶風劉家姜戎墓葬発掘簡報」（『文物』1984年第7期）
(15) 飯島武次　「先周文化陶器の研究——劉家遺跡出土陶器の検討」（『考古学雑誌』第74巻第1号、1988年）
(16) 程学華　「宝鶏扶風発現西周銅器」（『文物』1959年第11期、72頁）
(17) 陝西省博物館・陝西省文物管理委員会　『扶風斉家村青銅器群』（北京、1963年）
(18) 趙学謙　「陝西宝鶏、扶風出土的幾件青銅器」（『考古』1963年第10期）
(19) 陝西周原考古隊　「扶風県斉家村西周甲骨発掘簡報」（『文物』1981年第9期）
(20) 陝西周原考古隊　「陝西扶風斉家十九号西周墓」（『文物』1979年第11期）
(21) 周原扶風文管所　「扶風斉家村七、八号西周銅器窖蔵清理簡報」（『考古与文物』1985年第1期）
(22) 周原考古隊　「2002年周原遺址（斉家村）発掘簡報」（『考古与文物』2003年第4期）
(23) 周原扶風文管所　「陝西扶風強家一号西周墓」（『文博』1987年第4期）
(24) 呉鎮烽・雒忠如　「陝西省扶風県強家村出土的西周銅器」（『文物』1975年第8期）

⑸　陝西周原考古隊　「扶風黄堆西周墓地鑚探清理簡報」（『文物』1986年第8期）
⑹　周原博物館　「1995年扶風黄堆老堡子西周墓清理簡報」（『文物』2005年第4期）
⑺　周原博物館　「1996年扶風黄堆老堡子西周墓清理簡報」（『文物』2005年第4期）
⑻　扶風県文化館・羅西章　「扶風美陽発現商周青銅器」（『文物』1978年第10期）
⑼　飯島武次　「二里岡上層青銅器対先周文化的影響」（『中原文物』1990年第3期）
⑽　岐山県文化館・陝西省文管会等　「陝西省岐山県董家村西周銅器窖穴発掘簡報」（『文物』1976年第5期）
⑾　宝鶏市博物館・王光永　「陝西省岐山県発現商代銅器」（『文物』1977年第12期）
⑿　陝西省考古研究所・徐錫台　「岐山賀家村周墓発掘簡報」（『考古与文物』1980年第1期）
⒀　長水　「岐山賀家村出土的西周銅器」（『文物』1972年第6期）
⒁　陝西省博物館・陝西省文物管理委員会　「陝西岐山賀家村西周墓葬」（『考古』1976年第1期）
⒂　陝西周原考古隊　「陝西岐山賀家村西周墓発掘報告」（『文物資料叢刊』第8期、1983年）
⒃　徐天進・孫秉君・徐良高・雷興山　「2001年度周原遺址発掘簡報」（『周原遺址的分期与布局研究』北京大学中国考古学研究中心、2006年）
⒄　陝西省博物館・文管会岐山工作隊　「陝西岐山礼村附近周遺址的調査和試掘」（『文物資料叢刊』第2期、1978年）
⒅　陝西省考古研究所・陝西省文物管理委員会・陝西省博物館　『陝西出土商周青銅器（一）』（北京、1979年）
⒆　徐天進・孫秉君・徐良高・雷興山　「2001年度周原遺址発掘簡報」（『周原遺址的分期与布局研究』北京大学中国考古学研究中心、2006年）
⒇　北京大学考古系　「陝西扶風県壹家堡遺址発掘簡報」（『考古』1993年第1期）
　　北京大学考古系商周組　「陝西扶風県壹家堡遺址1986年度発掘報告」（『考古学研究』二、1994年）
(41)　扶風県博物館　「扶風北呂周人墓地発掘簡報」（『文物』1984年第7期）
　　宝鶏市周原博物館・羅西章　『北呂周人墓地』（西北大学出版社、1995年）
(42)　徐天進　「周公廟遺址的考古所獲及所思」（『文物』2006年第8期）
　　陝西省考古研究院商周考古研究部　「陝西夏商周考古発現与研究」（『考古与文物』2008年第6期）
(43)　岐山県博物図書館・祁健業　「岐山県北郭公社出土的西周青銅器」（『考古与文物』1982年第2期）
　　岐山県博物館・龐文龍・劉少敏　「岐山県北郭郷樊村新出土青銅器等文物」（『文物』1992年第6期）
(44)　陝西省考古研究所宝鶏工作站・宝鶏市考古工作隊　「陝西岐山趙家台遺址試掘簡報」（『考古与文物』1994年第2期）
　　周原考古隊　「2001年度周原遺址調査報告」（『古代文明』第2巻、427頁、2003年）
(45)　種建栄・雷興山　「岐山孔頭溝遺址田野考古工作的理念与方法」（『文博』2008第5期）
(46)　陝西省考古研究所・宝鶏市考古工作隊・眉県文化館楊家村聯合考古隊　「陝西眉県楊家村西周青銅器窖蔵発掘簡報」（『文物』2003年第6期）
　　陝西省文物局・中華世紀壇芸術館　『盛世吉金——陝西宝鶏眉県青銅器窖蔵』（北京出版社、2003年）
(47)　雍城考古隊・韓偉・呉鎮烽　「鳳翔南指揮西村周墓的発掘」（『考古与文物』1982年第4期）
(48)　蘇秉琦　『闘鶏台溝東区墓葬』（『国立北平研究院史学研究所陝西考古発掘報告』第一種第一号、1948年）
(49)　盧連成・胡智生　『宝鶏㷼国墓地』（1988年、北京）
(50)　盧連成・胡智生　『宝鶏㷼国墓地』（1988年、北京）
(51)　盧連成・胡智生　『宝鶏㷼国墓地』（1988年、北京）
(52)　任周芳　「宝鶏地区古代遺址的分布」（『周原遺址的分期与布局研究』北京大学中国考古学研究中心、2006年）
(53)　中国社会科学院考古研究所　『南邠州・碾子坡』（『中国田野考古報告集』考古学専刊丁種第六十六号、2007年）
(54)　中国社会科学院考古研究所涇渭工作隊　「陝西彬県断涇遺址発掘報告」（『考古学報』1999年第1期）

⑤ 中国社会科学院考古研究所考古科技実験研究中心碳十四実験室 「放射性碳素測定年代報告（二九）」（『考古』2003年第7期）
⑤ 宝鶏市考古工作隊 「陝西武功鄭家坡先周遺址発掘簡報」（『文物』1984年第7期）
⑤ 徐炳昶・常恵 「陝西調査古蹟報告」（『国立北平研究院院務彙報』第4巻第6期、1933年）
⑤ 石璋如 「伝説中周都的実地考察」（『国立中央研究院歴史語言研究所集刊』第二十本下冊、1949年）
⑤ 中国科学院考古研究所 『灃西発掘報告』（『中国田野考古報告集』考古学専刊丁種第十二号、1962年）
⑥ 中国科学院考古研究所 『灃西発掘報告』（『中国田野考古報告集』考古学専刊丁種第十二号、1962年）
⑥ 中国科学院考古研究所 『長安張家坡西周銅器群』（『考古学専刊』乙種第十五号、1965年）
　中国社会科学院考古研究所灃西発掘隊 「1967年長安張家坡西周墓葬的発掘」（『考古学報』1980年第4期）
　中国社会科学院考古研究所 『張家坡西周墓地』（『中国田野考古報告集』考古学専刊丁種第五十七号、1999年）
⑥ 中国科学院考古研究所 『灃西発掘報告』（『中国田野考古報告集』考古学専刊丁種第十二号、1962年）
⑥ 中国社会科学院考古研究所灃西発掘隊 「陝西長安灃西客省荘西周夯土基址発掘報告」（『考古』1987年第8期）
⑥ 鄭洪春・穆海亭 「鎬京西周五号大型宮室建築基址発掘簡報」（『文博』1992年第4期）
　陝西省考古研究所 『鎬京西周宮室』（西北大学出版社、1995年）
⑥ 石興邦 「長安普渡村西周墓葬発掘記」（『考古学報』第八冊、1954年）
　陝西省文物管理委員会 「長安普渡村西周墓的発掘」（『考古学報』1957年第1期）
⑥ 陝西省文物管理委員会 「西周鎬京附近部分墓葬発掘簡報」（『文物』1986年第1期）
⑥ 中国社会科学院考古研究所灃西発掘隊 「1984年長安普渡村西周墓葬発掘簡報」（『考古』1988年第9期）
⑥ 曹瑋 『漢中出土商代青銅器』（四川出版集団巴蜀書社、2006年）
　西北大学文博学院・陝西省文物局・趙従蒼 『城洋青銅器』（科学出版社、2006年、北京）
⑥ 陳全方 『周原与周文化』（上海人民出版社、1988年）
⑦ 北京大学考古文博学院・北京大学古代文明研究中心 『吉金鋳国史——周原出土西周青銅器精粋』（文物出版社、2002年）
⑦ 曹瑋 『周原遺址与西周銅器研究』（科学出版社、2004年、北京）
⑦ 尹盛平 『周原文化与西周文明』（『早期中国文明』江蘇教育出版社、2005年）
⑦ 曹瑋 『周原出土青銅器』（四川出版集団巴蜀書社、2005年）
⑦ 陝西省考古研究院商周考古研究部 「陝西夏商周考古発現与研究」（『考古与文物』2008年第6期）

挿図出典目録

第1図　調査遺跡分布図〔筆者作図〕
第2図　周原遺跡〔徐天進・馬賽「周原遺址商周時期墓地的分布与年代」（『周原遺址的分期与布局研究』北京大学中国考古学研究中心、191頁、2006年）を原図に加筆〕
第3図　鳳雛村甲組建築址発掘地点（岐山県）〔筆者写真〕
第4図　陶水管（岐山県鳳雛村甲組建築址）〔筆者写真〕
第5図　召陳大型建築址発掘地点（扶風県）〔筆者写真〕
第6図　半瓦當（扶風県召陳村）〔筆者写真〕
第7図　丸瓦・平瓦（扶風県召陳村）〔筆者写真〕
第8図　雲塘建築址（扶風県）〔筆者写真〕
第9図　李家村西遺跡発掘景観（扶風県）〔筆者写真〕
第10図　荘白遺跡（扶風県）〔筆者写真〕

第11図　青銅器（左：豊尊、右：折斝、扶風県荘白村）〔筆者写真〕
第12図　青銅器（左：旅父乙觚、右：方炉、扶風県荘白村）〔筆者写真〕
第13図　史墻盤（扶風県荘白村）〔筆者写真〕
第14図　劉家水庫（扶風県）〔筆者写真〕
第15図　斉家村遺跡と斉家溝（扶風県）〔筆者写真〕
第16図　法門寺塔（漢代美陽県付近）〔筆者写真〕
第17図　青銅鼎・鬲（岐山県董家村）〔筆者写真〕
第18図　青銅簋・匜（岐山県董家村）〔筆者写真〕
第19図　青銅壺・盉・盤・豆（岐山県董家村）〔筆者写真〕
第20図　青銅器（左：鬲、中：爵、右：觚、岐山県京当）〔筆者写真〕
第21図　人面盾飾（岐山県賀家村）〔筆者写真〕
第22図　壹家堡遺跡発掘地点（扶風県）〔筆者写真〕
第23図　周公廟（鳳凰山）遺跡〔周原考古隊「2003年陝西岐山周公廟遺址調査報告」『古代文明』第5巻、153頁、2006年）を原図に筆者加筆〕
第24図　陵坡M18号墓発掘地点遠景〔筆者写真〕
第25図　白草坡西周墓地遠景〔筆者写真〕
第26図　塼（岐山県周公廟遺跡出土）〔筆者写真〕
第27図　祝家巷北地点甲骨出土地点〔筆者写真〕
第28図　浩善坑（廟王村地点）〔筆者写真〕
第29図　趙家台遺跡2006年度発掘地点（岐山県）〔筆者写真〕
第30図　楊家村2003年1月青銅器出土地点（眉県）〔鈴木敦氏撮影〕
第31図　青銅鼎　四十三年逨鼎（一～八）（眉県楊家村）〔筆者写真〕
第32図　青銅鼎・鬲（1・2：四十三年逨鼎の九・十、3・4：四十二年逨鼎の一・二、5～8：単叔鬲、眉県楊家村）〔筆者写真〕
第33図　青銅器（1：単五父壺、2：叔五父匜、3：逨盤、眉県楊家村）〔筆者写真〕
第34図　水溝村故城（鳳翔県）〔筆者写真〕
第35図　陶水管（鳳翔県水溝村故城）〔筆者写真〕
第36図　闘鶏台遺跡（宝鶏市）〔筆者写真〕
第37図　土器（左：高領乳状袋足分襠鬲、右：折肩罐、宝鶏市闘鶏台遺跡）〔筆者写真〕
第38図　竹園溝遺跡（宝鶏市）〔筆者写真〕
第39図　高領乳状袋足分襠鬲（宝鶏市石嘴頭遺跡）〔筆者写真〕
第40図　鄭家坡遺跡遠景（武功県）〔筆者写真〕
第41図　土器（1・2：鬲、3：大口尊、武功県鄭家坡遺跡）〔筆者写真〕
第42図　張家坡M157号墓発掘地点（西安市長安区）〔筆者写真〕
第43図　張家坡西周車馬坑（西安市長安区）〔筆者写真〕
第44図　鎬京5号宮殿址発掘地点（西安市長安区普渡村）〔筆者写真〕
第45図　宝山遺跡（城固県）〔筆者写真〕
第46図　青銅人面飾（城固県蘇村小冢）〔筆者写真〕
第47図　青銅獣面飾（城固県蘇村小冢）〔筆者写真〕

2．渭河流域における先周・西周時代墓地の地形図と分布図

長尾　宗史

はじめに

　渭河（渭水）は、甘粛省渭源県の西にある鳥鼠山を源流とし、甘粛省天水市の北、陝西省宝鶏市の南、西安市の北を流れて潼関において黄河と合流する、全長818kmに及ぶ黄河最大の支流である。この渭河が東西に流れる陝西省中部の渭水盆地は、周王朝の発祥の地として知られている。

　渭河流域における先周、西周文化の考古学的調査は、1933年に始まる国立北平研究院の蘇秉琦による闘鶏台遺跡の調査が嚆矢であろう。それ以後、1950年代の豊鎬地区の調査、70年代の岐山県鳳雛村、扶風県召陳村での大型建築址の版築基壇の発掘および、鳳雛村の建築址からの西周甲骨刻辞の発見、また70年代後半から80年代にかけて宝鶏市茹家荘および竹園溝、紙坊頭の3つの地点からなる強国墓地が発掘され、近年においては岐山県周公廟遺跡の発掘が人々の耳目を引いている。

　本稿においては、渭河流域の先周、西周文化の諸遺跡の中より、墓地遺跡の地形図・分布図の報告がある遺跡を抽出し簡単に紹介したい。

（1）　鳳翔南指揮西村墓地[1]

　西村遺跡は鳳翔県西村の西300mの所に位置する。1979年から1980年の発掘において、周代の墓210基が発見された。墓地の範囲は南北127m、東西129mで、その分布はかなり密集しているが、相互の切り合い関係は存在しなかった。簡報によるとこれらの周人墓の造営期間は先周中期～西周中期までとあり、比較的長期に亘って墓地は営まれていたようである。これら周人墓のうち先周文化に属する墓は95基で、このうち先周中期に属するものが30基、先周後期に属するものが65基であった（第1図）。

　墓の構造は全て長方形竪穴土壙墓で1棺を持つ。埋葬形態はいずれも仰臥伸展葬、頭向は北～東北を向くものが全体の約8割になる。墓の分布からも中心となる配列を抽出するのが難しく、整然と分布するため、報告者によると血縁的紐帯の強い家族墓地であるとしている。また、かなり密集して墓地が営まれているにも関わらず、墓同士の切り合い関係が見られないことから、長期に亘り墓域を意識して墓を造営していたことが考えられる。

（2）　扶風北呂周人墓地[2]

　北呂遺跡は扶風県城より南へ約10km、渭河の北岸約4kmの北呂村の北側丘陵に位置する。遺跡の発掘は1977年から1982年の間に6次にわたり行われ、3地点5区から283基の先周・西周時期に属する墓が発見された（第2図）。

　墓地はⅠ区～Ⅴ区に分けられるが、最も墓が集中するⅣ区墓地ではボーリング調査により206基

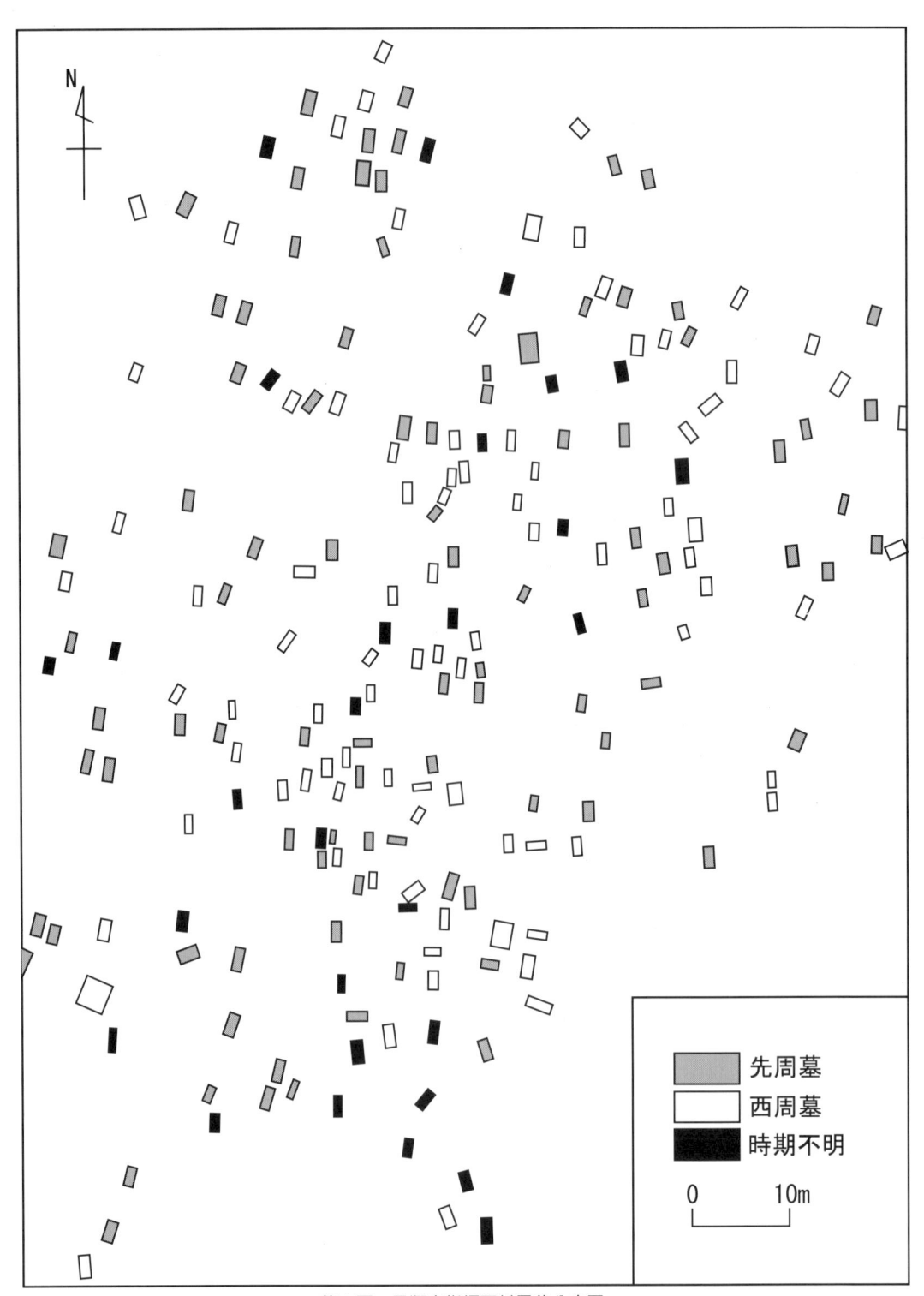

第1図　鳳翔南指揮西村周墓分布図

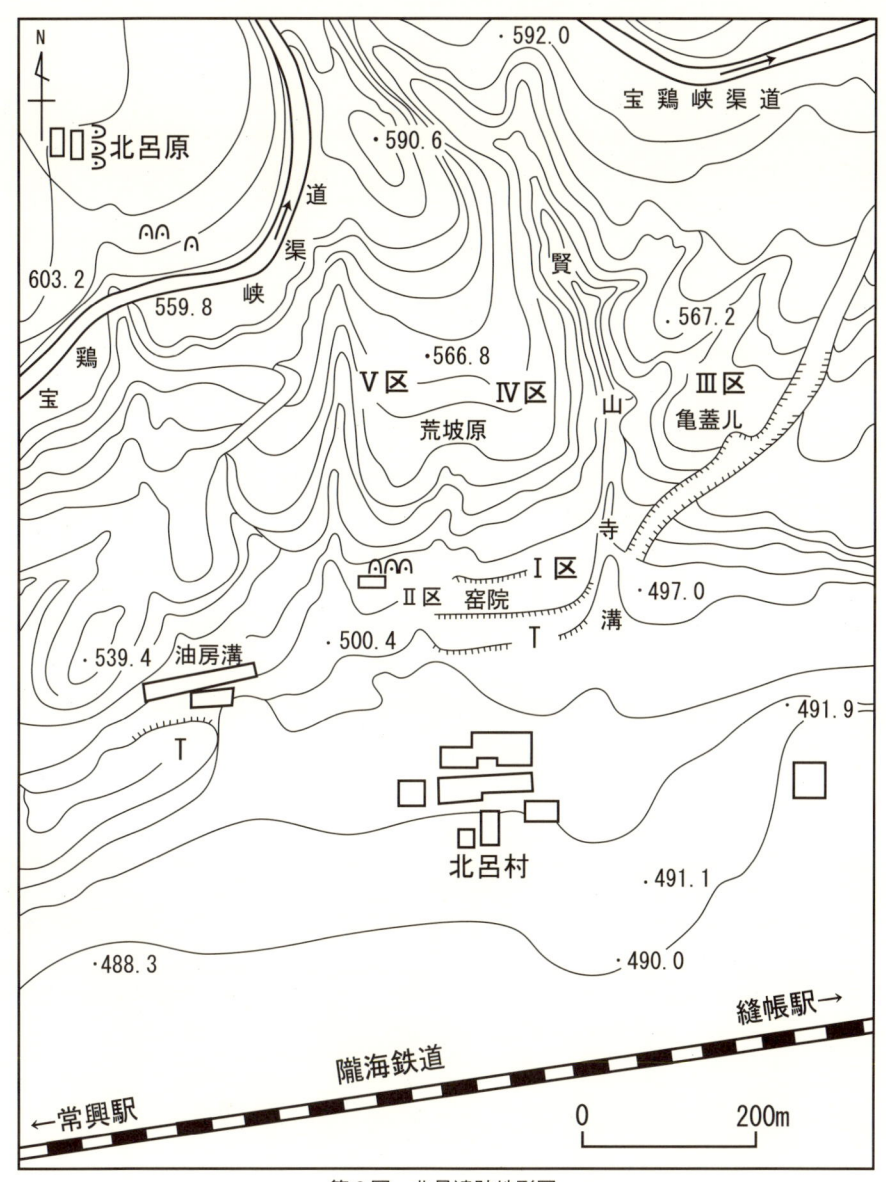

第2図 北呂遺跡地形図

が確認され、そのうち発掘されたものは163基であった（第3図）。墓は地形に沿って造営され、先周墓は斜面の下から上へ、西から東へ向かって造営され、頭向は多くが西向きになるが、北向きの墓もある。西周墓の頭向はいずれも北向きであった。墓地には一定の配列がみられ、かなり密集した分布となるが、それぞれの切り合い関係はみられない。これは他の地点の墓にも言えることである。

　北呂遺跡の墓地は先周時期～西周末年まで、かなり長期にわたり営まれており、周人の中心的な活動地域の一つであったことが窺える。また副葬品の土器の鬲は殆どが連襠鬲であり、これは高領乳状袋足分襠鬲を副葬する扶風劉家墓地、宝鶏闘鶏台墓地の墓とは異なる。報告書では劉家、闘鶏台墓地を姜戎墓とし、それと異なる北呂墓地を姫姓周人の墓地であるとしている。

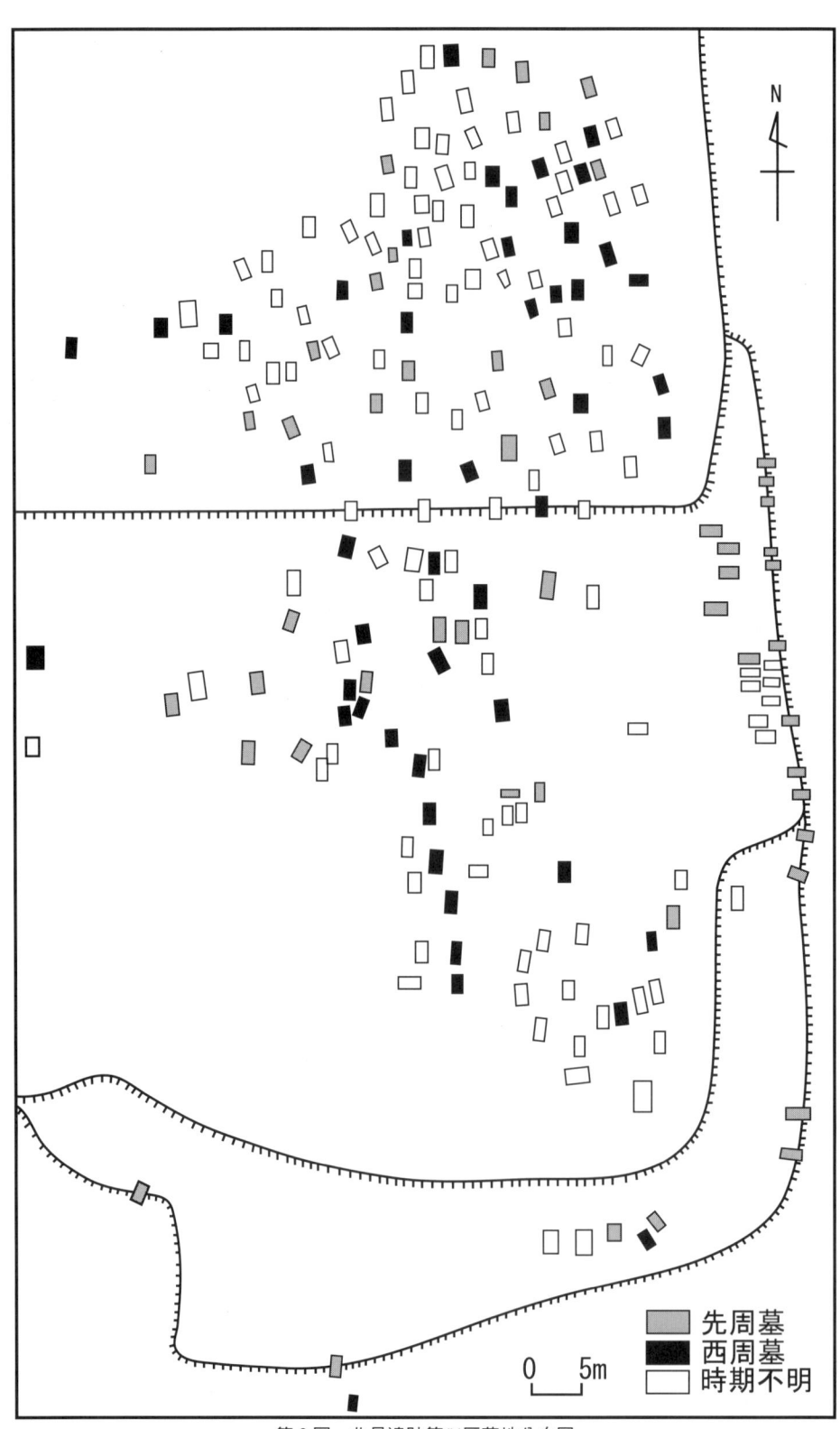

第3図　北呂遺跡第Ⅳ区墓地分布図

先周墓
西周墓
時期不明

0　5m

(3) 長武碾子坡墓地[3]

　碾子坡遺跡は陝西省北西部、甘粛省との省界にほど近い長武県の南東約1.7km、涇河上流域の一支流である黒河下流北岸に位置する。碾子坡遺跡の墓地は前、後期に分けられ、前期がⅥ区、後期がⅠ区と造営地点が異なる（第4図）。

　前期墓地は遺跡北側の丘、第Ⅵ調査区に位置する。この墓地は92基の墓が確認され、丘陵の斜面上に北西方向に沿って営まれている（第5図）。かつてこのⅥ区墓地の中央を通る道路が建設された時に相当数の墓が破壊されており、ここは200基ほどの墓が密集する墓地であったと考えられている。

　92基の墓は全て長方形竪穴土壙墓で、規模は最大でも墓壙長約3m、幅約1m程度、一般的には

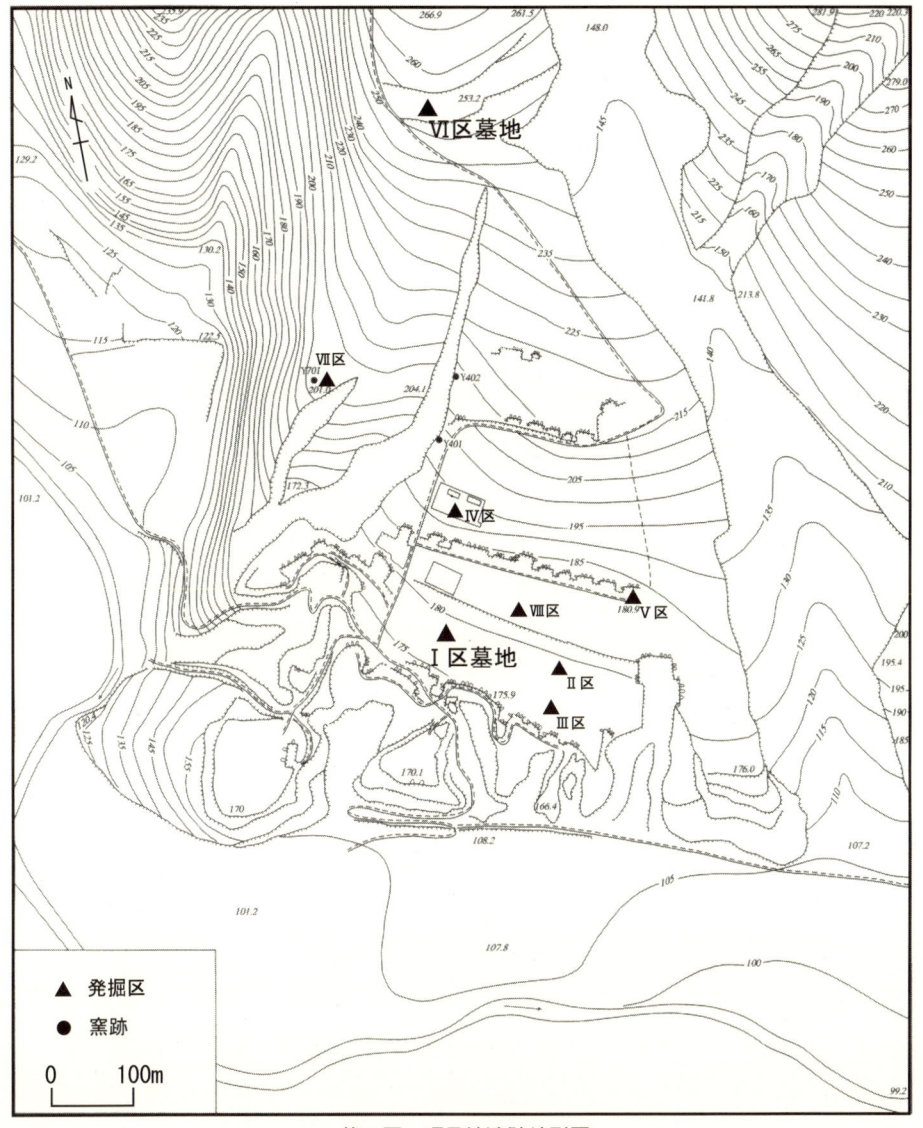

第4図　碾子坡遺跡地形図

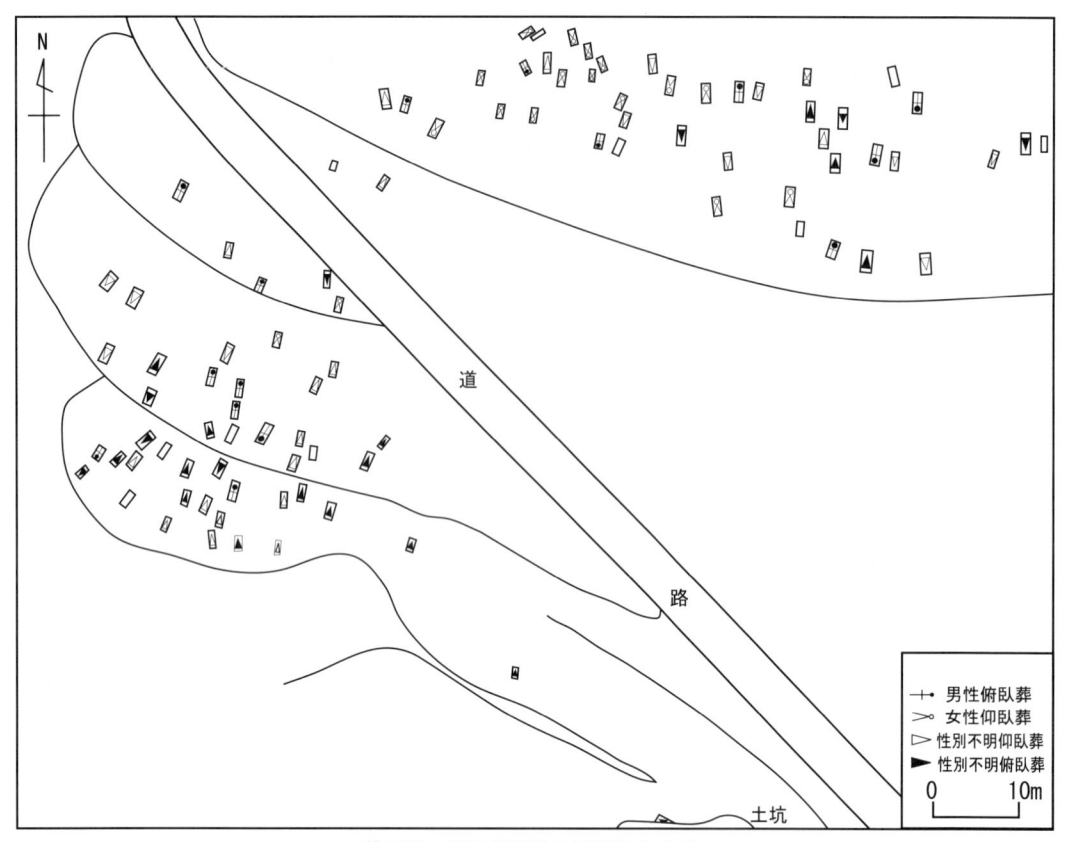

第 5 図　碾子坡遺跡Ⅵ区墓地分布図

墓壙長約 2 m程度と小型である。木棺を持つ墓は76基、石棺墓が 1 基あり、この他、蓆や石板をもつものもある。埋葬形態は殆どが単人葬であるが、男性が俯臥葬、女性が仰臥葬と性別によって埋葬形態が異なっていた。頭位方向は北向き、南向きが多い。これらの墓には、大小 2 基の墓が 1 組となり配列しているものが多くみられ、この場合頭位方向に一致が見られる。これらには仰臥葬同士、俯臥葬同士、仰臥葬と俯臥葬の配列もあることから、特に配偶関係ではないようであるが、何らかの密接な関係があるのかもしれない。

　後期墓地の位置するⅠ区は、前期墓地と同時代の居住区であり、多くの墓に住居との切り合い関係がみられる。これは前期の住居が廃絶された後、墓地が造営されたものであり、両墓地の年代の根拠となっている。確認された墓は138基であるが、ここも近年の開発により、かなりの墓が破壊されたとみられ、もとは200基ほどの墓が密集する墓地であったと考えられている（第 6 図）。

　138基の墓の内、長方形竪穴土壙墓が137基、洞室墓が 1 基であった。規模は墓壙長2.5mに満たないものが一般的のようである。木棺の痕跡が認められる墓は97基あった。また、蓆が用いられていた痕跡は24基で確認されており、遺体を蓆で包む風習がある程度流行していたことが示唆される。埋葬形態は全て単人葬で、前期墓地と同様に仰臥葬が女性、俯臥葬が男性であった。頭位方向は東南が最も多く、全体的には概ね東を向くようである。前期墓地にもみられた 2 基の墓が 1 組となり配列する現象は引き続きみられ、埋葬形態の組み合わせも同様である。しかしながら、俯臥葬と仰

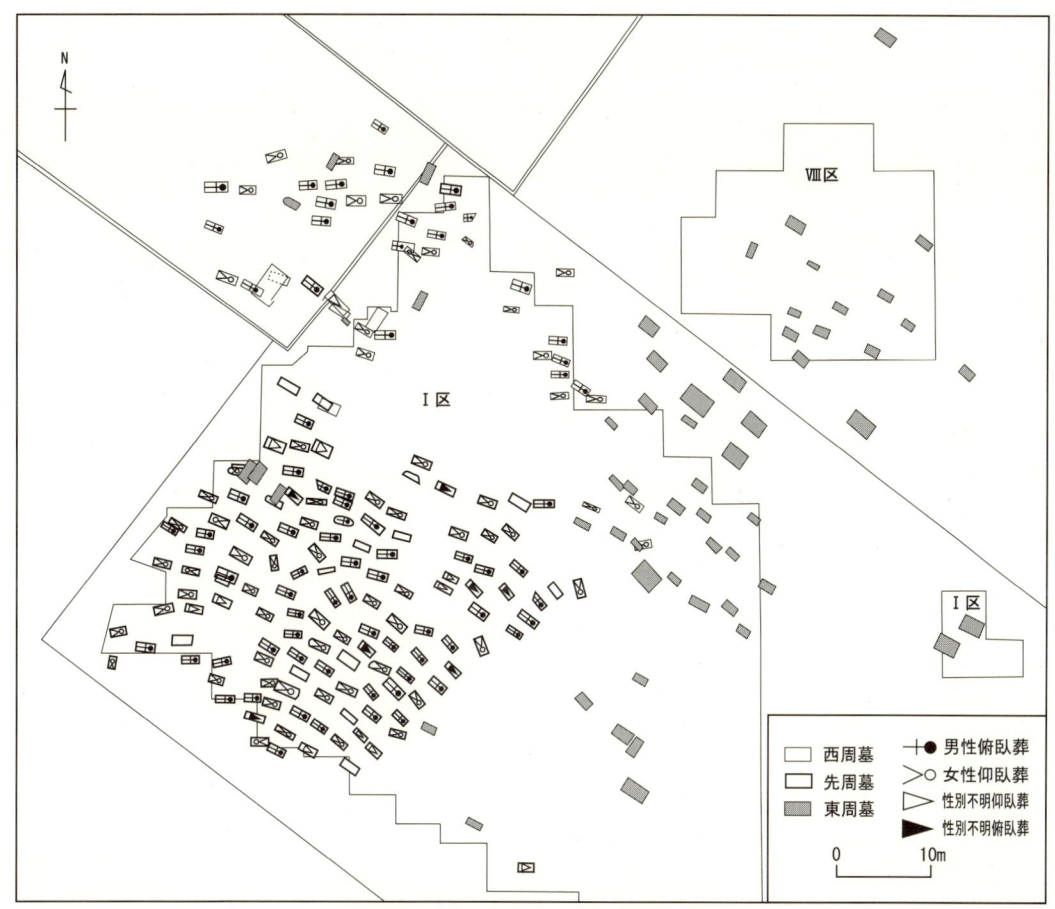

第6図　碾子坡遺跡Ⅰ・Ⅷ区墓地分布図

臥葬の組み合わせ、すなわち男女の配列の比率は前期墓地に比べて増加するようである。前期墓地に見られなかった現象として、後期墓地には墓壙頭端二層台に壁龕を設け、そこに副葬品を納める墓がかなり多くみられる。副葬品の殆どが土器の高領乳状袋足分襠鬲である。墓の分布状況からみて、中心となる墓域は138基の墓の内、134基が集中して分布する、東西40m、南北35mの範囲である。この墓域はさらに3つのグループに分けられ、公共墓地内に異なる集団の墓域が設定されていた可能性がある。

碾子坡先周墓地の年代は、前期墓地が古公亶父の時期よりやや早く、後期墓地が古公亶父、季歴の時期と考えられている。

(4) 周公廟遺跡陵坡西周墓地[4]

周公廟遺跡は、陝西省岐山県県城の西北約7.5kmの周公廟付近、周囲を北面の鳳凰山を中心とした山々に囲まれる扇状地の南台地上に位置する。

周公廟遺跡の発掘は、2003年12月に周公廟南の祝家港遺跡から先周代の甲骨文が発見され、学術界の大きな関心を集めることによって始まる。2004年に周公廟の東北尾根から版築城壁と大型墓が発見された。この城壁は大型墓の墓域を区画するものと考えられ、その後発見された中・小型墓の

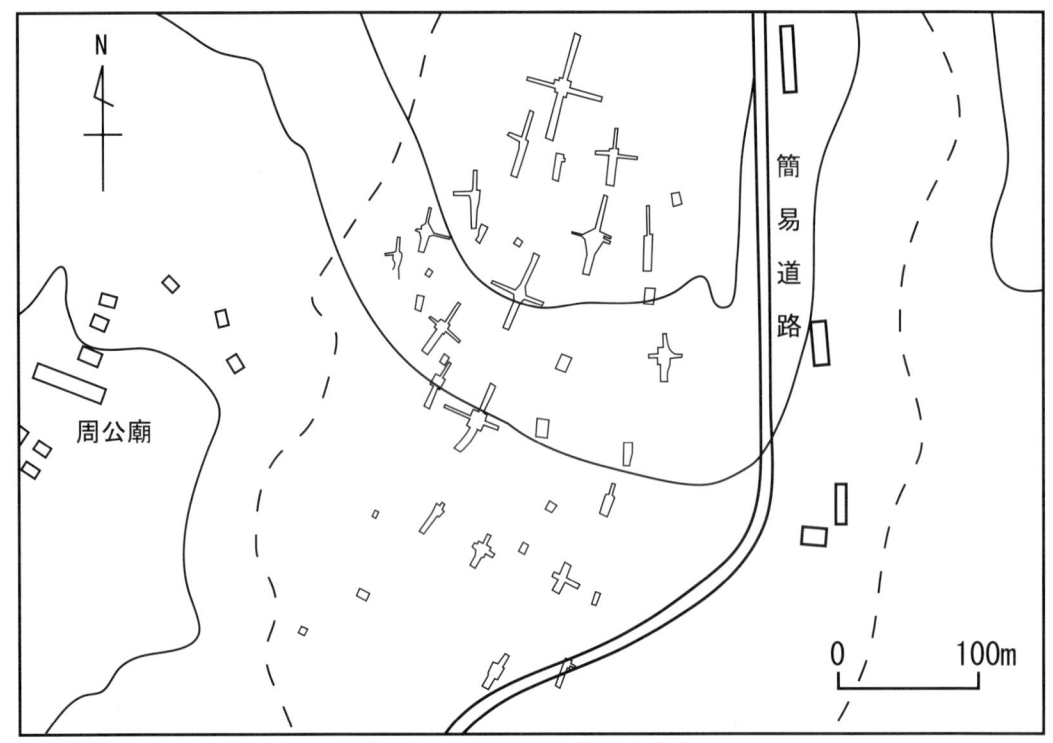

第7図　周公廟遺跡陵坡墓地分布図

墓域は城壁の外側に分布する。

　この陵坡墓地から4本の墓道を持つ亜字形墓が確認されたことにより、当初、未だ発見をみない周王室の墓地の可能性が指摘された。しかしながら、「周公」の文字が刻まれていた甲骨片が周公廟遺跡で発見された事などから、現状では周公一族の墓地である可能性が強いようである。

(5)　長安張家坡墓地[5]

　張家坡遺跡は陝西省長安県張家坡村に位置する。遺跡は中国科学院考古研究所（現中国社会科学院）により、数次にわたり発掘調査が行われている。1956年～1957年の発掘においては、西周早期と晩期の住居址と182基に及ぶ西周墓、4基の車馬坑が発見された[6]。1967年の発掘では、124基の西周墓と5基の車馬坑、3基の馬坑が発見された。その後の1983年～1986年の4年間の継続的な発掘調査により、390基もの各種西周墓が発掘された。その内訳は、双墓道大型墓1基（M157号墓）、単墓道大型墓3基（M152、M168、M170号墓）、竪穴土壙墓340基、洞室墓21基、車馬坑3基、馬坑22基であった。これら大型墓を中心に構成される墓地は、墓出土の青銅器銘文により、井叔家族墓地であることが判明している。以下に大型墓について紹介したい。

　大型墓は張家坡井叔家族墓地北区の南側に位置し、東側から単墓道のM170号墓、M168号墓、M152号墓、そして双墓道のM157号墓が西側にそれぞれ並列して存在している（第8図）。

　南北方向に2本の墓道を持つ大型墓であるM157号墓は、他の3基の単墓道大型墓と共に張家坡井叔墓地の中核を構成し、かつ最大の規模を誇る。墓の構造は長方形竪穴土壙墓を核に、南側に幅

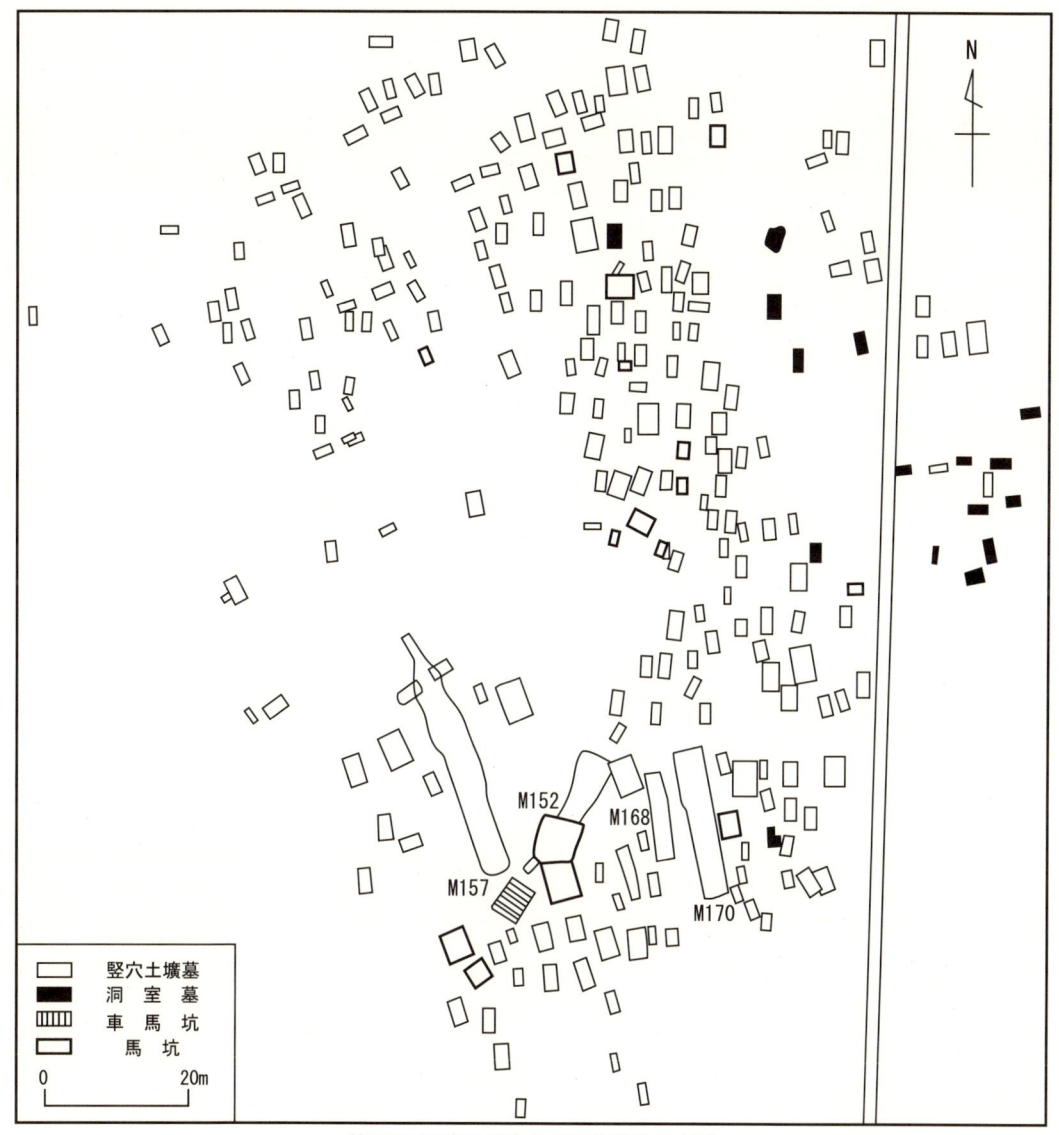

第8図：張家坡遺跡井叔家族墓地分布図

凡例：
- 竪穴土壙墓
- 洞室墓
- 車馬坑
- 馬坑

0　　　20m

広の主墓道を、北側に平面形が瓶状に窄まるやや短い副墓道を持つ、中字形墓である。墓室の規格は南北長5.5m、南幅4.3m、北幅4.0mで、墓底は地表より8.24mを測り、墓道を含めた全長は35.35mになる。

　双墓道大型墓であるM157号墓は被葬者を示す銘文を持つ青銅器が発見されていない。しかしながら、同じくこの墓地の中核を構成するM152号墓とM170号墓からは「井叔」の銘文を持つ青銅器が発見されている。また、M157号墓の東に位置するM163号墓は、鑑定により25～30歳と推定される女性の墓で、この墓からも「井叔」の銘文を持つ編鐘をはじめとする青銅礼器が発見され、この墓はM157号墓の夫婦異穴合葬墓と考えられている。このような事例からM157号墓の被葬者も当代の井叔であり、そしてこの墓地の中で最も地位が高い人物であったことが推測できる。

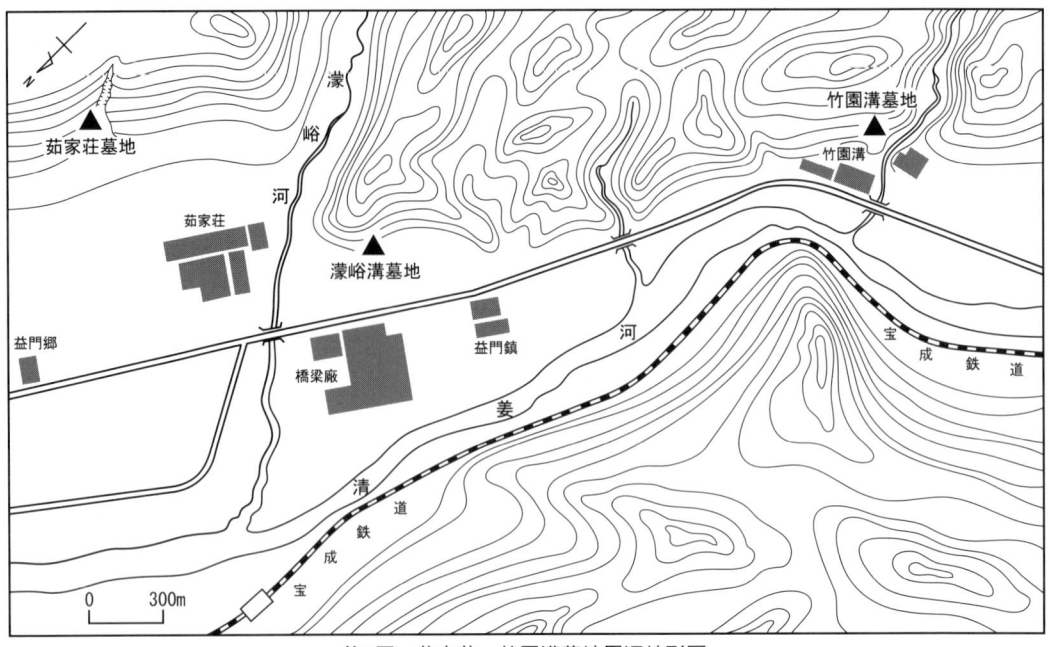

第9図　茹家荘・竹園溝墓地周辺地形図

(6) 宝鶏𢐗国墓地[7]

　𢐗国墓地は茹家荘、竹園溝と紙坊頭の3箇所の墓地からなる。茹家荘、竹園溝は宝鶏市渭河南岸、清姜河東岸の、この2つの河が合流する台地上にあり、竹園溝は台地の最南端に、茹家荘は竹園溝の北東約3kmのところに位置する。紙坊頭は宝鶏市西部の渭河北岸の台地上に位置し、茹家荘、竹園溝とは渭河を挟んで遠く相対する（第9図）。

　茹家荘、竹園溝、紙坊頭3箇所の墓地は西周の𢐗国の墓地として考えられている。その理由としては、紙坊頭M1号墓より「𢐗伯」の、M4号墓より「𢐗季」、茹家荘M1号墓「𢐗伯」の銘文を持つ青銅器が出土したためである。

竹園溝墓地

　竹園溝からは22基の墓と3基の馬坑が発見された。墓はいずれも切り合いが無く、整然と分布し、その多くが盗掘や撹乱を受けていなかった。墓はいずれも長方形竪穴土壙墓で、その多くが東南方向である（第10図）。竹園溝墓地において特に、M13号墓（BZM13）、M7号墓（BZM7）、M4号墓（BZM4）が規模も大きく、被葬者の他に女性の殉葬を伴っている。被葬者の名が判別しているものとして、M7号墓より「伯各」銘の青銅器が、M4号墓より「𢐗季」銘の青銅器が出土しているため、それぞれM7号墓の被葬者が「伯各」、M4号墓の被葬者が「𢐗季」であるとされる。

茹家荘墓地

　茹家荘からは4基の墓と2基の車馬坑、1基の馬坑が発見されている（第11図）。M1号墓（BRM1）とM2号墓（BRM2）、M3号墓（BRM3）は甲字形墓であるが、M3号墓は報告書によると「仮大墓」の可能性が示唆されている。M4号墓（RBM4）は長方形竪穴土壙墓である。M1号墓は南西方向に墓道をもつ甲字形墓で、墓室の内部には長方形の槨室が置かれ、槨室内は木板の隔壁によ

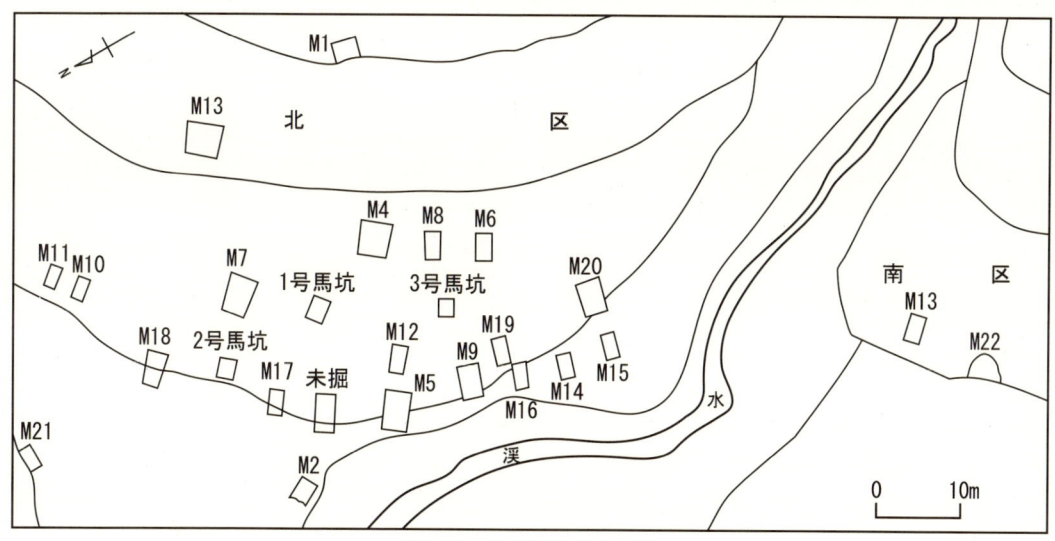

第10図　竹園溝墓地分布図

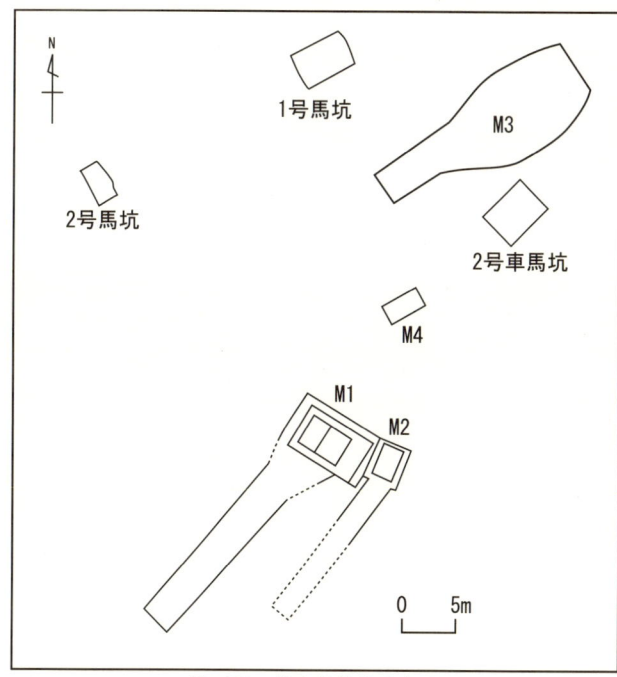

第11図　茹家荘墓地分布図

り甲室・乙室に分けられている。乙室の被葬者がこの墓の被葬者で、「強伯」の銘文を持つ青銅器が複数出土し、この被葬者が「強伯」であることが判明している。

　M2号墓も南西方向に墓道を持つ甲字形墓で、M1号墓東側に隣接し、M1号墓の墓室西側一部を壊している。この墓からは「井姫」の銘文を持つ青銅器が複数出土し、この墓の被葬者が「井姫」であることが判明している。報告書によると茹家荘墓地の年代は昭王～穆王期に相当するとしている。

おわりに

　渭河流域は、古公亶父が周原に移って以来、周人の中心的活動地域となった。先周時期の墓地に関しては、その族属問題がしばしば論じられてきた。即ち先周文化を特徴付ける要素の一つである高領乳状袋足分襠鬲を姜戎の文化とし、連襠鬲が伴う文化を周人の文化であるとする見解である。しかしながら、この問題は未だに解決をみていない。また、西村遺跡や北呂遺跡などに見られる、先周時期～西周時期にかけて長期的に墓地を営む遺跡は、渭河流域が周人の固定的な活動地域であったことを示している。さらに碾子坡遺跡のような比較的古い先周時代の遺跡の墓地は古くからの周人の葬喪習俗を推定するのに重要な資料を提供している。

西周時期における渭河流域の墓地遺跡及び墓は多数報告されるが、特に本稿で紹介した張家坡墓地と強国墓地は、墓地の中心となる大型墓の被葬者が特定でき、西周王室に次ぐ貴族や諸侯の墓の資料として非常に重要である。西周王陵については未だ発見をみていない。しかしながら近年、岐山県周公廟遺跡より4本の墓道を持つ亜字形墓や2本の墓道を持つ中字形墓などの大墓群が発見され、多くの耳目を集めている。当初、この大墓群は周王室の墓地の可能性が示唆されたが、現状では周公一族の墓地である可能性が強いようである。西周王陵の問題は西周文化研究の大きな課題となっており、今後の新資料の発見、報告に期待したい。

註

(1) 雍城考古隊・韓偉・呉鎮烽　「鳳翔南指揮西村周墓的発掘」(『考古与文物』1982年第4期)
(2) 宝鶏市周原博物館・羅西章　『北呂周人墓地』(西北大学出版社、1995年)
(3) 中国社会科学院考古研究所編著　『南邠州 碾子坡-夏商周断代工程叢書』(『中国田野考古報告集』考古学専刊丁種第六十六号、2007年)
(4) 陝西省考古研究院商周考古研究部　「陝西夏商周考古発見与研究」(『考古与文物』2008年第6期)
(5) 中国社会科学院考古研究所　『張家坡西周墓地』(『中国田野考古報告集』考古学専刊丁種第五十七号、1999年)
(6) 中国科学院考古研究所　『灃西発掘報告』(『中国田野考古報告集』考古学専刊丁種第十二号、1962年)
(7) 盧連成・胡智生　『宝鶏強国墓地(上冊・下冊)』(文物出版社、1998年)

挿図出典目録

第1図　鳳翔南指揮西村周墓分布図〔雍城考古隊・韓偉・呉鎮烽「鳳翔南指揮西村周墓的発掘」図1(『考古与文物』1982年第4期)〕
第2図　北呂遺跡地形図〔宝鶏市周原博物館・羅西章『北呂周人墓地』図2(西北大学出版社, 1995年)〕
第3図　北呂遺跡第Ⅳ区墓地分布図〔宝鶏市周原博物館・羅西章『北呂周人墓地』図61(西北大学出版社, 1995年)〕
第4図　碾子坡遺跡地形図〔中国社会科学院考古研究所編著『南邠州 碾子坡-夏商周断代工程叢書』図4(『中国田野考古報告集』考古学専刊丁種第六十六号, 2007年)〕
第5図　碾子坡遺跡Ⅵ区墓地分布図〔中国社会科学院考古研究所編著『南邠州 碾子坡-夏商周断代工程叢書』図142(『中国田野考古報告集』考古学専刊丁種第六十六号, 2007年)〕
第6図　碾子坡遺跡Ⅰ・Ⅷ区墓地分布図〔中国社会科学院考古研究所編著『南邠州 碾子坡-夏商周断代工程叢書』図168(『中国田野考古報告集』考古学専刊丁種第六十六号, 2007年)〕
第7図　周公廟遺跡陵坡墓地分布図〔陝西省考古研究院商周考古研究部「陝西夏商周考古発見与研究」図19(『考古与文物』2008年第6期, 2008年)〕
第8図　張家坡遺跡井叔家族墓地分布図〔中国社会科学院考古研究所『張家坡西周墓地』図3(『中国田野考古報告集』考古学専刊丁種第五十七号, 1999年)〕
第9図　茹家荘・竹園溝墓地周辺地形図〔盧連成・胡智生『宝鶏強国墓地(上冊・下冊)』図2(文物出版社, 1988年)〕
第10図　竹園溝墓地分布図〔盧連成・胡智生『宝鶏強国墓地(上冊・下冊)』図32(文物出版社, 1988年)〕
第11図　茹家荘墓地分布図〔盧連成・胡智生『宝鶏強国墓地(上冊・下冊)』図186(文物出版社, 1988年)〕

3. 関中平原西部における周遺跡の立地と地理環境
——水資源の問題を中心として——

西江清高・渡部展也

はじめに

　陝西省の関中平原は、王朝成立以前にさかのぼる周勢力形成の舞台となった地域であり、王朝成立後には周の畿内的地域[1]ともなった。とりわけ扶風県以西の周原の台地を中心とする関中平原の西部は、古公亶父が周の一族とともにこの地に移り住んで以降、周によって土地の開発・利用が進められ、その後、王朝成立以降にいたるまで長らく周の政治的、経済的な中心地の一つとなったと考えられている。

　本稿は、公表されている周遺跡の位置データに基づき、先周期から西周期にかけての関中平原西部における集落遺跡の立地と周辺地形の様態を明らかにし、そこに認められる立地上の諸特徴を、おもに環境的諸要因、なかでも集落選地の前提条件となったであろう水資源との関係から考察するものである。集落はどのように選地され、どのように配置されたのか、この考察を通じて周王朝の原点ともなった周原周辺の地域において、周により構築された地域システムの一端を窺うこととしたい[2]。

(1) 周原の地理

　黄土高原の南東部に位置する関中平原は、渭河とその支流がつくりなす細長い盆地状の地形で、東西約400km、南北が最大で約60kmある。平原の中央部やや南寄りを、渭河が西から東に流れ、潼関の東で黄河本流に合流する。関中平原の南側には標高2000～3000mクラスの秦嶺山脈が、北側には1000～1600mクラスの北山（通称「岐山」の山塊をふくむ）が東西につらなる。北山のさらに北側には、深い谷に刻まれた黄土高原の台地が、はるかに長城地帯まで続いている。

　渭河の南北両側、とくに北側には黄土地帯に特有の高く平坦な台地状の地形である「原（塬）」が発達している。新石器時代から歴史時代を通じて、農耕集落の多くがこの平坦な原の平原（原面）に展開し、関中平原の人口がここに集中してきた。原面南北の山間部や、原縁辺部の湧水地点から水を集めて短い中・小河川が流れくだり、関中平原中央の渭河に注ぐ。関中平原の河川網は、渭河を東西方向の軸として、ひとつの羽状流域を構成している。

　原の名称が文献上で最初に登場するのは、『詩経』大雅・緜にみえる「周原」である。しかしそのときの原の呼称が、現在と同じ地形用語として使われていたという保証はない[3]。周原を現代の地理学的視点から再定義したのは史念海氏である[4]。同氏によれば周原とは、関中平原西部の周王朝揺籃の地であり、その西は千河（鳳翔県の西）の渓谷（第2図）から東は漆水河（武功県の西）の渓谷（第1図）にいたる渭河北側の台地状地形がそれに該当する。周原の台地は、東西約70km、南北約20kmの広さを有し、その原面は周原と周囲との境界線をなす渭河、千河、漆水河の河床から

比高差にして60〜200m程度高くなっている。周原の原面はまた、北山（岐山）南麓に接する標高900m前後の北西最深部から、南東端の標高500m前後の漆水河西岸まで、緩やかに傾斜している（第3図）。

今日の周原を観察すると、大小の水流が、主として第四紀に形成された黄土層からなる元来の原面を深く切り刻んで、黄土台地特有の渓谷（溝壑）がいたるところで発達している。そのうち周原の台地中央部を、東西に横切って流れる一筋の水流が、后河あるいは漳河などの名でよばれる中規模河川である（以後、漳河の名称を使う）。漳河より北側にあって岐山南麓を水源とする小河川は、すべて南に流れてこの漳河に注ぐ。したがって、周原の台地のうち漳河より南側の部分には、岐山を水源とする河川は一つもない。河川らしい河川をほとんどもたないこの漳河以南の台地を、周原とは区別して積石原とよぶこともある。

(2) 周原の環境変遷

史念海氏はかつて周原あるいは関中平原における黄

第1図　漆水河の渓谷（東側の台地を望む）

第2図　千河の渓谷（西の賈村原上からの景観）

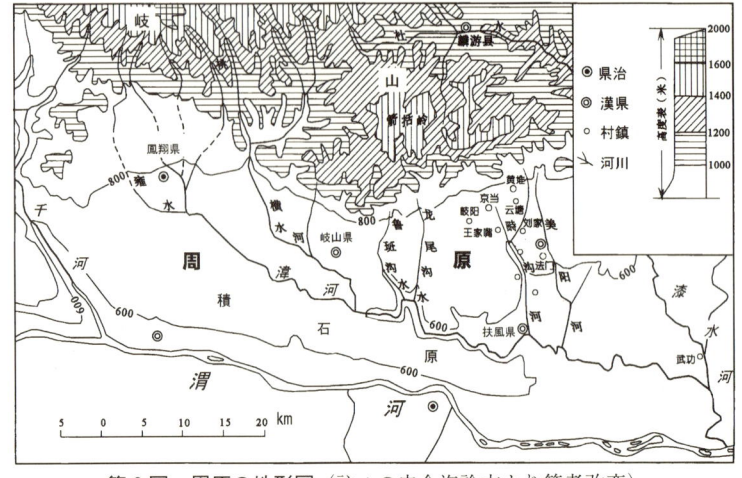

第3図　周原の地形図（註4の史念海論文より筆者改変）

土台地の浸食が、歴史時代になって急速に進行したものであることをくりかえし論じている。史念海氏の所説は、おもに文献研究から語られる環境史にもとづく。同氏によれば、西周王朝が成立した頃の関中平原は、おおむね森林・草原に覆われた環境であったが、その後の人類による農地の開拓は平原部の植生を変化させ、都市建設や都市の燃料資源にかかわる木材の消費は森林の破壊をひきおこした。結果として保水力を失った黄土台地の浸食が急速に進行したと説明される[5]。

　浸食進行の原因については、地質学の研究からも人的要因が強調されている。趙景波氏は、黄土浸食の要因として、①気候要因、②新構造運動による浸食基準面の下降、③黄土の岩性、④地形的要因、⑤人的要因の5つをあげ、それぞれがもたらす黄土浸食のメカニズムを分析したうえで、黄土高原における水土流失の最大の原因を人による自然植生の破壊にあるとし、その他の要因を副次的なものと論じている[6]。

　また周昆叔氏は、扶風県、岐山県一帯の地質調査をおこなって、この地方における更新世馬蘭黄土の上に堆積する完新世約1万年間の黄土堆積を「周原黄土」と総称し、その「周原黄土」を、堆積層組成の相違から細分して、黄土地帯における土壌形成の変化と環境の変化を総括した[7]。そこで同氏は、周原黄土には10000bp、8000bp、3000bp、2000bpに相当する位置に、それぞれ堆積層の組成に大きな変化が生じたことを示す境界があると指摘する。とくに3000bpを境界（西周文化層はその下部に位置する）とする変化については、新石器時代から西周後期に至る間続いた温暖湿潤な気候下で生成した紅褐色土の堆積が、冷涼乾燥化した環境下における褐色土の堆積へと転じた重要な転換点であったと論ずる。周昆叔氏は、そのような堆積層変化の原因について、主として気候変化の側面から説明をおこない、その他の要因については言及していない。たしかに、従来からある古気候復元において、完新世最温暖期・ヒプシサーマル期以降、いくつかの気候変動のイベントを経て気候は冷涼化に向かい、今日に至っていることは広く認められている。しかし一般的に、完新世最温暖期から今日にいたる間に、かつての最終氷期から後氷期にかけての変化（「周原黄土」の10000bp、8000bpの境界がそれにあたる）に匹敵するような気候の激変ないし方向転換があったとは考えられていない。「周原黄土」において3000bp（西周期）、2000bp（漢代）を境界として、わずか1千年を隔てて2度も記録されている黄土堆積層の大きな組成変化は、地球規模のゆるやかな気候変化から説明されるものではないと思われる。そこにはそれらの時点を境に、関中平原あるいはより広く黄土高原における人類の生態系への働きかけが、飛躍的に活発化した状況が反映されていると理解すべきであろう[8]。

　このような議論をふまえて筆者の一人西江は以前、史念海氏の所説と合わせ考えて、周原の台地を切り刻む渓谷の多くが、この地で人類の活動が本格化した西周期以降の森林の喪失により、剥き出しになった黄土層が、近2000年余りのうちに急速に浸食されて形成されたものと述べたことがある[9]。しかし、本稿で述べるように、筆者らはその後の現地調査と衛星画像等の解析を通じて、たしかに一部の渓谷が新石器時代以降あるいは西周期以降になって急速に形成された事実を明らかにしたものの、漳河など最重要の河川とその渓谷については、すでに仰韶文化期に遡って今日と似たような地形環境を形成していたものと考えるにいたった。周昆叔氏が指摘する歴史時代における黄土層土壌化のあり方から窺われる植生の変化は確かであるが、一方で、周原の地形的な骨格は、新

(3) 水資源と遺跡の立地

① 黄土地帯の遺跡立地と河川

あらゆる時代の定住集落の立地において、水資源の確保がきわめて重要な条件となることは説明を要しない。まして比較的乾燥した環境下にある黄土地帯において、その条件は定住農耕民の生存を左右する基本的条件とも考えられる。黄土地帯において水資源の第一のものは河川である。しかし、森林資源が豊富とはいえず保水力に問題のある黄土地帯において、大型河川の河岸部や河川上流部の傾斜の強い一帯では、洪水や土石流のリスクが高く、一般的に集落の立地には向かない。したがって黄土地帯の初期農耕集落の選地においては、山麓からやや離れた、比較的平坦な平原部における中・小河川の河岸地帯が、そうしたリスクを軽減しつつ水資源を確保する好適な場所であったと考えられる。

黄土地帯の新石器時代から初期王朝時代の集落分布と河川の関係を統計的にあつかった研究として、劉建国氏によるGISにもとづく事例研究がある[10]。同氏は、山西省臨汾盆地と陝西省関中平原・周原の一部地域（七星河、美陽河流域）を事例として、詳細な分布調査の成果を交えながら、仰韶・龍山・殷周期の各時代の集落位置と、河川との距離について考察した。結論としてこれらの時代の集落遺跡の大部分が、河川河岸より600m以内に立地することを明らかにしている。臨汾盆地や関中平原の新石器時代から初期王朝時代の集落の分布が、中・小河川に沿って濃密であり、それ以外の地帯できわめて稀薄であることをGISによる空間分析の方法によって確認した最初の研究といえよう。河岸から600m以内という距離は、水害のリスクと生活の利便性を勘案した当時の生活圏の実態を明らかにするものといえよう[11]。

しかしながら劉建国氏があつかった関中平原・周原の事例は、10km四方にも満たない一部小河川流域の狭い範囲にかぎられた事例であった。筆者らは、関中平原の状況を全体として把握するために、遺跡の位置情報が粗いことを承知したうえで、一般的に利用しうる最良の遺跡分布図として、主として『中国文物地図集 陝西分冊』[12]を用い、別に準備を進めてきたGIS基盤地図上に、新石器時代から西周時代にかけての各時代の位置情報を入力した[13]。そのうえで、関中平原西部[14]における西周期の集落遺跡の、河川からの距離を集計し、ヒストグラムを作成した（第4図）。これを仔細に調べてみると、①河川から50m程度までの至近距離では遺跡数は少ない。②河川からの距離がほぼ100m～400mの間に多くの遺跡が集中する。③劉建国氏の指摘を裏付けるように、河川からの距離が600mをこえると、遺跡数が顕著に減少する。以上のことが確認された（第5図）。

しかしながら定住集落にとっての水資源とは、かならずしも河川だけではないはずである。飲用水としても後述するように泉や地下水、あるいはある種の水溜まりも想定され、また農業との関連では、表土の含水量も大きな問題となるはずである。そこで遺跡立地と多様な水資源との関係を、より一般的な集水度という観点から示すために、地形的に水の集まりやすさを表すデータの作成を試みた。基本的には表面流水は窪地に集まると考えられ[15]、傾斜と表面流水の合流点の密度がこの集水度を表すと仮定した。DEM（数値標高モデル）からは、表面流水の流路を推測することが可

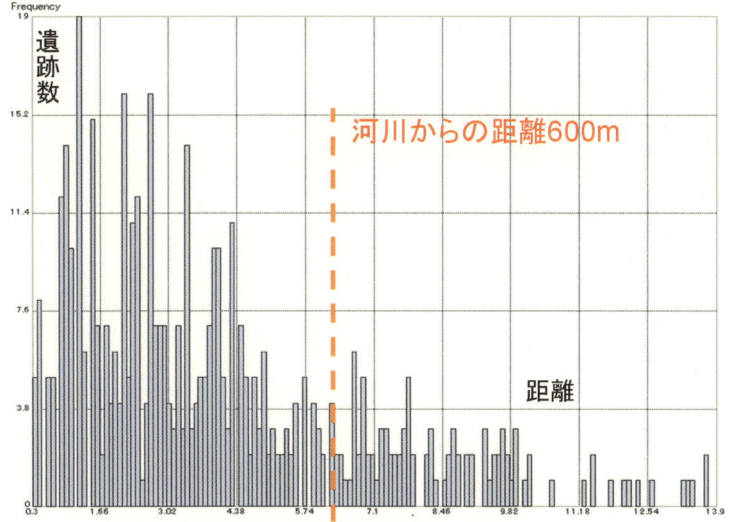

3. 関中平原西部における周遺跡の立地と地理環境　67

能であるが、ここで計算された流路から合流点を抽出し、密度を求めたうえで傾斜・標高のデータと合成した（第6図）。図中で緑色に表現された部分が、基本的に水が集まりにくいと考えられる地域である。

この分析により、周原の湋河以南の積石原原面や、周原西側の千河以西に広がる賈村原原面は、きわめて鮮明に、集水度の低い場所であることが示されている。河川をはじめ各種の水資源が得にくい場所ということができる。

また同時に、この図に示した新石器時代から西周時代の遺跡分布から容易に認められるように、積石原や賈村原の台地は、これらの時代を通じて常に遺跡の空白地帯となってきたところであった。このような遺跡分布の偏在自体、これまでほとんど指摘されてこなかった事実であるが、集水度の分析結果と合わせ考えると、遺跡分布が稀薄な地域と水資源の得にくい地域との強い相関が示される結果となった。各時代の集落の選地と水資源との不可分の関係が明らかになったといえよう。

② 周原周辺の泉水と遺跡立地

上述したように、新石器時代から西周期の遺跡の立地は、多くが中・小河川沿いの河岸600

第4図　河川と西周遺跡の距離

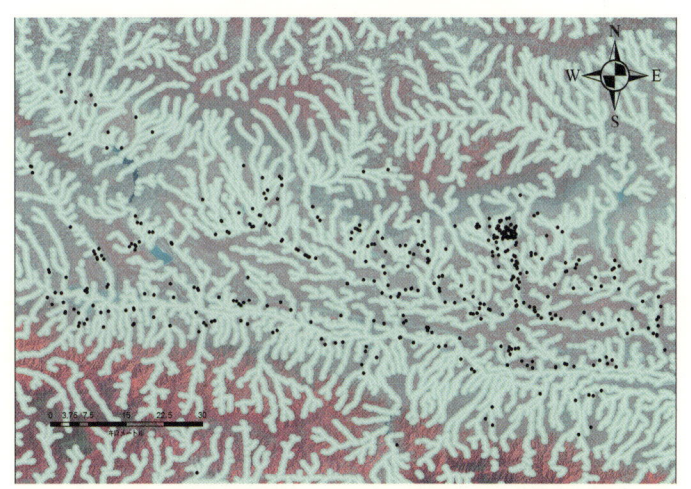

第5図　関中平原西部における河川流域と西周遺跡の分布
（河川から600ｍの範囲を表現）

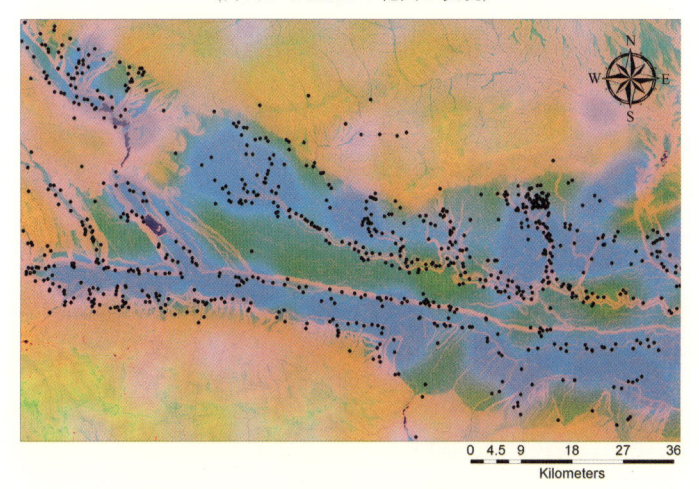

第6図　関中平原西部における集水度の分布

m以内に集中する。しかしながら、一部の地域あるいは一部の地点では、河川からの距離が大きいにもかかわらず、また表面流水の集水度が低い場所にもかかわらず遺跡が多く集まる一帯が存在する。第7図の中で、暗色で示された点は、河川より600m以上離れた遺跡を示したものである。これに注目すると、台地中央の各所に散在する遺跡が認められるほか、特に台地南部の縁辺部、周原の台地が渭河河床から比高差120～210mの高さで立ち上がる崖面の傾斜地に、東西に並んでいるのが顕著である。これらの遺跡において水資源はどのように得ていたのだろうか。

第8図は周原周辺で知られる著名な泉（巻末「泉水表」および第24図を参照）

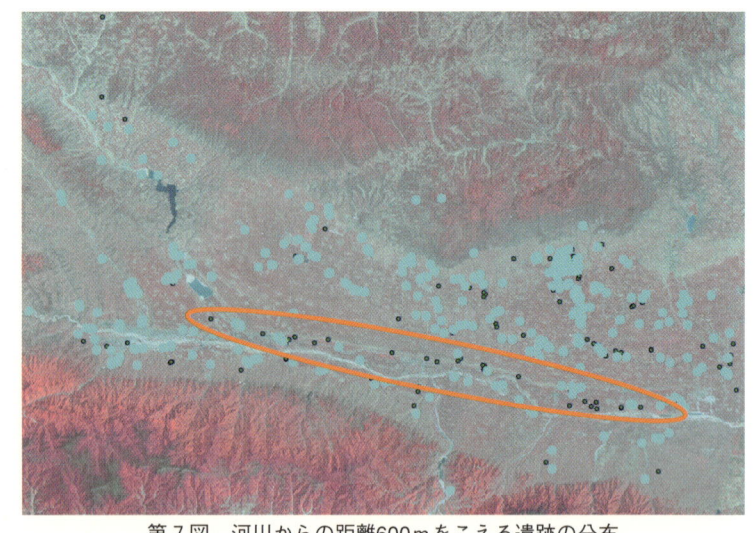

第7図　河川からの距離600mをこえる遺跡の分布

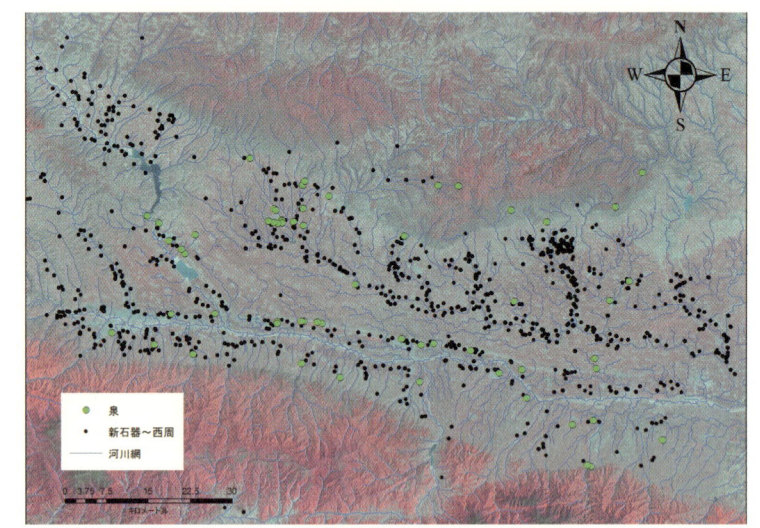

第8図　周原周辺の泉の分布と遺跡分布

の位置と、新石器時代から西周期の遺跡を重ねたものである。これを見ると明らかなように、周原の台地縁辺部の崖面では、多くの泉が湧出している。台地縁辺部に位置する鄜県楊家村遺跡（「泉水表」73、第21図）や、周原の西の賈村原縁辺部に位置する宝鶏闘鶏台遺跡（「泉水表」54、第34図）のような重要遺跡の付近にもやはり泉が存在している。西周青銅器出土地点が点在する岐山県蔡家坡一帯では、崖面傾斜地の東西数kmに並ぶ令戸、南社頭、永楽などの現代集落で多数の泉が見られるという。南社頭の珍珠泉は下流の3つの渠の水源とされ、「灌田数千頃」といわれる[16]。

そもそも黄土層は一般に滲水能力が高く、降水のかなりの部分が地表を流れることなく地下に潜水する。周原南部の漧河以南の台地（積石原）では、前期更新世以来の被覆黄土層が80～120mに達し、地表の降水は滲水して深さ40～70m、ときには100m以深の黄土層と亜粘土層との境界付近で地下水として蓄積されるものと思われる。近代以前の技術によってはこのような深さに井戸を掘削することは困難であっただろう。これが積石原の原面に、新石器時代から西周期の遺跡がまった

3. 関中平原西部における周遺跡の立地と地理環境　69

くといってよいほど存在しないことの理由である。ところがこの地下水が、台地南側の崖面傾斜地で湧出することがある。それが台地縁辺部に見られる数々の泉である[17]。

周原の台地縁辺部の崖面頂部から、崖下の渭河北岸氾濫原まで、比高差は120～210mある。この間はテラス部分の狭い4階梯の段丘状の地形を形成している。崖面の泉は、このうちの第3階梯で湧出したものである[18]。

泉の存在が重要な場所として、さらに岐山の南麓一帯をあげることができる。史念海氏は岐下に移り住む以前の周人に、すでに定住地の選地において泉を重視する思考のあったことを指摘したうえで[19]、この一帯における泉の存在に注目している。岐山南麓には、現在は涸渇して地名のみを遺すものをふくめると、かつては各所に数多くの泉が存在した。古くから名高いものだけでも、西から東に鳳翔県の玉泉、虎跑泉、岐山県の龍王泉、潤徳泉、扶風県の馬刨泉、龍泉、鳳泉、馬泉などが知られる（巻末「泉水表」）。これらはいずれもカルスト地形を形成する岐山山麓の標高1000m前後で湧水する泉で、あるものは山麓から流れ出て、山前の扇状地性地形の形成に役割を果たし、小河川となって谷をつくりながら台地中央部の漳河に注いでいる。

これらの泉は平原部よりやや高い山麓の傾斜地に湧水する場合が多く、新石器時代から西周期の遺跡が、かならずしもそうした湧水地点そのものに隣接して立地しているわけではない。多くの場合は泉を水源とする小河川の河岸に立地していることが多い。後述する七星河の上流部で発展した周原遺跡では、その北側の岐山山塊の西観山南麓に幾つもの有力な泉が存在している。

岐山南麓の泉のうち、岐山県周公廟遺跡の中央部に存在し、今も湧水をつづけているのが潤徳泉である（巻末「泉水表」12）。周公廟内にのこる唐代以来の石碑文は、たびたび潤徳泉とその水を利した岐山県周辺の灌漑に言及している[20]。1970年代においても潤徳泉を水源とする4、5ヶ所の貯水池が農業灌漑に利用されていたという[21]。ただし、石璋如氏が1943年に周遺跡を探してこの地を踏査した際には、潤徳泉を水源とする水流は涸渇していたらしい。同氏によれば、唐代以来潤徳泉の水は幾度か涸渇した記録があり、土地の人の認識として、太平の時には泉が湧き出て、災異がある時には水は涸れるのだという。この土地の人々にとって、潤徳泉が生活基盤を左右する水資源と考えられてきたことをうかがわせる話である[22]。

筆者らはこの周公廟付近を踏査した際に、周公廟南側の山麓からつづく傾斜地一帯に、未発掘の仰韶文化期、龍山文化期、先周期、西周期の集落遺跡の存在を確認している。同じ小環境のなかに農耕集落が繰り返し形成されてきた状況は、この土地が初期農耕民の時代からおおむね安定して取水に好適な場所となってきたことを物語っていよう。周公廟遺跡で発見された王陵クラスともいわれる大型墓の墓地は、周公廟遺跡北部の山麓南斜面にあり、建築址の堆積層や鋳銅遺跡は遺跡南部の緩斜面地にある。潤徳泉はまさにその中間部に湧出する泉である。先周期、西周期を代表する周王朝の最重要都邑の一つが、この泉と密接に結びついていたことは明らかであろう[23]。

岐山山麓以南、漳河より北側の台地平坦部にも少数ながら泉が存在する。代表的なものは、岐山南麓に発達した扇状地性地形を伏流した水が扇端部付近で湧出した泉である。こうした湧水は谷を形成して南に流れ、台地中央部の漳河あるいはその支流へと注ぐ（第9図）。

もう一つ注目しておきたいのが、春秋戦国期の秦の雍城遺跡周辺の泉水群である。台地中央部の

この付近は、周原の西部にあって集水度の高い一帯に相当し、また湋河の上流部にあって、その水源としての役割も果たした一帯と考えられる。春秋期以降この地に大規模な都城が建設されたことには、関中平原西部で唯一台地中央部にあって豊富な泉の水資源が得られる土地という良好な条件をもっていたことを指摘しておきたい（巻末「泉水表」17～19）。

第9図　岐山南麓の地形と扇状地性地形扇端部の湧水

③　各時代の遺跡の分布密度

筆者らは『中国文物地図集　陝西分冊』をおもな遺跡位置の情報源として[24]、関中平原西部の遺跡として仰韶文化期496地点、龍山文化期303地点、先周期103地点、西周期518地点を確認し、GIS基盤地図に入力した。このデータをもとに、各時期の遺跡分布密度をARCGISのアドインであるSpatial Analystの密度計算機能を用いて計算し、遺跡分布の偏りを面的に表現してみた（第10図1～4）。

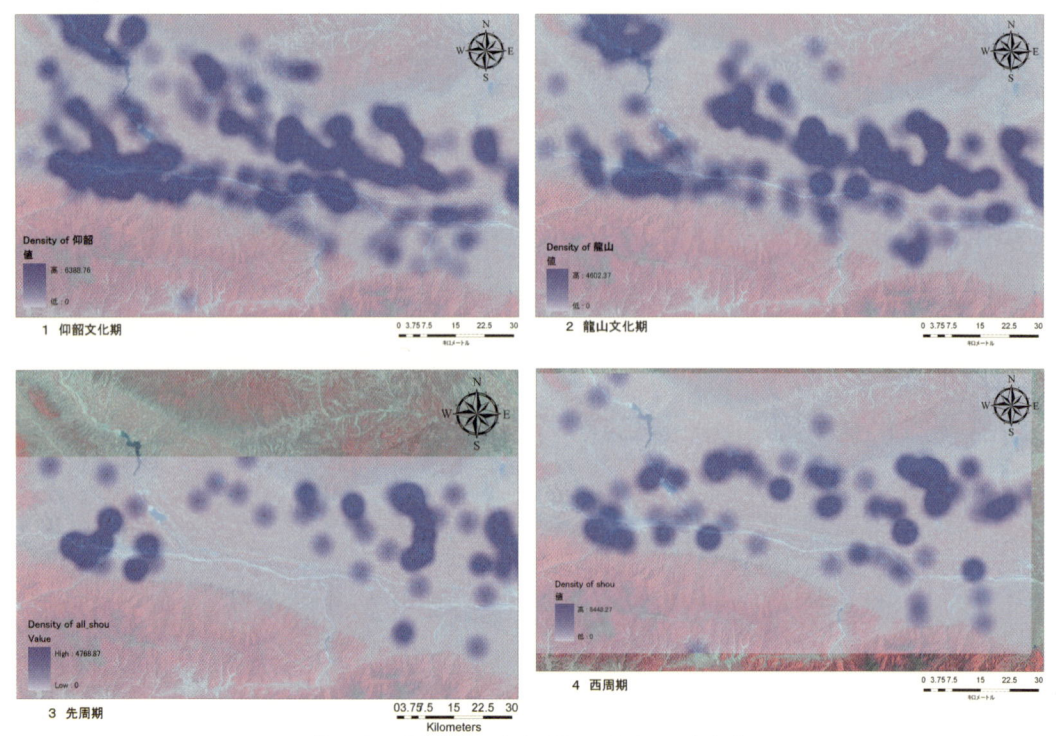

第10図　関中平原西部各時期の遺跡の分布密度

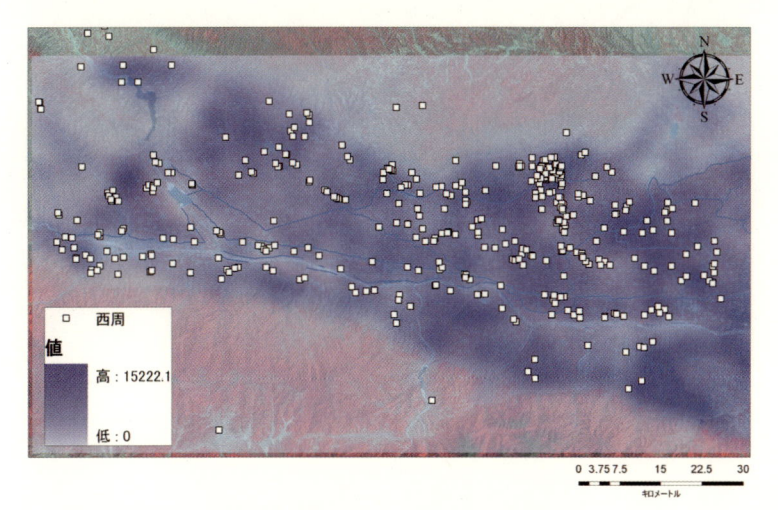

3．関中平原西部における周遺跡の立地と地理環境　71

第11図　現代における集落の分布密度

仰韶・龍山・西周期の遺跡分布密度を比較すると、遺跡の集中する地域が、一部小河川の上流部では時期ごとに相違が見られるが、主要な河川の中・下流部では、各時期を通じてほぼ同様の傾向が見られる。このことは、関中平原における自然環境、特に水資源に対する適応戦略が、新石器時代から初期王朝時代にかけて基本的には変わらなかったことを示している。いいかえれば、取水の技術において大きな変革がないかぎり、水資源に拘束された遺跡分布のパターンは基本的に変化しなかったことになる。本格的な灌漑など、水利が発達する以前の状況として理解できよう。

ここで、現代における関中平原西部の集落分布の密度（第11図）を参照すると興味深い。現代の集落分布は、周原の原面一帯に一つの空白地帯を残すことなくもなく、ほぼ等距離の間隔で均一に広がる分布を示しており、河川や泉の所在地からの直接的な拘束を受けていない状況となっている。このような集落分布の状況が歴史時代のいつの時点から、どのようにして始まったことなのか、この問題は同地域の地域史研究上の重要課題として注目されることを指摘しておきたい。

ところで、龍山文化期と西周期の間の時期、すなわち先周期（おもに殷王朝併行期）の遺跡分布密度（第10図 3）に注目すると、それは新石器時代とも西周期とも大きく異なる様相を示していることがわかる。基本的には周原の中央部で遺跡密度が低く、周原西側の宝鶏市周辺および東側の漆水河流域に密度の高い場所が見られる。紀元前二千年紀の関中平原では、東西に並ぶいくつかの文化的集団の相互に緊張しためまぐるしい変動があり、安定した遺跡分布が形成されなかったことを反映していよう[25]。やがて周がこの地域を政治的に統合し、安定した西周期に入ると、ふたたび新石器時代と同じような集落分布のパターンを示すようになるのである。

(4)　地形環境より見た関中平原西部における遺跡立地の諸類型

前節では水資源と集落選地との間に、きわめて密接な相関関係があることを論じた。言うまでもなく水資源のあり方は、各地点における地形環境と結びついている。そこで、周原一帯に見られる多様な地形環境を、水資源に注目しながら分類することで、地形環境ごとに異なる遺跡立地の特徴を見いだすことができるはずである。特定の地形環境のもとにある複数の遺跡をまとめて遺跡群とよぶことにする。

本節では、関中平原西部、特に漆水河と千河の間の周原を中心とした地形環境の区分をおこない、そこに見られる遺跡群について考察する。そのようにして分類された遺跡群には、それぞれの地点

における水資源以外の地形的要因に基づく特徴も見いだされるであろう。各遺跡群の特徴は、周王朝が関中平原西部の各地点に対してどのような機能や役割を期待し、それによって王畿としてのこの地方をまとめていたのかを探る手がかりとなろう。

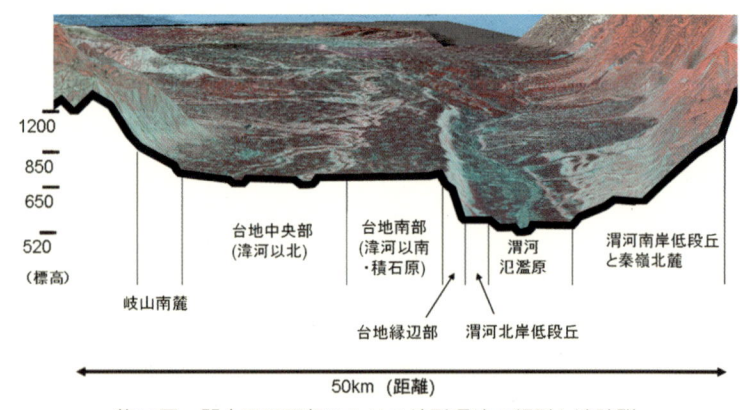

第12図　関中平原西部における地形環境の類型と遺跡群

　関中平原の周遺跡の立地について筆者らは以前、文化史的な視点と地形環境からの視点の両面を勘案したおおまかな分類案を提示したことがある[26]。そこではまず関中平原群と関中平原周辺群とに分ける考えから出発した。その場合の周辺群の内容は、おもに周の文化圏と周辺文化圏（北山以北、秦嶺以南、宝鶏以西）との境界域の役割を問題とした文化史的な議論であった。本稿ではこの関中平原周辺群については取り上げず、前稿で関中平原群としたものの内容を、地形環境に関する分析を中心に、より掘りさげて論ずることとした。分類の細部に前稿からの修正点も少なくない。以下は問題を再検討して修正した結果である。

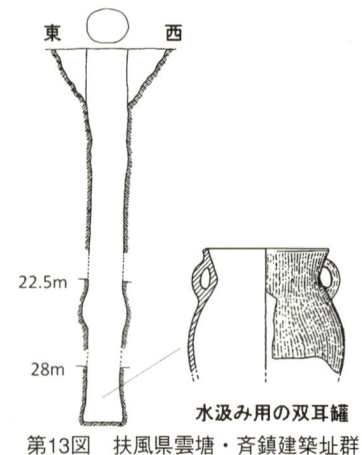

第13図　扶風県雲塘・斉鎮建築址群の井戸址J1

　地形環境と遺跡立地から見た関中平原西部の遺跡群を、以下の6つの類型に分けることができる。①岐山南麓遺跡群、②台地中央部（漳河以北）遺跡群、③台地南部（漳河以南・積石原）遺跡群、④台地縁辺部遺跡群、⑤渭河北岸低段丘遺跡群、⑥渭河南岸低段丘と秦嶺北麓遺跡群（第12図）。

① 岐山南麓遺跡群

　岐山南麓では山前に扇状地性地形が発達している。岐山南麓群の遺跡は、おもにこれらの扇状地の扇頂部付近の山麓傾斜地にあたる比較的標高の高い地点から、扇端部の平原地帯にかけての地点に広がる。先述したように、カルスト地形の岐山南麓一帯には良好な湧水地点が点在しており、台地中央部へ向かう小河川の水源となる。またある場合は山前でいったん伏流し、扇端部付近で湧出して流れだし、集落の水資源となった。

　先述した岐山県周公廟遺跡のように湧水地点を中心に発展した大規模な都邑も存在するが、その他の遺跡の多くは扇状地性地形周辺の小河川に沿って立地する。この一帯での地下水位は一般に10～30mと比較的浅い。扶風県・岐山県境付近で、多くの青銅器出土地点や重要建築址が集中して都邑のようなまとまりを形成する周原遺跡も、岐山南麓の重要遺跡である。同遺跡内のある地点では水資源として扇状地性地形周辺に形成された小河川を利用し、またある地点では特別な建築群に付随して井戸を掘削することもあった[27]（第13図）。周原遺跡の中央部から西へ約11km、周公廟遺

3．関中平原西部における周遺跡の立地と地理環境　73

第14図　岐山県趙家台遺跡（建設中の橋梁から見た付近の河谷）

第15図　鳳翔県勧読遺跡西側の横水河上流

第16図　鳳翔県水溝遺跡周辺の景観

跡の東約11kmに所在する趙家台遺跡もまた、岐山南麓の扇状地性地形周辺の河川に沿って立地する重要遺跡である。同遺跡ではかつて先周期・西周期の空心磚製作地が発見されていたが、最近ではさらに大型墓の墓地も発見されて注目される（第14図）。周公廟の西約7kmにはやはり周の大型集落遺跡であり、未発掘の鳳翔県勧読遺跡が所在する。同遺跡の西側縁辺部には岐山を水源とする水量豊富な横水河の上流部が流れている（第15図）。

その勧読遺跡の北西約9kmの地点には鳳翔県水溝遺跡が知られる（第16図）。水溝遺跡は周公廟よりもさらに標高の高い山麓の傾斜地に立地する先周期・西周期の大型集落址であるが、現在、遺跡の付近には便利な水資源は見あたらない。しかし同地点には、仰韶文化期の大規模な集落址も存在しており、かつては良好な水資源、おそらくは湧水地点が存在した可能性も高い。

岐山の南麓にはこのように周原を代表する拠点的な大型集落遺跡が、東西に10km程度の間隔をおいて並んで立地している。拠点的な集落が集中する事実は、単に水資源の側面からは説明できない。周公廟や水溝遺跡の立地が如実に物語るように、

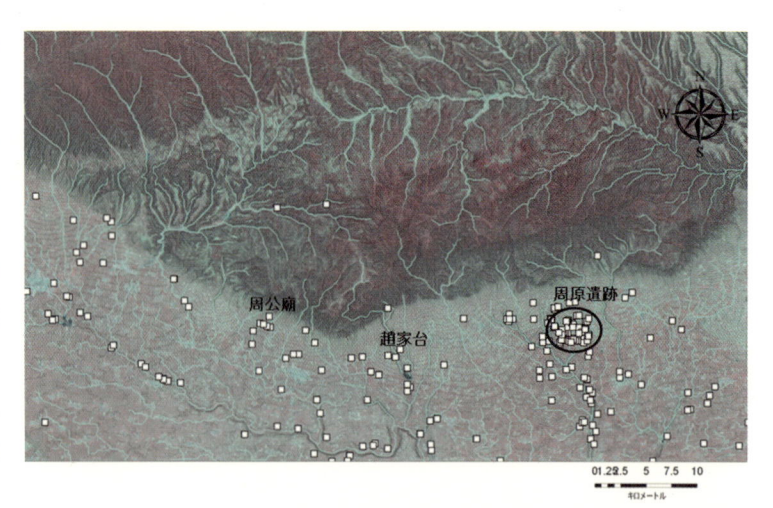

遺跡を取りまく景観と遺跡からの眺望が、集落選地の重要な要件の一つとなったように思われる。山麓付近の高所にあって南側の平原部を広範囲にわたって見おろし、はるかに秦嶺の北麓まで見通すという立地は、支配者の居所としては、象徴的にもまた政治力を行使する上でも絶好のものであっただろう。一方で、四方に開けた台地中央部とは異なって、岐山を背後にするために周原の東方や西方の遠隔地からは死角になるという戦略的な好適地でもあった[28]。周原の拠点的集落が岐山南麓に集中する理由として、良好な水資源の存在とともに、このような景観と眺望の問題があったと考えられよう。

第17図　岐山南麓に並ぶ扇状地性地形

第18図　周原遺跡中央部の斉家溝

　ここでいま一度、周原の岐山南麓一帯の地形を俯瞰してみたい。岐山の山前に互いに重なりあうようにして並ぶ扇状地性地形が見て取れよう（第17図）。それぞれの扇状地性地形の扇央部における遺跡分布に注目すると、仰韶文化期から西周期に至るまで一貫して遺跡数が少なく、逆に扇状地性地形が重なり合う境界域に形成された窪地において遺跡の集中を認めることができる。従来指摘されることはなかったが、岐山の南麓一帯には幾つもの遺跡の空白地帯の存在が確認され、それらの空白地帯が、地形的に不安定で水資源が得にくい扇状地性地形扇央部の環境と対応しているように思われる。

　ところで、扶風県・岐山県境の周原遺跡は、漳河の支流七星河の上流部にあたる。この付近もまた、広く見れば東西の扇状地性地形が重なる境界域の窪地に相当している。周原考古隊による七星河流域の分布調査[29]と、筆者らのGISによる分析結果を合わせ考えると、七星河上流の一支流により形成された斉家溝（第18図）の両岸には、仰韶文化期から龍山文化期の遺跡がほとんど見られないのに対して、先周期の終わりから西周期になって鳳雛や召陳に代表される重要な遺跡が出現する。こうしてかつての新石器時代の遺跡稀少地帯を中心に登場したのが、いわゆる周原遺跡である。

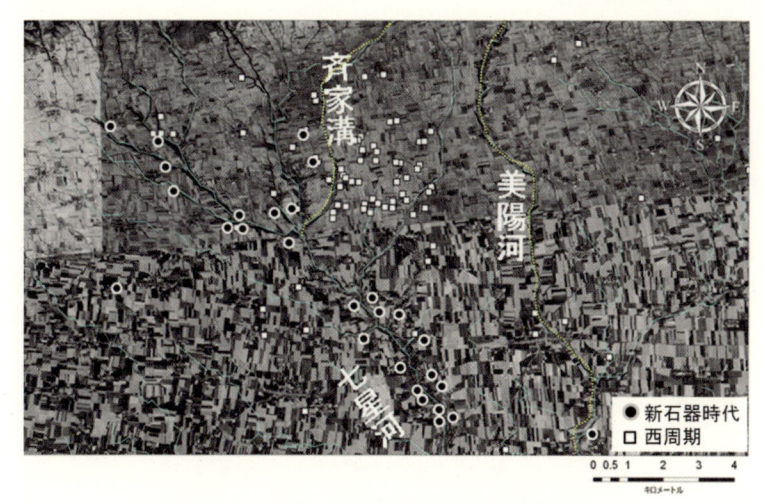

第19図　七星河上流部と美陽河周辺の遺跡分布

このことから、周原遺跡の水資源として大きな役割を果たしたであろう斉家溝の形成は、龍山文化期以降、西周期以前の時期と推定することも可能である。

一方、七星河の東を流れる美陽河中・上流の両岸には、新石器時代から西周期を通じて一貫して遺跡が発見されていない。このことから、美陽河の形成は西周期より遅れるものと推定される（第19図）。岐山南麓の小河川は今日ではいずれも深い谷を刻んでいるが、一部の小河川とその河谷については、その形成の歴史がきわめて浅いことが示唆される。河川流路の変動などが起こりやすい扇状地性地形特有の不安定さと、浸食速度の速い黄土堆積層の特徴に起因する現象である[30]。

なお、美陽河の東に、集水度の高い扇状地性地形外側の窪地に相当するにもかかわらず、遺跡がきわめて少ない一帯が認められる（第9図）。CORONA衛星画像では一般に窪地の色調は暗くなる傾向にあるが、この一帯も同様の暗色を呈している。しかしよく観察すると、岐山から流れ下るガリーが、窪地の手前で途切れていることが認められ、おそらくそこで流れが伏流して表面流水がとぎれたものと考えられる。遺跡が少ない理由はそこにあるようである。しかし、そこからさらに南側の標高が低くなった地点にいたって、伏流した水は再び泉として湧出して（巻末「泉水表」4）、台地中央部に向かって小河川を形成している。この辺りからは、台地中央部に入る地域であり、ふたたび遺跡が多く立地する環境となっている。

② 台地中央部（漆河以北）遺跡群

台地中央部（漆河以北）の遺跡は、主として台地中央を北西から南東に流れる漆河の河岸地帯に集中し、また一部は岐山から漆河へと流れ下る支流の小河川沿いに点在する。漆河支流のあるものは、先述した美陽河東側地域の事例のように、扇状地性地形の扇端部付近で湧水した泉を水源とする小河川である。

漆河の河岸地帯では、仰韶・龍山・西周期を通じて一貫して高い密度で遺跡が分布しており、台地中央部における漆河の重要性は明らかであろう。ただしCORONA衛星画像からも読み取れるように（第20図）、北西が高く南東が低いという台地の地勢に起因して、漆河はその南岸で浸食が進みやすく、ときに切り立った崖面を形成するのに対し、北岸では流路が徐々に南に後退する傾向があるため、緩やかな傾斜面を形成している[31]。その結果、漆河の北岸では全域にわたって高密度で遺跡が分布する一方、南岸の一部では遺跡立地に不向きな遺跡の空白地帯も見いだせる。

かつて史念海氏は、周原の台地を南北に分断し、南側に積石原を形成した漆河の河谷について、

積石原の名が『晋書』巻一宣帝紀にようやく初出することを挙げて、それから千年以上も遡る西周時代においては、漳河河谷の浸食は進んでおらず、地形環境が現在とは大きく異なっていたと推測した[32]。しかしながら、漳河の両岸地帯では、仰韶文化期から西周期まで一貫して、現在の河岸の屈曲に沿うように河岸に近接

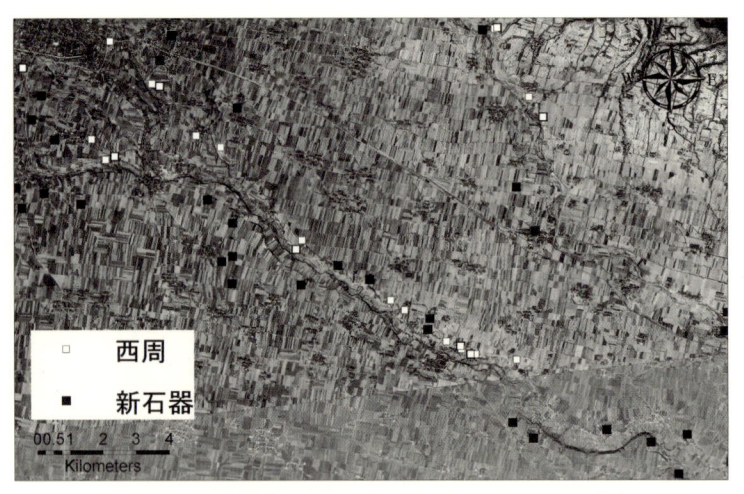

第20図　漳河両岸の遺跡分布（新石器時代から西周期）

した遺跡分布が読み取れる。このことは、新石器時代から西周期にいたる当時の 漳可河岸の地形が、史念海氏の推測よりはるかに現在の地形に近づいていたことを示しているように思われる。

　漳河北岸をはじめとする台地中央部の遺跡群に共通する傾向として、比較的規模の小さな集落址が多く、岐山南麓のような大規模な拠点的集落址が見られないことを指摘できる。今日の周原一帯を代表する武功鎮・扶風県城・岐山県城・鳳翔県城などの主要都市は、漳河両岸地帯で発展し、平原部を東西にはしる旧幹線道路沿いに立地してこの地方の経済・交通の中心地となってきた。その状況は、西周期のようすとは大きく異なるといえよう。おそらくその背景として、先に指摘したように、集落の景観と眺望に対する対応の違いがあったと思われる。四方に開放された平原のただなかという景観的特徴をもつ台地中央部は、なお政治的な緊張を残した時代において、拠点的な集落が立地するにはリスクが大きすぎたと考えられよう。

③　台地南部（漳河以南・積石原）遺跡群

　漳河以南の周原南部は、積石原ともよばれる東西70km以上、南北7〜10km程度の帯状の台地である。その原面はきわめて平坦で、山塊はまったく存在せず、台地南の縁辺部付近では風成の黄土堆積層が厚みを増して高まる地形を示す。台地北部の漳河南岸と、台地南部の縁辺部の崖面に地下水が湧出することがあるのをのぞいて、台地上を流れる河川は存在しない。先に示した集水度を表す第6図に代表されるような各種の水文環境の分析結果は、この台地上での水資源の利用が困難であったことを物語っている。

　このような水資源を左右する地形環境を背景として、台地南部では新石器時代から西周期にいたるまで、漳河の南岸に若干の遺跡が分布するほかは、ほとんどまったく遺跡が見られない。周原における遺跡分布の大きな空白地帯となっていたことが確認できる。

　そのなかで、宝鶏県北部の積石原上にある西劉堡村で西周青銅器が出土した例を挙げることができる。この孤立した青銅器出土地点は、鳳翔県－宝鶏県（虢鎮）を最短で結ぶ現在の幹線道路沿いに位置している。その地点にもし集落があったとすると、水資源の問題をどのように解決したのかは不明であるが、古くからの台地上の交通路と関係していたことも考えられる。

3．関中平原西部における周遺跡の立地と地理環境　77

　周原の台地ではないが、千河を挟んでその西側に広がる賈村原もまた、集水度の低い水文環境にある台地である。新石器時代から西周期にいたるまで台地上の遺跡はきわめて少ない。そのなかにあって、賈村周辺には多数の青銅器を出土した重要な西周期の遺跡が集中している。この地点は、われわれの現地踏査でも賈村原縁辺部崖面の湧水地点からは3～4km前後の距離があり、現在の遺跡周辺では、ポンプ式の深い井戸が利用されている。明らかに水資源に問題があるこの地点もまた、千河に沿って南北間を結ぶ古代の交通路を想定するとその重要性が理解できる場所であろう。
　以上のように、水資源に恵まれない地形環境が遺跡の空白地帯と対応しているという、当然予想される状況があらためて確認された。しかしその環境下にあっても存在した一部の西周期の遺跡があり、それらは交通や戦略上などの必要性から、地域システムを形づくる目的で配置された集落ではなかったのだろうか。このような性格の遺跡は、仰韶文化期、龍山文化期には見いだせない。

④　台地縁辺部遺跡群

　周原（積石原）とその西方の賈村原の台地縁辺部は、渭河の北岸に屹立する崖面となっている（第21図）。崖面は賈村原と周原を合わせて80km以上にもわたってつづき、渭河河床より120～210mの高さがある。渭河氾濫原の北岸を第1階梯として崖面の頂部まで数えて4つの階梯をなす段丘状の地形が形成されており、その第3階梯の狭いテラスの上に多くの泉が湧き出している。その状況は前節で述べたので繰り返さない。崖面直上の台地上ではほとんど水資源が見いだせない状況とは対照的である。
　台地縁辺部には数多くの仰韶・龍山・先周・西周期の遺跡が見られる。2003年に発見された楊家村の西周後期窖蔵青銅器群や先周・西周期の宝鶏闘鶏台遺跡、最も東に位置する先周・西周期の北呂遺跡などはその代表である。ただしこれまでこの一帯では、重要な青銅器が多く出土し、また墓地遺跡が多く知られる一方で、生活遺跡の状況が明らかではない。泉の存在がこれらの青銅器出土地点や墓地と密接にかかわっていることは明らかであるが、集落としてのその利用の実態には不明な点も多い。
　台地縁辺部に、岐山南麓に次ぐ重要な西周遺跡が点在することは注意を要する。この一帯の遺跡立地を考える上で、ここでも遺跡周辺の景観と遺跡からの眺望は重要である。現地に立つと遺跡から眺望されるのは、まずは眼下の渭河の流れであり、その南岸から立ち上がる秦嶺の山並みである。筆者の一人西江が以前にも指摘したように、渭河の両岸地帯に点在する重要遺跡のあるものは、秦嶺の山地資源と深くかかわっていた可能性がある。さらには秦嶺を越えた四川

第21図　周原の台地縁辺部崖面の状況（鄜県楊家村付近）

方面との交通路の可能性も考える必要がある。加えて関中平原の東西を結ぶ渭河を利した水運の可能性も指摘しなければならないだろう[33]。

郿県楊家村から渭河を挟んだ対岸には名高い五丈原がある。五丈原の東側には秦嶺の山地にわけいる渓谷沿いの古道があった。すなわち蜀と関中

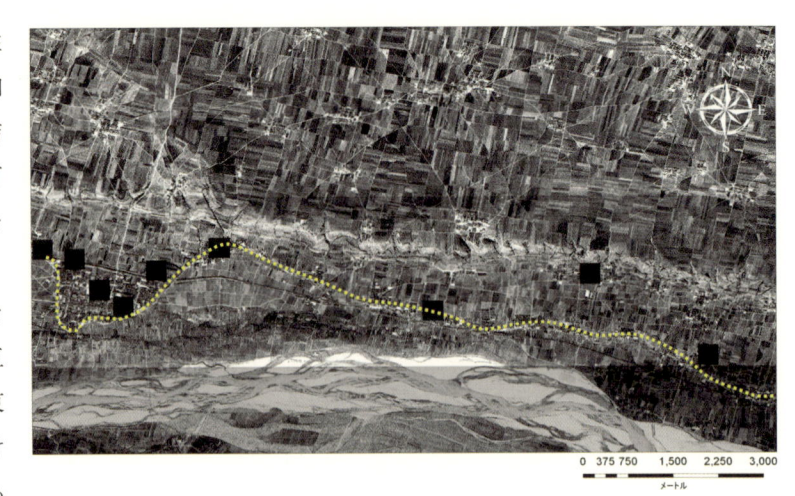

第22図　渭河北岸低段丘の遺跡分布

を結ぶ褒斜道である。楊家村の一帯は、岐山南麓の周原遺跡の真南という位置にあって、秦嶺の山地資源、渭河の水運、蜀との交通路、などにかかわる特別な位置にあったと考えられよう。

なお、台地縁辺部の崖面の頂上、すなわち積石原の南端は、積石原全体でも最も高い地点となっていて、数十km離れた岐山南麓の高所からはほぼ障害物なく遠望できる位置関係にある。西周王朝支配下の地域システムを考えたとき、このような集落間の位置関係には十分注意する必要があろう。

⑤　渭河北岸低段丘遺跡群

渭河氾濫源の北岸部分から台地縁辺部崖面にかけての4階梯の地形うち、第1階梯と第2階梯をふくむ一帯の遺跡が、ここでいう渭河北岸低段丘遺跡群である。渭河北岸低段丘は幅1〜3km程度の狭い帯状地帯で、東西に80km以上も続く。渭河氾濫源からは第1階梯部分で比高差10〜20m、第2階梯部分で20〜40mほどである。

大規模河川の河岸地帯であり、地形の経年変化が大きいことを考慮する必要はあるが、CORONA衛星画像で見る限り、仰韶・龍山・西周期を通じて、第2階梯の縁辺部に沿って立地する遺跡が多く認められる（第22図）。このことから、当時多くの集落の水資源として、渭河の水が直接利用されていた可能性が高い。ただし、この一帯での地下水位はきわめて浅く、多くの地点で5m以浅とされる[34]。したがってこの一帯では、すでに井戸の利用がはじまっていた西周期においては、必要に応じて井戸による地下水の利用もあったと推定される。

現代ではこの一帯に関中平原を横断する高速道路が通り、地方都市が発展して活況を呈しているが、先周期や西周期では主として中・小規模の集落が点在した。農耕地としては土地が狭く、利用上の制約が大きかったことも理由であろう。また注意すべきは、やはり遺跡の景観と眺望である。渭河北岸低段丘は、岐山南麓の拠点的集落からは台地縁辺部の高い崖が障害となって直接見通すことはできない。一方で、わずかに数kmから数百mしか離れていない台地縁辺部の重要地点からは、直接見おろす位置にある。このことは、集落間の関係性を考えたとき考慮に値する問題である。

⑥　渭河南岸低段丘と秦嶺北麓遺跡群

台地中央を流れる漳河の南岸がそうであったように、大型の河川である渭河の南岸もまた、河水

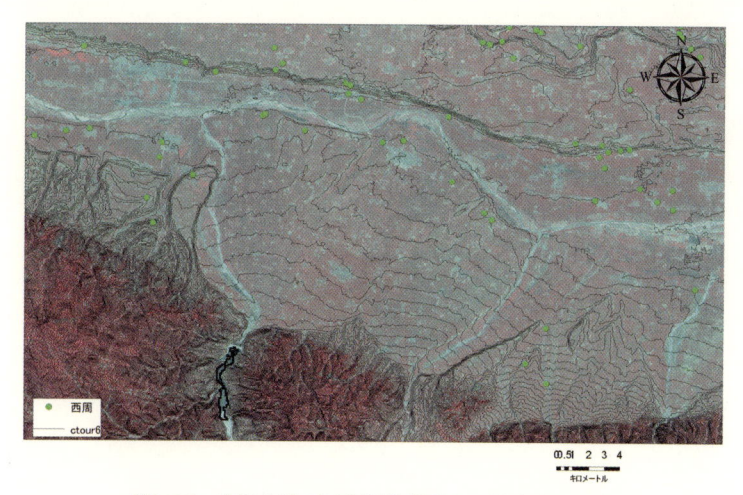

3．関中平原西部における周遺跡の立地と地理環境　79

第23図　秦嶺北麓の扇状地性地形と西周遺跡の分布

の直接の浸食をうけやすく、渭河北岸に見られるような段丘状の地形は発達していない。多くの場合秦嶺北麓の傾斜の強い扇状地性地形の扇端部が、渭河南岸に接近した状況となっている。また五丈原に代表されるように、秦嶺北麓からテラス状にせり出した平坦な台地状地形を形成する場合もある。

　西周期の遺跡の分布は比較的まばらではあるが、おもに山前の台地上や扇状地性地形の扇端部付近に集中する。仰韶文化期や龍山文化期でもほぼ同様の傾向が見られ、地形が不安定で水資源が得にくい扇央部をさけて集落を選地したことは明らかである（第23図）。

　関中平原は、岐山南麓から渭河北岸にいたる部分と、渭河南岸から秦嶺北麓にいたる部分とでは地質的構造が大きく異なっている。地表の状況を観察しても、秦嶺北麓一帯では、秦嶺に由来する多量の礫をふくむ土壌が広がり、周原の台地上の緻密な土壌とは大きく異なっている。したがって秦嶺北麓は、傾斜の強い地形と土壌の問題があって、農耕地としては制約をうけることも多かったと考えられる。ただし秦嶺に由来する水資源は、一般的に小河川、泉、地下水ともに豊富である。

　なお、秦嶺北麓では、周原北側の岐山山麓で不足あるいは欠乏していた山地の資源（石材[35]・木材・薬剤・その他の動植物・鉱物）が、豊富に存在していたと考えられる。周の地域システムを考えたとき、このような地点における山地資源の利用ということに十分注目する必要があろう。

　この一帯の遺跡についてもまた、景観と眺望の問題を考えておく必要がある。秦嶺北麓の遺跡は四方に開けた傾斜面に位置していて、渭河北岸の台地縁辺部からは、5、6km程度以内の距離で障害物なく見通せる位置関係にある。さらに言えば、はるかに岐山南麓の高所からも、好天時には遠望できる位置関係にある。

おわりに

　筆者らは現在、関中平原の考古学GISを構築し、さまざまな空間分析を試みつつある。2007年9月には、周原周辺の泉に関する調査をおこなったが[36]、本稿はそのときの知見を手がかりに、地形環境と水資源から見た関中平原西部における周遺跡の立地に関してまとめたものである。分析はまず関中平原の全体を対象とした遺跡の分布密度やDEMなどによる水文の分析をおこない、地形環境の細部についてはおもにCORONA衛星画像の判読と現地での実地調査の結果によった。

　今回の検討で確認できたおもな内容を以下にまとめておく。

① 仰韶文化期、龍山文化期、西周期を通じて、基本的に各時期の遺跡分布は河川の流路と泉水

湧水地点に対応する。西周王朝成立後の周原一帯の集落分布のあり方が、新石器時代のそれと同じパターンをもつことも確認された。水資源の利用法に大きな変化がないかぎり、集落選地の第一条件が河川や泉の近傍という条件に変わりがなかったことになる。

② 集団の動向が安定しなかった先周期の遺跡分布は、前後の安定した時代とは大きくことなり、地形環境とは別の文化史的な要因が働いていた。

③ 各時期間の遺跡立地は小河川の上流部において変動が大きい。これはおそらく、河川流路が不安定な扇状地性地形と関係して、山麓部の一部で時期によって水資源のあり方に変化が大きかったことを反映していよう。

④ 大型河川である渭河や、その支流で台地中央を流れる漳河の河岸地帯では、遺跡は仰韶、龍山、西周期を通じて、ほぼ共通して現代の河岸地形に沿って安定した立地の傾向を見いだすことができる。その結果は、かつて史念海氏が提唱した漳河の浸食が主として歴史時代に急速に進んだとする見解を再考させるものとなった。

⑤ 岐山南麓の遺跡立地は扇状地性地形の影響を強く受けている。水資源が得にくく地形的に不安定な扇央部は、各時代ともに遺跡の空白地帯となっている。

⑥ 扶風県・岐山県県境を流れる七星河支流の斉家溝は、龍山文化期以降、西周期以前に形成された可能性が高く、その後に西周期の周原遺跡が発展したと考えられる。一方、七星河の東に位置する美陽河は、西周期以降の歴史時代に新しく形成された可能性が高い。

⑦ 仰韶・龍山・先周・西周期を通じて、遺跡の立地は河川から600m以内に集中する傾向が確認できる。

⑧ 地形環境と水資源のあり方に重点をおいて、周原一帯の遺跡立地を6類型の遺跡群に分けることができた。

⑨ 岐山南麓遺跡群については上の⑤⑥を参照。

⑩ 台地南部（漳河以南）は、漳河の南岸をのぞいて、まったくの遺跡空白地帯となっている。集水度分析からみて水資源が得にくい環境であることと関係している。

⑪ 台地縁辺部遺跡群の立地は、水資源としての泉の分布と関係している。

⑫ 渭河北岸低段丘遺跡群では、渭河の河水および浅い井戸の利用が想定される。

⑬ 渭河南岸低段丘・秦嶺北麓遺跡群では、扇状地性地形の扇央部をさけた立地が見られる。

およそ以上のようなことが確認された。

本稿は遺跡立地の位置に関する情報と、周辺環境だけをあつかってきた。その結果として、すでに初期国家の段階にあったはずの西周期の集落分布を、単純な分布のパターンとして見たときには、仰韶文化期以来変わることなく河川や泉に拘束されていたことを再認識させられた。しかしそれでは、すでに国家段階にあった西周期の集落のあり方と新石器時代のそれとの間に本質的な差異はなかったのであろうか。言うまでもなく周原における西周期の遺跡には、周公廟や周原遺跡のように大規模な集落址から、中・小規模の集落址までがふくまれ、また青銅器や礼制建築をともなう遺跡がある一方、それらをともなわない多くの一般的な遺跡が存在する。そこには遺跡分布の単純なパターンからは見えない、階層性を内在させた遺跡間の複雑な関係が窺われるのである。しかしここ

で遺跡の属性を検討する前に、純粋に遺跡の位置情報のみをあつかう方法においても、遺跡間の複雑な政治的関係性を示唆する所見が得られることを指摘しておきたい。

たとえば、西周期の青銅器出土地点など一部の遺跡のなかには、明らかに水資源が得がたいなど、環境的要件からは立地の理由を説明できない遺跡が存在した。それらはおそらく交通路の確保など、当該地域を政治的にまとめていた地域システムの必要性から生まれた特異な地点であったと考えられよう。またもし、集落の景観と眺望という側面から集落間の位置関係に注目し、仮説的に高所から低所を見通す位置関係を、支配的と従属的という階層の上下関係に置きかえてみるならば、①岐山南麓の拠点的集落（都邑）→岐山南麓の中小集落・台地中央部の中小集落、②岐山南麓の拠点的集落→台地縁辺部の重要集落→渭河北岸低段丘の中小集落・秦嶺北麓の中小集落、といった階層的関係を想定することもできそうである。今後の研究課題としたい。

註

⑴　西江清高「先史時代から初期王朝時代」（『世界歴史体系 中国史１』山川出版社、2003年）、また西江清高・久慈大介「従地域間関係看二里頭文化期中原王朝的空間結構」（杜金鵬・許宏主編『二里頭遺址与二里頭文化研究』科学出版社、2006年）参照。

⑵　関中平原の遺跡分布と地理的環境の空間分析を、筆者らはおもにGISの考古学基盤を作成することで進めている。本稿ではそうした解析結果の一部を利用する。中国考古学の研究においてGISの基盤をどのように構築し、各種の空間データをどのように関連付け、そこからどのような分析が可能になるのか。そうしたGISの研究環境自体についても議論をする必要があるが、この点は稿をあらためて述べることとする。したがって本稿ではGIS解析の一部の結果を利用するが、そのデータのあつかいや、計算処理上の詳細については触れない。

⑶　周原の呼称問題については、西江清高「関中平原と周王朝」（『アカデミア』人文・社会科学編、第81号、南山大学、2005年）参照。

⑷　史念海「周原的変遷」（『陝西師範大学学報』1976年第３期）。のちに同『黄土高原歴史地理研究』（244～259頁、黄河水利出版社、2001年）に収録。

⑸　註⑷掲、史念海論文。

⑹　趙景波「黄土的侵蝕与治理」（孫建中・趙景波等著『黄土高原第四紀』206～214頁、科学出版社、1991年）。

⑺　周昆叔「周原黄土及其与文化層的関係」（『第四紀研究』1995年第２期）。のちに同『花粉分析与環境考古』（174～179頁、学苑出版社、2002年）に収録。

⑻　周原の一角に位置する扶風県案板遺跡の試料を用いた花粉分析の結果も注目される。それによると、同遺跡の西周期の文化層中で木本植物が鋭く減少傾向を示し、乾燥性の草本植物が急増したことが指摘されている。報告者はその変化の要因として、地球規模の気候変動が考えられるほかに、人類による森林・草原環境の破壊があったことを強調している。王世和・張宏彦ほか「案板遺址孢粉分析」（西北大学文博学院考古専業編著『扶風案板遺址発掘報告』285頁、科学出版社、2000年）。

⑼　註⑶掲、西江論文、六～一三頁。

⑽　劉建国『考古与地理信息系統』（科学出版社、2007年）。

⑾　註⑽掲、劉建国書、93頁。なお、劉建国氏は黄土地帯における中・小河川の具体的利用法として、各集落付近の河川に小規模な堰を設けて水の流れを制御したうえで、河水を利用したと推測する。

⑿　国家文物局主編『中国文物地図集　陝西分冊（上）（下）』（西安地図出版社、1998年）。

⒀　この方法で入力した遺跡の位置は、われわれの予想ではおそらく200〜300mずれる場合も少なくないと思われる。しかしそれにもかかわらず、ある程度まとまった数の遺跡数が得られたことで、遺跡立地の傾向を読み解くことが可能な精度は確保できていると考えている。

⒁　本稿で遺跡の位置情報を入力しGIS基盤の整備を進めた範囲は、武功県、扶風県、岐山県、郿県、周至県、鳳翔県、千陽県、宝鶏市の各地区である。

⒂　CORONA衛星画像の観察などでもガリーや表面流水の流路が集まる先では地面は暗色となり、窪地を形成していることが確かめられる。

⒃　張洲『周原環境与文化（修訂本）』（4頁、三秦出版社、2007年）。また、本稿巻末「泉水表」14。

⒄　巻末「泉水表」13、15参照。

⒅　註⒃掲、張洲書、4頁。

⒆　註⑷掲、史念海論文、251頁。早期の周にとって泉水が重要なものであったことは、『詩経』にたびたび泉が登場することでも明らかである。たとえば『詩経』大雅・生民之什・公劉に、「逝彼百泉、瞻彼溥原、迺陟南岡、乃観于京」（彼の百泉に逝き、彼の溥原をみる、迺ち南岡にのぼり、乃ち京をみる）とあり、また文王の事績にかかわる一文として、『詩経』文王之什・皇矣に、「我陵我阿、無飲我泉。我泉我池、度其鮮原」（我が陵我が阿、我が泉に飲む無し。我が泉我が池、其の鮮原を度り）とあるのもその例である。

⒇　劉宏岐「周公廟遺址発現周代磚瓦及相関問題」（『考古与文物』2004年第6期、67頁）。

㉑　註⒇掲、劉宏岐論文、67頁。

㉒　石璋如「関中考古調査報告」（『中央研究院歴史語言研究所集刊』第27本、306〜308頁、1956年）。

㉓　地質学者、環境考古学者の周昆叔氏も、関中平原の遺跡分布と水資源の関係を論じて、「岐山県山麓地帯周公廟前高亢黄土台地上遺址的分布依頼於泉水」と指摘している。周昆叔「孕育華夏文明的渭河盆地」（同『花粉分析与環境考古学』208頁、学苑出版社、2002年）。

㉔　重要遺跡の多くは現地調査で位置を再確認した。

㉕　この時期の文化的動態については、西江清高「西周式土器成立の背景（上）（下）」（『東洋文化研究所紀要』第121・123冊、1993・1994年）を参照。

㉖　西江清高・渡部展也・久慈大介・茶谷満・劉静「周王朝期における関中平原の地域システム」（『日本中国考古学会2007年大会発表資料集』日本中国考古学会、2007年）。

㉗　周原遺跡の東部、扶風県の雲塘、斉鎮建築基址群のF10北側で、西周後期の井戸址J1が発掘されている。陝西省考古研究所「扶風雲塘、斉鎮建築基址2002年度発掘簡報」（『考古与文物』2007年第3期）。井戸の深さは31mをはかる。その22.5m以深のところで井戸の壁面が全体に浸食され削られていることから、その辺りが井戸水の水面部分と考えられ、地下水位は22〜23mほどであったといえよう。この井戸は瓦葺き屋根をもつ回廊式建築のF10に隣接していることから、祭祀などに関連のある特別の地点での水の必要性から、あえて20mをこえる深い井戸を掘削した例と考えられる。水汲み用の双耳罐の土器片が井戸の底部に堆積していた。なお、西周期の関中平原における井戸の発掘例はこの1例以外にほとんど知られておらず、当時、井戸の利用は一般的なものではなかったと考えられる。

㉘　註⑶掲、西江論文、一七〜二〇頁。

㉙　周原考古隊「陝西周原七星河流域2002年考古調査報告」（『考古学報』2005年第4期）、および註⑽掲、劉建国書。

㉚　西周期に周原遺跡が栄えた時期、おそらく斉家溝はいまよりはるかに浅い谷であって、東西両岸の住民にとって河水の日常的な利用はきわめて容易であったに違いない。

㉛　註⒃掲、張洲書、5〜7頁。

㉜　註⑷掲、史念海論文、253-255頁。

⑶ 王子今「説《周》《舟》通義兼論周人経営的早期航運」(陝西歴史博物館編『西周史論文集(上)』545〜556頁、陝西人民教育出版社、1993年)。

⑶ 王文科・王雁林ほか『関中盆地地下水環境演化与可再生維持途経』(10頁、黄河水利出版社、2006年)。

⑶ 周が周原に移動する以前の公劉のときの話として、『史記』周本紀に、「自漆沮度渭、取材用、行者有資、居者有蓄積」とあり、『正義』は「南渡渭水、至南山取材木爲用」と述べる。また、『詩経』大雅・生民之什・公劉に、「渉渭爲乱、取厲取鍛」とある。渭河を渡って砥石や石材を取ったことを述べた内容であろう。はやくから周が秦嶺の森林資源や石材資源に関心をもっていたことを窺わせる。

⑶ このときの調査は、本稿執筆者の西江清高と渡部展也のほかに、茶谷満(鳥取県埋蔵文化財センター)、久慈大介(中国社会科学院大学院生)、劉静(北京大学考古文博学院大学院生)を加えた5名が参加した。また調査内容の細部にわたって、北京大学考古文博学院徐天進氏、陝西省考古研究所王占奎氏から貴重なご助言をいただき、多くの調査地点にもご同行いただいた。

近年の『県志』類に見えるおもな泉の記録（周原泉水表）

（久慈大介訳・整理　西江清高補）

【扶風県】

泉名	所在地	立地	県志における記載	備考
1 鳳泉	扶風県中観山	岐山南麓	県城北25kmの中観山にある。伝えられるところによれば、周の時代、山頂に水がたまり、その水は時に温かく、「鳳凰」がここで水を飲んだことがあれ、数ヘクタールの田を灌漑したが、のちに土砂で埋まったため廃棄された。山泉は今も存在する。	（図25）中観山の山頂付近に鳳泉寺がある。現地調査で実見（2007年9月9日）。
2 馬泉	扶風県東観山	岐山南麓	中観山の東5kmの東観山にある。水量はきわめて少なく、時には涸渇する。	
3 龍泉	扶風県西観山	岐山南麓	古くは鳳泉とも称された。泉は全部で9つあり、古人が雨乞いを行った場所でもある。現在では水量はきわめて少ない。七星河の水源のひとつ。	（図26）現地調査で、龍泉にほど近い龐家坡村（西観山南麓）において泉水を利用した給水タンクを実見（2007年9月9日）。
4 呂宅泉	扶風県召公鎮呂宅村西の崖下	台地中央部	県城北東15km、召公鎮呂宅村西の崖下にある。太川河の水源地。	（図27）現地調査で実見（2007年9月9日）。案内していただいた村びとの話では、80年代まではじっさいに湧水していたという。地元の人々はこの泉を黒水潭と呼んでいたようである。泉水はやがて太川河となり、その後南流して美陽河と合流したのち、漳河（后河）に合流する。付近には新石器時代の遺跡として知られる案板遺址渭河合流点跡が所在する。
5 温泉	扶風県段家郷溝老頭村の水溝底	台地中央部	県城南原10km、段家郷溝老頭村の水溝底にある。かつては水を溜め、人々に飲み水を供していたが、のちに流れ出し、深い谷川となった。	
6 信義泉	扶風県城関鎮信義村の東溝底	台地中央部	県城東10km、城関鎮信義村の東溝底にある。かつて泉口は盆のようになっており、水を汲むとすぐ溢れ、水は甘く、口に合うものであった。	
7 古水泉	扶風県絳帳鎮古水村北西	台地縁辺部	県城南10km、絳帳鎮古水村の北西にある。かつて温器山という山があり、水はその山の下から流れ出ていた。灌漑に供したが、のちに地層の変化で流水が途絶えた。	
8 万楊池	扶風県新店郷万楊村	台地中央部	新店郷万楊村にある。かつては岐山県潤徳泉の伏流水がここまで至り、湧き出て池となっていた。現在は排水池としてつくり変えられ、池の水が元通りになることはない。	

【岐山県】

泉名	所在地	立地	県志による記載	備考
9 馬創泉	岐山県京当村北西6km、標高1164.8m地点	岐山南麓	京当村北6km、海抜1164.8mのところにある。泉口の直径は0.8m、深さは1mで、水質は清らかで甘く、長年涸渇せず。	
10 劉秀泉	岐山県西方村の東約7kmにある西崛山の西腹山	岐山山中	西方村の東約7kmにある西崛山の西山腹にある。水量は比較的少ないが、一年を通して涸渇せず。	
11 仰天池	岐山県西方村の南西	岐山山中	西方村の南西にある。またの名を周公泉ともいう。水質は清らかで透き通る。	
12 潤徳泉	周公廟内	岐山南麓	県城西北7.5kmの周公廟内にある。唐の大中二年（848）、宣宗李忱がその名を授けた。泉口の直径は20m、深さは3m、湧水量は毎時126mで、上部に石積みの八角形の欄干がある。泉水中の硫酸塩、鉄などの含有量は低いが、遊離二酸化炭素の含有量は比較的高く、人体に必要な微量元素や希元素も多い。岐山の亀裂から水が補給されるが、ときには亀裂がふさがれ、泉水が涸渇することもある。	（図28）現地で実見。現在の名勝周公廟の中央にあり、周公廟遺跡の重要な水資源となっていた。本論を参照。
13 永楽庵泉	岐山県永楽村北坡原永楽庵院内	台地縁辺部	県城東18kmの永楽村北坡原永楽庵院内にある。周囲には石積みの欄干がある。現在の庵が泉をつくりかえたため、まもなく涸渇するであろう。	（図29）現地調査で実見（2007年9月10日）。現在は、汲み上げ式ポンプで地下水を汲み上げ、付近に供給。渭河北岸の崖面傾斜地にあり、本論中に指摘した渭河北岸第3階梯の狭いテラス上に湧出。標高約540m地点。
14 珍珠泉	岐山県蔡家坡鎮南社頭村	台地縁辺部	蔡家坡鎮南社頭村にある。泉水は下から上へ湧き出ており、形が串珠（つなぎ連ねた玉）に似ていることからその名がついた。泉面は約100㎡ほどの陂塘（池）となっており、水は澄みきっていて底まで見える。南に取水口があり、その下の200余畝の田を灌漑することができる。	

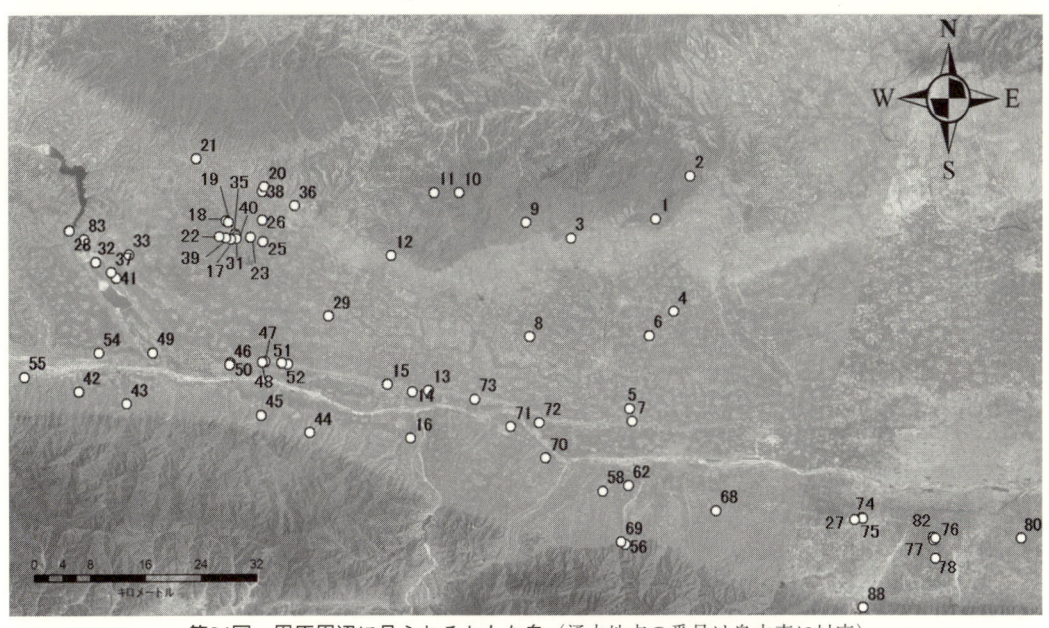

3. 関中平原西部における周遺跡の立地と地理環境　85

第24図　周原周辺に見られるおもな泉（湧水地点の番号は泉水表に対応）

第25図　岐山県中観山鳳泉付近から見た岐山の景観

第26図　岐山県西観山龍泉付近の村の泉

第27図　扶風県召公鎮の呂宅泉

第28図　岐山県周公廟の潤徳泉

泉名	所在地	立地	県志による記載	備考
15老龍泉	岐山県蔡家坡鎮国営西北機器廠生活区の半坡上	台地縁辺部	蔡家坡鎮国営西北機器廠生活区の半坡（崖）上にある。泉口の直径は約3mで、周囲には欄干がある。水質は良い。	（図30）現地調査で実見（2007年9月10日）。現在でも清らかな水が滔々と湧出し、崖下へと流れていた。湧水地点には仏教寺院がある。標高は約550mで、東に4.9㎞離れた永楽庵泉とほぼ同じである。周原の原面に滲入した地下水が、原面より約100mほど下の同じ地層に伏流し、渭河北岸の崖面から湧出した泉水であることがわかる。
16諸葛泉	岐山県五丈原の原下	渭河南岸		かつて諸葛亮の蜀軍の人馬が飲用したという話が伝わる。

【鳳翔県】

泉名	所在地	立地	県志による記載	備考
17橐泉	鳳翔県県城内南東隅	台地中央部	旧志によれば、「城内南東隅にあり、注水（流れ込む水）は満ることはなく、満ちてもすぐに涸渇し、まるで無底（底なし）のようである。ゆえに紙橐（袋の一種）という名である。秦の穆公の墓がその下にあり、今はすでにうずもれている」という。	
18鳳凰泉	鳳翔県県城外北西隅	台地中央部	城外北西隅にあり、3つの泉口がある。水流はふたつにわかれ、ひとつは北から南東に向かい、東門の外護城河に沿って東湖に流入し、もうひとつは、城の西より西城壕に沿って南流し、南西城角に至って東に折れ、趙家堋、鄧家堡南を経て塔寺河と合流し、三岔村に至って雍水に入る。	（図31）現地調査で実見（2007年9月10日）。泉自体は現在は涸渇していたが、すぐ近くに地下水汲み上げ式の給水タンクが設置されていた。
19龍王泉	鳳翔県県城外北東壕の北	台地中央部	城外北壕の北にあり、水は甘く、茶を煎じるのに適している。かつては引水し百余畝の田を灌漑した。泉は今もなお存在する。	
20虎跑泉	鳳翔県太相寺	岐山南麓	またの名を金沙泉という。城北10㎞の太相寺にある。今は拡がり、魚塘（養殖池）となる。	（図32）現地調査で実見（2007年9月10日）。
21玉泉	鳳翔県牛鉢峪	岐山南麓	同名のものが2つある。ひとつは城北15㎞の牛鉢峪にあり、泉水は玉のごとく澄みきっており、人々は争ってそれを飲む。旧志によれば、隋の開皇8年（588）に郡守の強猛虎がつくった玉仏像一尊を後代のひとがここで掘り得て、その上に寺を建てて玉泉寺と号したという。またの名を観音湫という。	
22玉泉	鳳翔県石家営村の南	台地中央部	城西1.5㎞の石家営村の南にあり、現在ではすでにうずもれているが、ときに水が溢れ、地表に湧き出ることもある。	
23淘麻泉	鳳翔県紙坊河東岸	台地中央部	泉は2つある。2つとも城東2㎞の紙坊河東岸にあり、両泉の距離は数十歩である。水は清らかで甘く、冬には温かく夏には冷たい。明、清時代に紙作坊（紙工房）がここにあり、ここで「淘洗旧麻」（紙の原料となるアサ類植物を水洗して不純物を取り除く）し、白斤紙と呼ばれる画仙紙をつくっていたため、その名がついた。	
24蛟翻眼泉	鳳翔県寧家溝	不詳	城北15㎞の寧家溝にある。泉水があたかも蛟（みずち）が怒り狂っているように溢れ出しているため、その名がついた。	
25興龍泉	鳳翔県馬村葦子溝の北端	台地中央部	城東4㎞の馬村葦子溝北端にあり、盧家橋（この橋は1975年に整地したさいに埋没）を通り抜け、雍水へ入る。	
26万泉	鳳翔県万泉溝	台地中央部	城東4㎞の万泉溝にあり、溝内に泉水が甚だ多いためその名がついた。泉水は南流し、海龍寺、六道旨を経て雍水へ入る。1964年にこの溝にふたつの堋（池）が連続してつくられ水が溜まり、その形状はまるで瓢箪のようである。	
27涼水泉	鳳翔県陳村北西10㎞、臨河村の山下	千河東岸	陳村北西10㎞、臨河村の山下にある。清泉がふたつあり、千河に流入する。泉の傍らにはアシやヨシが繁茂し、その風景は甚だ清雅である。	
28鏵角泉	鳳翔県鏵角堡の背後	千河東岸	城北西23㎞の鏵角堡の後ろにある。村びとが渠を掘って引水し、飲用とした。傍らにふたつの小泉があり、その名をそれぞれ蜜児泉、龍目泉という。	
29五龍泉	鳳翔県候豊村の北	台地中央部	城南13㎞、候豊村の北にある。5匹の龍が絡み合うような地勢をしており、そこからこの名がついた。	
30風伯泉	鳳翔県風伯廟溝	不詳	城北東10㎞の風伯廟溝にある。小泉が数十、大泉がふたつあり、水はつねに溢れている。かつて農民はよくここで雨乞いを行った。	
31老君泉	鳳翔県塔寺橋北老君庵前	台地中央部	旧志によれば、塔寺橋北老君庵前にあり、水味は清らかで甘く、茶を煎じるのに秀でている。現在、庵は廃されたが、泉は存在する。	
32潘家泉	鳳翔県陳村北西の潘家山下	千河東岸	陳村の北西、潘家山下にある。泉水は千河に流入する。	
33水溝泉	鳳翔県陳村鎮北の水溝深く	千河東岸	陳村鎮北の水溝深くにある。解放前、地元の人々はこの泉水を利用して水車挽きの臼をまわしていた。この水からつくられる豆腐は色と味が独特で、その量は生産量の3割を超え、かつては竿ばかりを掛けて豆腐を売る者もいた。泉水は水溝水庫の水源となっている。	

3. 関中平原西部における周遺跡の立地と地理環境　87

第29図　岐山県永楽村の永楽庵付近の景観

第30図　岐山県蔡家坡鎮の老龍泉

第31図　鳳翔県城北西隅鳳凰泉付近（雍城の周溝と関連する可能性あり）

第32図　鳳翔県太相寺虎跑泉下流の溜池

第33図　鳳翔県姜嫄廟内の湫池

第34図　宝鶏市載家溝の鶏跑泉付近（闘鶏台遺跡）

泉名	所在地	立地	県志による記載	備考
34 霊泉	鳳翔県普門寺前	台地中央部	県城北東5kmの普門寺前にある。現在は埋没。	
35 謙泉	鳳翔県県城東関通津門外	台地中央部	県城東関通津門外にある。水は甘美で、豆を煮て羹をつくったり、茶を煎じるのにもっとも適する。泉水を汲みに来る住民は甚だ多い。明、清時、汲むときは水が満ちるが、満ちても溢れることはない。ゆえに「謙」を以ってその名としたという。現在は埋没。	
36 龍王池	鳳翔県関村溝	岐山南麓	城北8kmの関村溝にある。かつて水は南流し、七甲門前村に至った。伏流水。現在は庫塘（ダム、堰、堤）となり、蓄水を妨げられ、断流。	
37 寺河池	鳳翔県曬鉢寺傍ら	千河東岸	城西18kmの曬鉢寺傍らにあり、ゆえにその名がつく。池の水は今なお満ちている。	
38 湫池	鳳翔県姜嫄廟内	岐山南麓	城北8kmの姜嫄廟内にある。現在、廟は廃されているが、泉は存在し、水はつねに満ちている。言い伝えによれば、姜嫄がこの地で世継ぎを祈り、后稷を得たという。	（図33）現地調査で実見（2007年9月10日）。
39 喜雨池	鳳翔県県城南街	台地中央部	城南街にある。清の乾隆三十九年（1774）に開掘。太守であった豫泰が記した『喜雨池記』が残る。現在、池はすでに埋没。	
40 飲馬池	鳳翔県県城南東2.5kmの窪み	台地中央部	城東南2.5kmの窪みのなかにある。秦の穆公が馬に水を飲ませた場所と伝えられる。窪みには水があるが、今はすでに耕作地となっている。	現在の東湖。
41 竹泉	鳳翔県長青鎮孫家南頭	千河東岸		陝西省考古研究所王占奎氏のご教示による。現在でも泉が湧出しているという。

【宝鶏市】

泉名	所在地	立地	県志による記載	備考
42 涼泉	宝鶏市馬営鎮涼泉村	秦嶺北麓	県城南西20km、馬営鎮涼泉村にある。水は石盆から出ており、澄みきっている。旧志には「泉下有涼泉堰、灌田五十畝」とある。現在、涼泉村における天然の供給水となっている。	清乾隆五十年『宝鶏県志』水利図に記載あり。
43 温泉	宝鶏市馬営鎮温水溝の石崖下	秦嶺北麓	馬営鎮温水溝の石崖下に発する。真冬には、泉水の湯気が立ちあふれ、まわりは白雪で真っ白で、いく筋もの白色の泉気が立ち上り、その景色はとても美しい。水温は35℃度前後であり、多種の鉱物質を含む。入浴に用いられ、皮膚病、関節炎に対して一定の効能がある。	清乾隆五十年『宝鶏県志』水利図に記載あり。
44 周公泉	宝鶏市釣渭郷龍虎山下	秦嶺北麓	県城南東27km、釣渭郷龍虎山下に発する。水は甘くておいしく、千余戸の飲用に供する。	
45 農人諸	宝鶏市天王鎮伐魚河	秦嶺北麓	県城南東10km、天王鎮伐魚河釣魚台（呂尚が周の文王に仕える前に釣りをしていた伝説の場所）に発する。	
46 白鶏泉	宝鶏市県鷦鳩鎮西秦村小蓬湖の傍ら	台地縁辺部	県城東3km、鷦鳩鎮西秦村小蓬湖の傍らにある。泉は静かで深く、水は溢れることはない。	
47 洞坡泉	宝鶏市慕儀郷洞坡村西の深い溝底	台地縁辺部	県城北2km、慕儀郷洞坡村西の深い溝底に発する。水は甘く、飲用に用いられる。	
48 暖泉	宝鶏市鷦鳩鎮李家村東側の原下	台地縁辺部	県城東3km、鷦鳩鎮李家村東側の原下に発する。水は澄みきっており、灌漑、飲用に用いられる。	
49 三畳泉	宝鶏市石羊廟郷底店村の傍ら	台地縁辺部	県城西10km、石羊廟郷底店村傍らの石崖上に発する。泉水が石崖の層理面（境界面）から下へ流れ出ているため、その名がついた。旧志によれば、「旧有渠、為民占、種稲地。水雍不行、漫溢官路」とある。乾隆四十九年（1784）、知県（県知事）の夢琴は、整地を行い渠を復活させ、さらに浚漢して300余畝の田を灌漑させた。現在は廃された。	清乾隆五十年『宝鶏県志』水利図に記載あり。
50 安坡泉	宝鶏市鷦鳩鎮秦西村北小蓬壺房	台地縁辺部	県城東3km、鷦鳩鎮秦西村北小蓬壺房に発する。下庵堡、閣底堡を経て渭河に入る。	清乾隆五十年『宝鶏県志』水利図に記載あり。
51 西高泉	宝鶏市楊家溝磨性山の山下	台地縁辺部	県城東10km、楊家溝磨性山の山下にある。旧志には、「両泉合流、至楊家溝南入潤」「灌田轉磨、其利甚薄」と伝える。現在は、泉水が3つあり、西高渠と龍湾二渠とに分かれていて、引潤渠の底から引き出して、村を迂回しながら流れている。水は澄みきっていて、長流で、千余畝の田を灌漑している。「天旱十年、旱不了東、西高両渠」との説話がある。	清乾隆五十年『宝鶏県志』水利図に記載あり。
52 東高泉	宝鶏市楊家溝郷磨性山の西側山下	台地縁辺部	県城東10km、楊家溝郷磨性山の西側山下にある。東と西の2つの渠があり、東渠は洪源、寺原頭などの村を灌漑し、西渠は毛家塚、大王村などを灌漑する。『新唐書』地理志に「鷦鳩東北有高渠」とあるのがすなわちの渠である。	清乾隆五十年『宝鶏県志』水利図に記載あり。
53 香泉	宝鶏市香泉郷屈家原の半坡	呉山山中	県城北西80km、香泉郷屈家原の半坡にある。石崖2mの高さから水が滴り池へと入っていて、その様子はあたかも玉帯のようである。水質は純粋で、きらきらと光り輝き、まばゆい。水は飲用にできる。	

泉名	所在地	立地	県志による記載	備考
54鶏跑泉	宝鶏市戴家溝陳宝祠付近	台地縁辺部		(図34) 蘇秉琦氏が発掘した先周期・西周期の遺跡・闘鶏台遺跡の近傍。鶏跑泉の東200m付近にも2つの泉が確認できる。『闘鶏台溝東区墓葬』、図三参照。
55九龍泉	宝鶏市渭浜区峪泉村	渭河南岸		「神泉」とも呼ばれる。宝鶏市渭浜区峪泉村にあり。炎帝神農氏が成長して、九龍泉で沐浴したと伝える。

※なお、1985年に行われた実地調査において、宝鶏県では297の泉(上記の泉を含む)が確認されているという(『宝鶏県志』91頁、「宝鶏県1985年泉水一覧表」)。この表からみると、泉水が多く湧出している地点は、①渭河北岸(台地縁辺部)(鷺鎮14、楊家溝27、寧王6、石羊廟の一部11、峡石50など)、②秦嶺北麓・渭河南岸(磻渓18、馬営9、八魚4、天王20、釣渭12、清渓7など)、③千河・金陵河両岸(これらも地形上は台地縁辺部にあたる)(石羊廟の一部11、千河9、県功22、金河10、陵原31、橋鎮37など)に分けられる。渭河の両岸に跨る宝鶏県周辺では、周原と賈村原の台地縁辺部の崖面と、渭河以南から秦嶺北麓に集中していることになる。

【鄠県】

泉名	所在地	立地	県志による記載	備考
56魚龍泉	鄠県湯峪谷	秦嶺北麓		
57一湾泉	不詳	不詳		
58槐芽泉	鄠県槐芽村付近	渭河南岸		
59龍舞泉	不詳	不詳		
60清遠泉	不詳	不詳		
61崖下泉	不詳	不詳		
62柿林泉	鄠県柿林村付近	渭河南岸		
63珍珠泉	不詳	不詳		
64観音泉	不詳	不詳		
65五眼泉	不詳	不詳		『華州郷土志』に「傍山(秦嶺)東西峪口多竹園、総計有二千畝」「太平河、州東郊、其源出太平峪五眼泉、北流経城内、其地竹園甚多」などの記載あり。竹林と泉水との密接な関係が示唆されている。
66華岩泉	不詳	不詳		
67蓮花湾泉	不詳	不詳		
68青化珍珠泉	鄠県青化郷付近	渭河南岸		
69湯峪温泉	鄠県西湯谷	秦嶺北麓		「鳳凰泉」とも呼ばれる。隋の文帝がこの地に鳳泉宮を建てて避暑地とした話や、唐の玄宗が三度この地をおとずれ、「鳳泉湯」の名を授けた話が伝わる。水温60度にもなる温泉水であるといわれる。
70河底泉	鄠県河底村付近	渭河南岸		
71北興泉	鄠県首善鎮北興村付近	渭河南岸		
72河池閃電泉	鄠県河池村付近	台地縁辺部		
73不詳	鄠県楊家村青銅器出土窖蔵の東約400m	台地縁辺部		泉の所在地は陝西省考古研究所王占奎氏のご教示による。

【周至県】

泉名	所在地	立地	県誌による記載	備考
74白龍泉	周至県北東0.5km	台地中央部	『長安志』に「県東北1里」とある。また、『鄠志』には、「引泉為龍池渠、灌馬家村等田4頃」とある。	
75没底泉	周至県北0.5km	台地中央部	県北1里にあり、3里北流して渭河に入る。	
76金龍泉	周至県油坊堡付近か	台地中央部	水を引いて渠となし、油坊堡の田6頃を灌漑する。	
77貢院泉	周至県淇水堡付近か	台地中央部	『楊志』に、「在県東15里、引渠灌淇水堡等田1頃」とある。	
78天井泉	周至県終南鎮界尚鋪付近か	台地中央部	水を引いて界尚鋪などの田4頃を灌漑する。	
79不詳	周至県東二観寨の北	不詳	重修『周至県志』に、「邑東二観寨北、有泉径4尺許」とある。渠を引いて田地を灌漑する。	

80 不詳	周至県呉家屯の南東	台地中央部	重修『周至県志』に、「呉家屯東南、有泉径5、6尺」とある。渠を引いて田地を灌漑。	
81 不詳	周至県終南鎮千家湾村の北東	不詳	重修『周至県志』に、「千家湾東北有泉径丈余」とある。渠を引いて田地を灌漑。	
82 龍泉	周至県龍泉寺	台地中央部		
83 涼水泉	周至県侯家村郷涼泉村	台地中央部		
84 五花泉	不詳	不詳		
85 楊酒将軍泉	周至県都督門村付近	秦嶺山中		
86 暖泉	不詳	不詳		
87 魚洞泉	不詳	不詳		
88 玉女泉	周至県中興寺東	秦嶺北麓		中興寺は通称北寺とも呼ばれる。寺の東の玉女洞内にあった泉が玉女泉と呼ばれた。蘇東坡に関する説話が伝わる。
89 督都門泉	都督門村付近	秦嶺山中		

【本表が典拠としたおもな文献】

1　劉兆義主編・扶風県誌編纂委員会編『扶風県志』陝西人民出版社、1993年。
2　岐山県志編纂委員会編『岐山県志』陝西人民出版社、1992年。
3　陝西省鳳翔県志編纂委員会編『鳳翔県志』陝西人民出版社、1991年。
4　宝鶏県志編纂委員会編『宝鶏県志』陝西人民出版社、1996年。
5　鄠県地方志編纂委員会編『鄠県志』陝西人民出版社、2000年。
6　王安主編・周至県誌編纂委員会編『周至県志』三秦出版社、1993年。
7　蘇秉琦『闘鶏台溝東区墓葬』北平、1948年。「第一章 緒論」および「図三 闘鶏台工作区域図」。

关中平原西部先周・西周遗址的位置与地理环境
— 以水资源问题为中心 —

西江清高・渡部展也

　　笔者等为了构筑陕西省关中平原的考古学地理信息系统（ＧＩＳ），进行了各种空间分析的尝试。２００７年９月，调查了周原周边的泉水。本稿以当时的资料和见解为线索，从地形环境、水资源的角度考察位于关中平原西部的先周・西周遗址的位置与分布。

　　这次考察主要明确了以下诸问题：

（１）　综观仰韶期、龙山期、西周期，各时代遗址的分布基本上与河川的流路，泉水涌出的地点相对应。我们确认了西周王朝诞生后，周原一带聚落分布的模式与新石器时代具有共性。只要在水资源利用方面没有产生重大的技术革新，聚落选址的首要条件就是邻近河川或泉水，这一点上述各个时代都没有发生变化。

（２）　在社会集团动向不安定的先周时期，遗址的分布与前后相对安定的时期明显不同。这是不同于地形环境因素的历史原因在起着作用。

（３）　各时期遗址的位置在小河川的上游区域变动较大，大概是受制于河川流路与不稳定的扇状地形之关系。这似乎反映出因时代不同，一部分山麓区域水资源的形态变化很大。

（４）　在大型河川渭河以及其流经中央台地的支流漳河的河岸地带，可以观察到贯穿仰韶、龙山、西周各个时期，遗址大致沿着现代河岸的地形稳定分布的倾向。那么史念海先生所提出的：进入历史时代后，漳河的侵蚀急速进展的见解则需要重新考虑。

（５）　岐山南麓遗址的位置受到扇状地形的强烈影响，难以获得水资源，地形处于不稳定状态的扇形中央部各个时代都是遗址的空白地带。

（６）　流经扶风县、岐山县县界的七星河支流齐家沟很可能是龙山文化期以降，西周以前形成的，其后西周期的周原遗址得以在此扩展。另外，位于七星河东的美阳河一带的遗址应是西周以降的历史时代新形成的。

（７）　可以确认如下倾向：即仰韶、龙山、西周各期遗址的位置集中在距河川６００ｍ范围以内。

（８）　将考察重点放在地形环境和水资源上，周原一带遗址按分布位置可以划分为６个类型的遗址群。

（９）　关于岐山南麓的遗址群请参照（５）（６）。

（１０）　台地南部（漳河以南）沿漳河南岸几乎是遗址的空白地带。汇水分析的结果表明，这一现象与难以获得水资源的环境有关。

（１１）　台地边缘部遗址群的位置与作为水资源的泉水分布相关。

（１２）　推测渭河北岸低阶地的遗址群利用渭河水或开凿浅井解决水资源问题。

（１３）　渭河南岸低阶地・秦岭北麓遗址群避开扇状地形中央部的倾向明显。

　　以上的诸问题大致得到确认。

本稿的考察范围仅限定于遗址的位置和周边环境。使我们再次认识到，即便是在已经进入初期国家阶段的西周时期，聚落的分布仍然和仰韶期·龙山期一样，受到河川和泉水的限制。然而，已经处于国家阶段的西周聚落形态与新石器时代相比，果真不存在本质上的差别吗？无庸赘言，周原一带的西周时期遗址既包含了周公庙、周原这样的大规模聚落遗址，也包含了一些中小型遗址；既存在出土了青铜礼器或礼制建筑的遗址，也大量存在没有发现上述礼器、礼制建筑的普通遗址。我们可由此窥察到只凭分布的模式所无法把握的，由内在的阶层性决定的遗址相互之间的复杂关系。需要指出的是，在讨论遗址的属性之前，即便是单纯依靠收集整理有关遗址地理位置的信息的方法，也可以从某种程度上察知遗址之间错综复杂的政治关系。

譬如，出土西周时期青铜器的地点中，明显存在一些无法用难以获得水资源等环境要素来解释其所处位置的遗址。可以认为这些遗址可能是为了确保交通路线，适应地域政治体系的需要而设置的特殊地点。若从聚落景观以及眺望的角度考察聚落的相互位置，假设将居高临下的俯视关系，进而引伸为支配与从属的上下关系，似乎可以想像出：①岐山南麓的据点形态的聚落（都邑）→岐山南麓的中小聚落·台地中央部的中小集落；②岐山南麓的据点形态的聚落→台地边缘部的聚落→渭河北岸低阶地的中小聚落·渭河南岸秦岭北麓的中小集落，这样一种阶层关系。

（中文翻译　苏哲）

4．周公廟遺跡から得られた考古資料と所感

徐　天進

はじめに

　陝西省岐山県城の北約7.5kmに位置する鳳凰山南麓の周公廟遺跡には、半世紀あまり前から考古学者が訪れていた。1943年、当時中央研究院歴史語言研究所の石璋如先生が、文献に記載されている周人の早期都邑を探し、関中大地のいくつかの重要遺跡を踏査したが、周公廟遺跡もその中の一つであった[1]。時隔たること60年後、我々はこの土地に踏み入り、幸いにも意外な収穫に巡り合った[2]。2003年12月14日、1片の小さな刻辞卜甲が静かに冬の麦畑に横たわって我々の到着を待っていたのである。さらにその手がかりにより、我々はもともとの地層内にあった2点の大きな卜甲を探し当てた。卜甲には全部で55字の刻辞があり、書かれている内容は過去一度もみたことのないものであった[3]。このニュースが一度報道されると、たちまち学術界に非常に大きな関心を引き起こした。これを契機として、陝西省考古研究所と北京大学考古文博学院は、2004年2月、連合して周公廟考古隊を結成し、正式にこの遺跡に関する計画的な野外考古活動を進めた。いつの間にか2年の時が過ぎ、この期間に我々は地面調査、ボーリングおよび発掘を行なって一連の成果を得、遺跡に関する情況の理解と認識はさらに具体的になったが、遺跡の性格や大型墓の墓主等の問題に回答するに十分な、或いは直接的な証拠をまだ探し出すことができていない。ここに我々の活動の主要な収穫を紹介すると共に、筆者の考えを話し、以って諸子に教えを請うものである。

(1) 墓地と墓

　これまでの調査とボーリングで発見し確認した商周時代の墓地は6ヵ所で、そのうち2ヵ所は遺跡北部の山の尾根にあり、3ヵ所は遺跡の東側、1ヵ所は遺跡の西南部にある。また遺跡の範囲内にいくつかのバラバラに分布している墓があり、西周時代の墓の総数はすでに1000基に近い。

　遺跡北部の陵坡に分布する大型墓群(陵坡墓地)が最も人々の注目を浴びている。すでに確認した37基の墓の中で、4本の墓道のあるものが10基、3本、2本、1本の墓道のあるものが各々4基あり、そのほかに長方形の竪穴土壙墓と車馬坑が15基ある。墓の規模と墓道の設置状況からみると、これはこれまで発見された西周時代の墓地の中で、等級が最高の墓地である。とりわけ、4本の墓道と3本の墓道を持つ墓の発見は、西周墓の形態についての空白を補填するものである。陵坡墓地の東、西、北の3面では墓地外周をめぐる長さ1500mに達する版築壁が発見された。壁は幅約5m、一部の壁の残存高度は2.5mである。東と西の両側の壁が、南に延びて継続しているかどうか確認できないので、当面、版築壁と陵坡墓地或いは遺跡との関係について正確な判断を下すことができない。わずかに目下知り得た情況から言えば、壁が包囲している範囲内では、陵坡墓地を除いて他の遺跡がないので、陵園の囲壁の可能性があると推測している。しかし我々が鳳翔県水溝遺跡と宝鶏蔣家

廟遺跡で発見したほぼ同時期の城壁からみて、城壁の可能性も排除できない。このほか西周時代の陵園に専門の囲壁を建造したという記録がまだ発見されていないので、当時既に専門の陵壁が存在したのかどうかも、議論すべき問題である。

　2004年10月～2005年5月、陵坡墓地の墓道のある2基の大型墓の発掘を行なった。そのうちM18は、墓地中心部の東寄りにあり、墓室は長さ6.8m、幅6.4m、東墓道の長さ12.4m、幅0.9m、西墓道の長さ7.5m、幅1.3m、南墓道の長さ17.6m、幅4.2m、北墓道の長さ17.7m、幅0.9mで、南墓道は傾斜状で、他の3本の墓道はみな階段式で、墓底のまわりには幅1m近い生土の二層台があった。この墓はすでにしばしば盗掘を受け、墓室内の副葬器物はその跡形もなかったが、盗掘坑の埋土に残っていた器物には、青銅の車馬器、玉器、石磬、原始瓷器の小片等があった。これらの器物から、我々は、この墓の年代を西周晩期の早い段階と判定した。M32は、墓地の南端近くに位置するが、この墓の上部はすでに天然の溝によって破壊されていた。墓壙はほぼ正方形の竪穴土壙墓で、階段式北墓道と傾斜式南墓道により組成されていた。墓壁は整然と規格され、墓底のまわりに幅約1mの生土の二層台があった。北墓道の残長9m、幅1.9～2m、13段の階段が現存し、階段面の幅50cm、階段の高さ40～55cm、南墓道の残長13.3m、幅約5m、傾斜角度は40度である。この墓地も何度も盗掘され、墓室底部には広く火焼の痕跡があった。墓室内の副葬器物は残らず奪い去られ、盗掘坑埋土から若干の原始瓷片、残銅鼎耳、銅泡、蚌泡、象牙器等が出土した。数百点の原始瓷器片で器種を識別できるのは、豆、尊、罍等10余種、個体数十点、これが目下知り得た西周墓の中で、出土した瓷器の比較的多い1基である。そのうち1点の原始瓷器の圏足器外底に5字が刻まれており、"自宮"の2字が識別できるが、意味は不明である。この墓の年代は西周中期を越えない。

　白草坡墓地は、陵坡墓地の西に位置しており、二つの墓地の東西の距離は約600mで、ここには中型墓を中心とする貴族墓地がある。ボーリングで墓200余基を発見し、その中に1本の墓道のある"甲"字形墓が3基あり、その他はみな長方形竪穴土壙墓である。墓口の長さ3m以上のものが約3分の2を占める。2004年秋、白草坡墓地で緊急に3基の西周墓を発掘した。みな盗掘にあっていたが、2点の銘文銅器（簋、簋蓋）（第9図）および少量の玉器が出土した。年代は西周中晩期に属する。

　樊村墓地は遺跡の東南部に位置し、ここでは過去先周や西周時代の青銅器を出土したことがある[4]。2005年秋、我々はボーリング調査を開始し、新たに300余基の墓を発見したが、そこは一部中型墓もあるが小型墓が多数を占め、また車坑や車馬坑もあった。2005年秋、この墓地について発掘を行い（第1図）、全部で墓29基、馬坑2基を完掘した。大多数の墓は盗掘されており、出土した副葬品には、陶器、玉器、青銅兵器、車馬器があった。墓の年代は、多くが西周早期に属し、一部の墓は西周中期に至るものもあった。墓地の埋葬者は低級の貴族と一般平民であろう。

　ほかの3ヵ所の墓地は未発掘で、具体的な情況はまだはっきりしていない。遺跡西部のボーリング活動はまだ終わっておらず、他の墓地がある可能性も排除できない。

　注目に値するのは、大型墓に限らず、中小墓も盗掘された情況が一般的で、まさに"十墓九空"というべきである。墓が破壊された種々の形跡を分析すると、これらの墓が破壊された時代には、早い遅いの違いがある。遅いのは現代の墓盗人によるものである。しかしかなりの部分の墓は、埋葬

後間を置かずに"盗掘"に遭遇している。このような"盗掘"行為は、現在意味するところの"盗掘"と違う可能性がある。もし西周晩期、当時の盗掘が異民族の侵入後に行われたものと解釈することができれば、早期の墓の早期の"盗掘"はおそらく別の解釈をしなければならないであろう。これは面白い問題で、後日さらに深く検討が行われるかも知れない。

(2) 大型建築基址

大型版築建築群の発見は、周公廟遺跡考古のもう一つの重要な収穫である。2003年冬季の調査で、商周時代の磚と瓦を採集すると同時に、いくつかの地点で版築建築基址を発見した。さらに2004～2005年のボーリングを通

第1図 樊村墓地発掘現場

第2図 版築基址

じて、40ヶ所余りの版築基址を確認した。これらの大型建築基址は、主として陵坡墓地の西南に集中して分布しており、建築群の北端は、陵坡墓地の南端から約360mの距離にあり、分布は東北－西南に向かっている。版築基址の範囲は、南北の長さ約300m、東西の幅約90mである。そのほか白草坡墓地の南の区域でも、ばらばらに散在している版築基址を発見した。

2005年秋季と冬季に、版築建築群の北部で、1,500m²を発掘した（第2図）。建築基址の上の部分や基槽の上部は多くすでに破壊され、排水溝といくつかの小型柱穴を除いて、見られたのは建築基槽の下部ばかりで、建築本体の形態構造等は知る手がかりがなかった。

発掘区域の版築基槽は、40余りの版築の塊に分けて作られており、これらの版築の塊はみな長方形で、大きさはバラバラで入り混じって分布し、面積は15～35m²、また基槽の深さもバラバラで、深いものは4mもあり、浅いものは1mに満たなかった。地層関係と出土遺物の年代の特徴に基づ

いて判断すると、この建築物の建造年代は、先周晩期より早くなく、廃棄された年代は西周中期より遅くないかも知れない。これは目下知るところで最も早い周代の大型建築基址である。発掘区域内で、さらに空心磚（第3図）と条形磚が比較的多く出土した。その中の一つの復元できた条形磚は、長さ約103㎝、幅32㎝（第4図）で、その大きさは過去趙家台遺跡で発見された空心磚に匹敵する。残念ながらこれらの磚は、みな廃棄後の堆積から出土しており、直接使用した証拠を見つけることができなかったので、その具体的な用途は依然はっきりしない。

第3図　周公廟遺跡出土空心磚

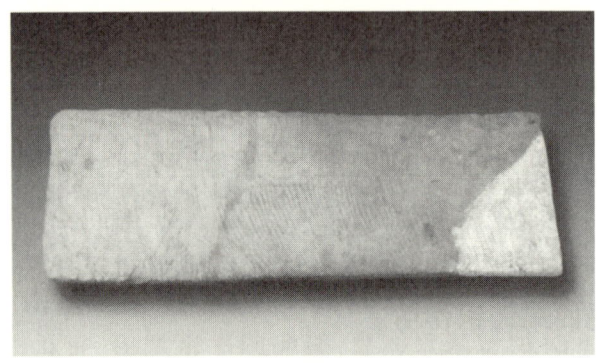

第4図　周公廟遺跡出土長方形磚

今度の発掘では、建築の年代や部分的な造営技術については理解するところがあったが、建築の形態特徴や具体的な用途（宗廟、宮室或いはその他の建築物？）については、依然知ることができなかった。調査で得られた資料で判断すれば、これらの建築群の建造年代は、全部が全部同じでないかも知れない。また建築群の南端で、西周の板瓦の堆積を発見した。板瓦の形態特徴は、周原遺跡で見られた同類の瓦と特徴が同じで、これにより、付近に西周晩期の建築物があったことが推測できる。

(3) 工房遺跡

工房遺跡の存在は、遺跡の配置やその性格を理解するうえできわめて重要である。2004年夏、我々は遺跡東北部、すなわち陵坡墓地の南、約350mの馬尾溝の東側で、鋳造銅器の陶范残欠を発見した。同年秋季にこの地点で小規模な試掘を行った。面積にして128㎡を発掘し、陶窯1基、地穴式工房跡1基および灰坑14ヵ所を完掘した。窯の形態構造は通常見られる陶器を焼成する陶窯と違っていて、或いは烘范と関係があるかも知れない。数百のバラバラになった陶范が出土した。これらの陶范は多くの使用によってひどく破砕され、識別できる器形には、鼎、簋等の容器范（第10図）、刀、鏃（第5図）等の兵器范、轡、泡、鑾鈴等の車馬器范があった。工具には陶管、砥石等があった。陶范の紋様、形態および陶器の年代の特徴から分析すると、この工房の年代は、西周初期であり、その上限は或いは先周の晩期になるかも知れない。これは洛陽北窯、周原李家遺跡に次いで三番目に、正式な発掘を行なった西周鋳銅工房遺跡であり、目下知るところで、周原地域では

最も早い西周鋳銅工房である。

　発掘の面積が小さく、加えて遺跡の破壊程度がひどくて断面に現れた遺跡は少なく、またボーリングによって工房遺跡と他の住居遺跡を区別することが難しいため、当面、工房の規模について判断することはできない。

　2003年、卜甲を発見した地点を発掘していたとき、150㎡の範囲内に集中的に分布している4基の陶窯を発見し、そのうち3基を完掘した。これらの陶窯の規模と形態は大体同じで、みな半倒焔式で、そのうちの1基は修理後使用されていなかっ

第5図　周公廟遺跡出土鎌范

た。これらの陶窯は比較的密集して分布していて年代も近く、これらは先周晩期の製陶工房と推測される。Y2窯室内に堆積した遺物は比較的豊富で、その大量の陶器片は、我々が陶窯の年代を判定するのに重要な根拠を提供してくれた。よく見られた高領袋足鬲の口縁や襠部、菱形乳丁紋の深腹盆などはみな先周晩期の典型的な陶器であり、このことから、陶窯の廃棄年代は先周晩期より遅くなることはないと判断する。

　製陶工房遺跡の北をさらに調査して、石製工具を発見した。付近に、もしかしたら石器工房があるかも知れない。

（4）卜甲の発見

　2003年12月、祝家巷村で卜甲を採集したのに続いて、2004年春、前後して廟王村の北と陵坡の南の二つの地点で刻辞のある卜甲と卜骨を発見し、この三つの地点について、小規模な試掘を行った。

　祝家巷村北の発掘面積は150㎡で、新たに10片の卜甲が出土し、さらに比較的大量の陶器、骨器と原始瓷器等が出土した。地層関係と各遺跡単位の包含している陶器片の特徴の分析によって、これらの遺跡の大部分は、先周晩期に属し、一部西周早期のものがあり、個別単位では西周中期まで下るものがあるかも知れない。このときの発掘では、2003年に2片の卜甲を発見した灰坑を徹底的に発掘した。この灰坑（H45）の平面は、不規則な楕円形を呈し、鍋底状で、南北の残長約4m、東西の残幅2.65m、深さ約0.82mである。坑内の包含物には、大量の陶器片があり、その中の高領袋足分襠鬲、連襠鬲、甗、小口折肩罐等はすべて明らかな先周晩期或いは西周早期（先周、西周陶器の編年による）の特徴がある。この灰坑は、M6、H34、H21によって切られており、これらの単位の包含物が明示する年代の特徴も、商末周初の境界にある。頼りとなる陶器資料が少ないため、正確に先周晩期と西周初期の境界を区別する方法がなく、また卜甲の刻辞内容も直接的に絶対年代

の証拠を提供していないので、我々は当面この灰坑の形成年代をおおよそ商末周初、そして卜甲の年代はこの灰坑の形成年代より遅くなることはないと、おおよその判断をしている。この単位の年代の最終的な確定は、いわゆる商末周初文化の境界を認識するにあたって、非常に重要な意義を持っている。

廟王村北に位置する白草坡墓地南の卜甲出土地点の発掘面積は100㎡あまりで、全部で三つの西周時代の灰坑を完掘したが、そのうちの二つの灰坑と近くの現代水溝の埋土から卜甲700余点が出土した。そのうち刻辞のあるものが90点あり、字数の最も多い卜甲は刻辞が30字で、刻辞は全部で400字余りであった。刻辞の内容は、記時、記事、軍事等に亘っていた。その中で人名では、"周公"が数回見られ、地名には"周"、"新邑"、"唐"、"先"、"薄姑"等があり、これらの内容は多く直接或いは間接に、周公とのさまざまな関係を連想させるもので、ある学者は、この遺跡がすなわち周公の采邑であるという新論拠として一歩論証を進めている。

卜甲と共伴した陶器片の年代の特徴によって、我々は一応灰坑の形成年代は西周中期、そして卜甲そのものは西周早期のものであろうと推測している。

(5) 周辺遺跡の調査

さらに正確に周公廟遺跡の性格を判断するため、我々は、遺跡本体について系統的かつ緻密な調査を行ったほか、計画的にその周辺の関連遺跡についても調査を進めた。最も重要な収穫は、鳳翔県水溝遺跡に関する調査から得られた。

鳳翔県博物館の景宏偉先生から提供された手がかりに基づいて、我々は水溝遺跡について、2004年12月31日から始まって4日を期間とする初歩的な調査を進め、新たに周囲の長さ約4000mに及ぶ版築城壁を発見した（第6図）。その年代の初歩的な判断は、商末周初の時代である。2005年冬、城壁の範囲内で、10日を期間とする詳細調査を行い、城内遺跡の分布状況について、さらなる理解を進めると共に、再度城壁遺跡の年代を確認した。

水溝遺跡は、鳳翔県城の東北約10kmのところにある糜杆橋郷に属し、周公廟遺跡から東南に隔たること、直線距離で約20kmである。城壁遺跡は水溝村の北部と東部に位置しており、"水溝"は南から北へ城の中部を穿ち、東は玉家峰、西は許家山に至り、城のすぐ近くには北から南へ流れる干河がある。北壁の所在位置の海抜高度は1000m、南壁の所在位置の海抜高度は900mで、壁は斜面に沿って作られている。城の平面は不規則形を呈し、周囲の長さは約4000m、現存の版築壁（南壁）は最も高いところで6.5m、幅は5m余りと見られ、版築層の厚さは7～9㎝、版築のくぼみの直径は3～5㎝、夾板の幅約20㎝、城内の面積は100万㎡である。2度の調査で得られた資料から見て、この遺跡で最も豊富なのは、仰韶時代の堆積で、その次が商末周初時代の堆積、他に少量の龍山時代の遺物があり、まれに東周以後の遺物がある。城壁は多く仰韶晩期の堆積の上を押し付け、壁の版築の中にも仰韶晩期の陶器片があるので、城壁の創建年代は、仰韶晩期より早くなることはないと考えることができる。龍山時代の遺跡の規模は大きくないので、その時代の築城の可能性を排除することができる。我々はこの城壁の創建年代の最も可能性のある時代として、以下の理由により、先周或いは西周時代と考える。

第6図　鳳翔水溝村城址南城壁

　第1に、明らかにされた先周と西周時代の遺跡や遺物は豊富ではないが、城内に比較的広範囲に分布しており、さらに基本的には城壁の範囲内であり、城壁は遺物の情況と呼応している。

　第2に、城内で発見された数ヶ所の版築基槽における版築の特徴は、周公廟遺跡で発掘されたものと見るところ同じである。城内で大型建築と密接な関係のあ

第7図　鳳翔水溝遺跡出土陶水管

る磚や瓦等の建築用材を採集したが、磚は空心磚と条形磚の2種類あり、その製作技術や形態の特徴は、周公廟、趙家台遺跡で出土したものと同じである。さらに重要なのは、多くの地点に陶水管が埋設されていることで、当地の村民の紹介によれば、20世紀の70年代に土地をならしたとき、城址の南部で連続して数十メートルの陶水管を掘り出したとのことである。我々も調査で大量に採集した。そのうちの1点は、ほぼ完形で、長さは1m近くあり、表面に粗縄文を施し、その上には一組の数字の卦の符号"六一一六六一"が刻まれていた（第7図、第11図）。これは西周早期の遺物と判定できる。大規模な排水施設は、城内の計画的な建築配置の特徴について、一歩進んだ説明を可能にする。すでに発見したこれらの遺跡や遺物は、城壁存在の重要な理由となっている。

　第3に、城壁の版築の層が薄く、版築のくぼみが小さいという特徴、さらに夾板をふさぐ版築の

技術は、周公廟遺跡と見るところほとんど同じである。

このほか、ここで言及できる発見は、宝鶏市区北郊、金陵河西岸の蒋家廟遺跡である。2005年冬、我々はこの遺跡で年代が水溝城址に相当する1基の城址を発見した。城壁の周りの長さは3000m余りで、城址の所在する地形の特徴は水溝と似ているが、さらなる調査活動はまだ展開されていない。

このほか、勧読、帖家河、趙家台等の遺跡の調査も、我々にいくつかの新たな重要な手がかりを与えてくれた。

上述の野外考古活動を通じて、我々は周公廟遺跡について、より具体的かつ深く理解できただけでなく、さらに重要なことは、周原地域の西周ないし先周時代のすべての集落分布状況と社会、文化の発展水準についてさらなる認識を得たことである。

① 遺跡の年代

調査と発掘から得た遺物に基づいて、我々は周公廟遺跡の年代を以下のいくつかの段階に分けることができる。

　第1段階：仰韶時代：おおよそ仰韶文化の中晩期に相当する。この段階の遺物の主要な分布は、山の斜面の北部にあり、分布面積は比較的広い。

　第2段階：龍山時代：文化の特徴は双庵類型に近く、分布面積は、仰韶時代と比べて言えば、明らかに縮小している。

　第3段階：先周時代(晩期寄りの段階)：陶器群の特徴は、関中西部地域の他の遺跡の先周晩期の陶器と同じで、高領袋足鬲と小型折肩罐を代表とし、一定数量の連襠鬲もある。この

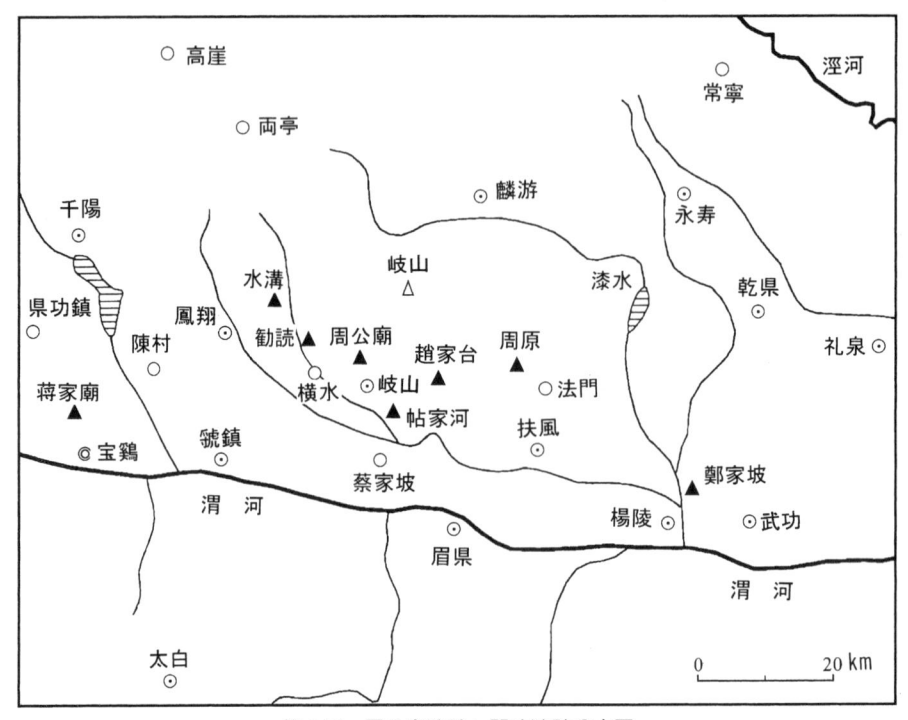

第8図　周公廟遺跡と関連遺跡分布図

4．周公廟遺跡から得られた考古資料と所感　101

第9図　周公廟遺跡出土青銅盨（04QZBM40：1）

第10図　周公廟遺跡出土陶范

第11図　鳳翔水溝村遺跡出土陶水管数字卦符

時代の遺物分布面積は比較的広く、明らかにされた遺跡も比較的豊富で、この遺跡の最も盛行した時代のようである。

第4段階：西周時代：発掘と調査の情況から見て、居住址は西周早期の遺物が比較的豊富で、中期がこれに次ぎ、晩期は少ない。遺跡は、西周中期から衰退の趨勢を呈する。墓が反映している情況も、居住址の盛衰と似ている。陵坡墓地と白草坡墓地で発掘した墓の数は少ないが、基本的には西周中晩期に属し、樊村墓地の墓は西周早期の墓が多い。数ヵ所の墓地については、墓地と住居跡との年代関係がなおはっきりしない。

② 遺跡の規模および配置

調査とボーリングの情況分析によれば、遺跡の範囲はおよそ次のとおりである。北は鳳凰峰の陵坡、南は祝家巷と周公村の線、東は陵頭村より西、西は董家台に至り、南北約2200m、東西約1700mで、面積は約370万㎡である。この範囲ですでに知られた遺跡の分布は次のとおりである。北部を東と西に区分して、大型墓を中心とする陵坡墓地と、中型墓を中心とする白草坡墓地がある。東部は陵坡墓地の南端から樊村墓地の北端まで約1200m、その間に2ヵ所の独立した墓地があり、墓地の間隔距離は約300mで、二つの墓地の周囲に比較的密集した灰坑が分布している。西部は白草坡墓地の南端から周公村西墓地の北端まで約1500m、廟王村の東北にはバラバラに墓が分布している。中部は、東北－西南に走る大殿溝があり、溝の東側の大地上に大型建築が集中して分布している地域がある。鋳銅工房は、遺跡の東北部に位置しており、陵坡墓地と隔たること北に約350mである。墓地の占める面積と、大殿溝、馬尾溝を除いて、居住址の規模は100万㎡弱かも知れない。大殿溝東側の南北の線の部分はまだ調査が進んでいないので、地下の埋蔵情況はしばらく不明のままである。

この他、周公廟遺跡の周辺には、まだいくつかの時代の比較的規模の小さな遺跡が分布しているが、これらの地点と周公廟遺跡との関係は、さらなる調査により判断できるであろう。

③ 遺跡の性格

周公廟遺跡の性格の問題について、周公廟遺跡での新発見の前後、学者たちはさまざまな意見を提出した[5]。ある者は周公の采邑と考え、ある者は太王が建てた岐邑と考え、また"王季宅程"とする意見もある[6]。これらの意見は多かれ少なかれ、文献と考古に依拠していて、論ずるところも理にかなっているところもあるが、目下掌握している証拠から見て不十分であり、いかなる観点も推測の段階に留まっている。現在考古資料は豊富となり、遺跡の理解は過去に比べ少なからず深まっているが、遺跡の性格の問題に答えるためには依然確実な証拠がない。

しかし、新材料の発見は、さらなる問題の討論に有益である。遺跡の性格の問題で、まず考慮しなければならないのは年代問題で、これが属性問題を解決する前提条件である。我々が掌握している資料に基づけば、周公廟遺跡の先周時代の遺物は、最も早いもので、殷墟4期（目下この地域における先周時代の考古時期区分と編年に基づく）より早くならないので、この遺跡を太王の建てた岐邑と見なすことは、年代的にあわない。これまでの調査と情況から見て、今後さらに早い先周時代の遺物を発見する可能性は少ないので、基本的には"岐邑"の可能性を排除することができる。この他、遺跡の規模と内容から言って、想像される都邑遺跡とはいささか距離があるようである。

大型墓、刻辞卜甲、版築建築、鋳銅工房の存在は、相当程度遺跡本体の重要性と高規格性を証明しているが、我々に、この遺跡を"岐邑"と等号で結ぶ条件は与えていない。相対的に言えば、"周公采邑説"の可能性はさらに高まったようである。先周時代の遺物は、おおよそ文王が豊京に遷都した時代に相当するので、文献が明確に記載しているように、周公が采邑を受封したのは、文王の"作邑于豊"の後で(7)、遺跡が形成された年代と合致する。この他、卜甲の刻辞内容や文献の記載もこの説を強く支持していると見ることができる。問題は、我々が采邑遺跡のあるべき実際情況、例えば規模の大きさ、内容の構成等について何も知らないことで、このため現有の資料に依拠していかなる結論的な意見も提出することができない。この問題を最終的に解決するためには、陵坡墓地の属性と大型墓の主人の身分の確定が鍵である。

　要するに、周公廟遺跡の性格問題を解決するには、なお時日が必要ということである。

　西周考古は、周公廟遺跡の新発見により斬新な1ページを開いた。この2年の間に、我々は周原から周公廟、そして水溝、蔣家廟（第8図）へ進み、先周から周時代の大型集落を続々と発見した。これらの発見は、我々が周王朝の形成と発展の過程を理解するために、いくつかの重要な手がかりを提供するとともに、我々の今後の野外考古活動のために、非常に有益な啓示をもたらしてくれた。周人の早期都邑を探して確認し、西周王朝の形成過程を描き出すためには、目をただ1、2ヵ所に留めておくことはできず、視野を関連するすべての区域に拡大しなければならない。大型遺跡に注意を払うと同時に、小型の集落も大いに重視しなければならない。一つの遺跡の年代や時代区分、遺跡の内容や配置構造を細かく追及すると同時に、集落間の関係の問題も十分考慮しなければならない。このようにしてこそ初めて重構する歴史の目的に接近することができる。周原地域の考古活動は、前途に光明が満ちている！

註

(1)　石璋如　「関中考古調査報告」（『中央研究院歴史語言研究所集刊』第27巻、1955年4月）

(2)　この度の調査のいきさつについて、筆者はすでに「周公廟遺址考古調査的意義及其学術意義」（『中国文物報』2004年7月2日）の中で所信を述べているので参照されたい。

(3)　北京大学中国考古学研究中心等『古代文明』第5巻（文物出版社、2006年）

(4)　祁建業　「岐山県北郭公社出土的西周青銅器」（『考古与文物』1982年第2期）
　　　祁建業　「岐山県博物館近几年来征集的商周青銅器」（『考古与文物』1984年第5期）
　　　龐文龍・崔玫英　「陝西岐山近年出土的青銅器」（『考古与文物』1990年第1期）
　　　龐文龍・劉少敏　「岐山県北郭郷樊村新出土青銅器等文物」（『文物』1992年第6期）

(5)　曹瑋　「太王都邑与周公封邑」（『考古与文物』1993年第3期）
　　　曹瑋　「周公廟西周墓葬群重大発現専家談」（『文博』2004年第5期）

(6)　董珊　「試論周公廟亀甲卜辞及其相関問題」（『古代文明』第5巻、文物出版社、2006年）

(7)　鄭玄　「毛詩・周南召南譜」：「周と召は、「禹貢」雍州岐山の地名なり。……文王、命を受け、豊に邑を作る。乃ち岐邦を周と召に地を分け、周公旦と召公奭の采地と為す。先公の教を己の職とする国に施す」

（『文物』2006年第8期掲載　翻訳：堀渕宜男）

5．周原以外の有字西周甲骨出土遺跡の現状

鈴木　敦

はじめに

今回の科研による調査に参加させて戴くに当たり、筆者は
① 周原地区での発掘に参加させて戴くことを通じて、周原甲骨が埋蔵されている環境を実地に確認する。
② 周原以外の有字西周甲骨出土地を実際に踏査し、情報を収集する。
という2項目の課題を掲げた。

①については、2006年度の発掘において灰坑中から自らの手で無字の背甲を検出するという幸運に恵まれた。また2007年度の発掘に当たっては、飯島武次・徐天進両氏の格別のご配慮により、浩然坑の僅か数メートル北側で、浩然坑によく似た埋蔵状況を示すとされる灰坑を発掘させて戴くことができた。残念ながら甲骨を検出することはできなかったが、周原甲骨の埋蔵状態を考える上で得難い体験をさせて戴いた。当報告文の冒頭において、まず心より感謝を申し上げたい。

②については、本隊を離れて調査旅行を行った。出土地は北京市・河北省・山西省・陝西省に散在しており、これまでに踏査し得たのは以下の5遺跡である。

　(1)　坊堆村遺跡（山西省）
　(2)　南小汪遺跡（河北省）
　(3)　鎮江営遺跡（北京市）
　(4)　白浮村遺跡（北京市）
　(5)　琉璃河遺跡（北京市）

本稿では、(1)から(4)の4遺跡について報告書の記載を検討しつつ現状を紹介し、併せて①で得た知見も踏まえつつ若干の考察を行いたい。

(1)　坊堆村遺跡

坊堆村遺跡は、山西省臨汾市の北約30kmの洪洞県城[1]から北東へ約8 km、大岳山系の南端に位置する高峰・霍山（標高2,346m）の西南麓の緩やかな傾斜地に位置する。1954年11月の試掘において周代の墓葬18基を含む68基の墓葬と2基の灰坑が検出され、土器・青銅器を始めとする多数の遺物とともに卜骨2点が出土した（山西省文物管理委員会 1955）。当該甲骨の年代は、当初は「春秋或較晩」とされたが（暢文齋・顧鉄符 1956）、李学勤は字形の分析からこれを西周の遺物とし（李学勤 1956）、西周甲骨の最初の発見例となった。

山西省文物管理委員会（1955）と暢文齋・顧鉄符（1956）の記載を総合して出土状況を要約すれば、以下の通りである。

坊堆村の南側、村にほど近い水田中に、現地で「南宮」と呼ばれる微高地があった。もともとは面積・比高共に大きかったが、長年の土取りによって削平が進み、発掘当時は南北最大210m、東西最大72m、比高は北と西で1〜2m、南と東ではほぼゼロにまで縮小していた。この間しばしば古代の遺物が発見され、山西省文物管理委員会はその保存と調査を行ってきた。その後1954年11月5日から同20日にかけて試掘が行われたが[2]、地下水位が高く完掘できたのは全体の半分にも満たなかった。

　卜骨は牛の肩胛骨であり、第5号トレンチ中から左右2枚を骨臼を揃えて重ね合わせた形で出土した。破損がひどかったが、内1点はほぼ原形が復元できるまで綴合することができた。残長40.5cm、幅は6.9〜20.8cm、背面の骨臼は1/3が切除されており、全体に荒いミガキがかけられていた。背面の骨臼付近と中下部左よりの部分に直径1.4〜1.5cm、深さ2〜5.5mmの平底・円筒形の鑽が都合21個穿たれており、鑽の底部には中心線からややずれた位置に幅1.5mm・深さ1mm足らずの溝が縦に刻まれている。この溝の付近には不鮮明であるが灼痕も認められ[3]、その正面側には小さなヒビが多数認められる。正面中下部右よりの辺縁から1cm前後の部位に、長さ9.8cm・幅6〜11cm[4]に亘って、鋭利な工具で刻まれたと思われる文字が1行8文字刻まれている。刻字は極めて繊細であり、特に最初の何文字かは拡大鏡を使って漸くはっきり見ることができるほどである。2枚の卜骨の間からは二枚貝の殻と三日月形の骨飾が発見されたが、地下水の湧出のために、トレンチ内の層位関係を把握することは極めて困難であった。

　試掘が行われた時点で微高地は殆ど削平されてしまっており、遺構のかなりの部分は既に破壊されてしまっていたと考えられる。さらに地下水の湧出によって卜骨の出土遺構が検出できなかったことは残念でならない。しかし、骨臼を揃え・二枚を重ね合わせた状態での出土は、1971年に小屯西地で発見された都合21点の卜骨の埋納状態（郭沫若 1972）との類似も想起させる。恐らく坊堆村遺跡の卜骨もまた人為的に埋納され、ほぼ埋納時の状態を維持していたのであろう。後述の周原地域における甲骨の出土状態との対比という点でも興味深い。

　坊堆村遺跡の踏査は2007年9月9日に行った。汾水河畔の洪洞県城から霍山西南麓の広勝寺鎮に至る道は、緩やかな上り坂が延々と続く。山西省文物管理委員会（1955）所収の地図では、道は南に大きく湾曲して描かれているが、グーグルアース[5]で確認した現在の公路はほぼ直線的に広勝寺鎮へと向かい、坊堆村のすぐ南側を通過している。

　沿道は緑が濃い。航空写真で見ると汾水流域は被植に乏しく灰色を呈しているが、その東西に連なる山々の頂近くは濃い緑色である。広勝寺鎮は霍山の山頂周辺に広がる緑の南端に位置し、そこから西へ扇状に薄緑が広がる。

　暢文齋・顧鉄符（1956）によれば、発掘当時のこの一帯は泉と霍泉渠によって豊富な水が供給され、水稲耕作が可能であったという。上記の「薄緑の扇形」は、これを裏付けるものであろう。踏査時にも、坊堆村の南側・石橋村周辺で透き通った水が満々と流れる用水堀が見られた。但し、今回の踏査時にこの一帯には水田は見えず、トウモロコシ畑とポプラの人工林が広がっていた。乾燥化と、より換金性の高い作物へと転作志向が進んだ結果であろう。

現在、この一帯の豊かな水は主として霍泉渠によるものと思われる。山西省文物管理委員会（1955）に記載のある微高地北側の泉水の環流は、今回確認することはできなかった。しかし、現代よりも遙かに緑が濃かった筈の周代においては、天然の・豊富な泉水により十分な水が供給され、人工の渠によらずとも十分な農業生産が保証されていたも

第1図　微高地のピークから北へ坊堆村を望む

のと思われる。それはまた、かつての周原一帯にも通じる構造であったろう。

公路沿いの村の入り口には「坊堆」と記した牌子が建てられている。牌子の西側からほぼ真北に向かって舗装された農道がまっすぐに伸びる。400m程で僅かな高みがあり、それを越えると坊堆村の家並みが広がる。村人によれば、坊堆村は近年南側へ拡大しているとのことであった（第1図）。

手当たり次第に村人に尋ねて回ったが、1954年の発掘を知る者は容易に見つからなかった。漸く探し当てた老人から、上記の高みの東側一帯が発掘地であったこと、元々は微高地であったが、土取りの結果現在では逆に窪地になってしまったこと、そもそも「坊堆」という村名は「堆（＝微高地）の近傍にある村」という意味であったこと等を教えて貰う。山西省文物管理委員会（1955）の挿図1には縮尺が示されていないが、諸々の情報を勘案すると、上記の高みを微高地の名残と考えると妥当な位置関係になると判断された。

窪地とその周辺を踏査しようとしたが、密集して植えられているトウモロコシに阻まれて全く視界が利かない。僅かに開けた部分で遺物を探したが、やはり何も見つけられなかった。勤務の関係上やむを得ぬとはいえ、踏査には時期が悪すぎた。

上記の高み部分の、農道の東側には製材と木工を兼ねた小さな工場があった。積み上げられた木箱の上に登らせて貰い、東向きに上記の窪地周辺を撮影した写真を第2図に示す。概算の結果、撮影地点は北緯36度17分21秒、東経111度44分13秒、標高500mと算出された。

高い位置から見渡してみても、村名の由来となったという堆の面影は認められない。しかし、かつて地下水に阻まれて発掘できなかった遺構が、なお残存している可能性はある。今後さらに村の拡大が続けば、早晩この窪地一帯も宅地化してしまうものと危惧される。完全に消滅してしまう前に、遅まきながらでも調査と保存措置が講ぜられることを願う。

（2）　南小汪遺跡

南小汪遺跡は、河北省邢台市の西北部に位置し、京広線以西・小黄河以北・達活泉以南に広がる

第2図　坊堆村遺跡の現状

大規模な周代遺跡である。その南には曹演荘・南大郭の殷代遺跡が連なり、当地が殷周時代から既に人々の集住地であったことが知られる。

　邢台市は急速に都市化が進んでおり、遺跡の大部分は既に建物群の下になってしまっている。1991年6月1日から9月14日にかけて、団結路北側で邢台市商工局等によるビルの建設に先立つ発掘調査が行われ、西周から戦国に至る多数の遺跡・遺物が発見された。この内H75灰坑の中から、多数の典型的な西周期土器と共に、有字卜骨の破片が1点検出された。

　この際の発掘では西周時代の灰坑が多数発見されているが、構造並びに堆積物からH75も含めていずれも廃棄坑であり、窖穴は存在しなかったとされる。一般に、灰坑内部には焼土粒や炭粒等を多量に含む柔らかい黒灰色土が堆積しており、大量の土器片・骨器・動物骨等が検出されている。

　卜骨は牛の肩胛骨であり、残長8.7cm、残幅3.1cm、ミガキがかけられていた。背面には円形の鑽が穿たれ、鑽の底部1／3の所に骨の長軸と同方向の小さな溝が掘られており、灼痕が認められる。正面には2組の卜辞が、いずれも骨の長軸に対して垂直方向に刻されており、骨臼を左に向けた形で刻したものと推測される。一辞は完形で右行[6]・4行・10字、もう一辞は破損により1字を残すのみである。字体は小さく繊細で、周原等で出土した西周甲骨文のそれと完全に一致する（河北省文物研究所・邢台市文物管理処 1992）。

　南小汪遺跡の踏査は2008年3月7日に行った。

　航空写真で見ると、太行山脈東麓の大都市は、概して山脈の東端が華北の平原に没する付近から10〜20km程度の、大きな河流から若干ずれた場所に位置しており、邢台も例外ではない。山脈がもたらす水の恵を十分に享受し、かつその同じ水がもたらす禍を避ける立地と考えられる。

　中国の他の都市と同様に、邢台市も急速に発展を続けており、遺跡名となった南小汪村も周りをビルやアパートに取り囲まれ、農村がそのまま市街地に呑み込まれた観を呈している。発掘地点は南小汪村の南方に位置しており、恐らくかつては一面の畑であったと思われるが、今やすっかり市街地の中になっている。京広線邢台駅からは北北西、直線にして約1kmの距離にあり、アクセスは頗るよい。

目的の建物は邢台市の幹線道路の一つ、団結路に面して建っていた。南東から団結路越しに撮影した写真を、第3図に示す。概算の結果、撮影地点は北緯37度04分41秒、東経114度28分51秒、標高80mと算出された。

改修工事中とのことで敷地内に入ることはできなかったが、塀越しに南・西・北の三方から見る限り、敷

第3図　南小汪遺跡の現状

地内はくまなくコンクリート舗装され、遺跡を示す牌子等も一切見られなかった。河北省で最初の西周有字甲骨の出土地としては寂しい限りである。邢台市の中心部からはやや外れるものの、団結路沿いには数階建てのビルが建ち並び、その後ろには5階建てのアパート群が広がっている。遺物の散布など、望むべくもない。

河北省文物研究所・邢台市文物管理処（1992）によれば、現地表下1.2m余で東周の文化層が検出され、2.5m余で地山に達する。たとえ低層であっても、ビルが建てば破壊は免れない。先行きが案ぜられる。

（3）鎮江営遺跡

鎮江営遺跡は、北京市房山区南尚楽郷の北拒馬河の東岸・塔照村の南と、西岸・鎮江営村北部の台地からなる。遺跡の北～西にはほど近い所まで山地が迫り、南～東には華北の平原が広がっている。1959年に発見され、北京市文物研究所によって1986年から1990年にかけて連続的に発掘が行われた。発掘対象は、南岸の鎮江営村北側の台地に集中している。

台地は、河床との比高約10m・南北220m・東西約140mの楕円形を呈する。台地の中部には、近代の採石によって幅20mの溝が、台地の西縁から東方向へとまっすぐに110mに亘って剔り込まれている。採石溝並びに台地の周囲の崖面上には、いずれも厚さ3m前後の灰土文化層が露出している。

遺跡の発掘面積は2170m²で、住居址13基・墓葬24基・灰坑その他の遺構約1400基、並びに土器を中心に約3万点の遺物が検出された。鎮江営遺跡の年代は新石器時代早期から春秋戦国期にかけて、約6000～7000年に亘る。

出土遺物の中には、西周中期の有字卜骨が1点含まれる。羊の肩胛骨を用い、ミガキを施し、背面には円形の鑽と棗核形の鑿が穿たれている[7]。正面には一組各6字で二組、計12字の数字列が刻まれている（北京文物研究所 1990・王清林 1997）。

卜占の習慣は、殷代以前から広く存在しており、使用される動物の種類も多岐に亘る。殷墟甲骨の特色は、

① 亀甲を第一に用い、
② 何らかの理由で代用品を用いざるを得ない時には骨を用いるが、それは肥育に時間と手間のかかる高級家畜たる牛（岡村秀典 1999）の肩胛骨に限られ
③ 大量の刻字を残した

点にある。周原甲骨は圧倒的多数が亀甲であり、牛骨は例外的な存在に過ぎない。そこには殷墟甲骨の理念が強く反映されていると考えられる。

これに対し周原以外で発見されている有字甲骨は、（発見例が少なく偶然の偏差という可能性も捨てきれないが、現状では）概して牛の肩胛骨を用いた物が勝っている。有字卜甲を出土しているのは、澧西（陝西省文物管理委員会 1956・中国科学院考古研究所 1962）・琉璃河（琉璃河考古隊 1997）といった「政治的中心地」と、後述の白浮村の木槨墓のみである。

鎮江営出土の卜骨は、さらに素材として羊の肩胛骨を用い（羊骨の使用自体は特異ではないが）かつこれに刻字を施している点で特徴的である。この地では、殷以来の卜占～刻字の理念に何らかの変化が生じていることを示すもの言えよう。

鎮江営遺跡の踏査は2008年3月3日に行った。遺跡は北京の南西約六十数キロに位置する。航空写真によると、鎮江営村は拒馬河が作り出した南～東南東方向に広がる扇状地の、扇頂下部付近に位置する。拒馬河は村の上流6km余の地点で南拒馬河・北拒馬河の2本に分かれており、鎮江営村はこの2本の流れに挟まれた半島状の地形の東端、北拒馬河西岸の微高地上にほぼ南北方向に広がっている。

踏査時には北拒馬河は完全に干上がっていたが、ひとたび上流が豪雨に見舞われれば土石流災害の危険が高い場所である。南尚楽鎮からの道は北拒馬河を渡って鎮江営村に至るが、増水時には水没することで流失を防ぐ「漫水橋」であり、すぐ下流に並行して増水時にも人間だけは渡れる吊り橋がかけられている。目的の台地は、この水害危険地帯の中で比較的安全な場所に数千年に亘って人間が住み続けたことにより、約3mの分厚い文化層を堆積させている。村人は「固堆」という呼称は使っていなかったが、構造的には同様であろう。

発掘年代が比較的新しいため当時を知る村人は多く、実際に発掘に参加したという複数の男性と話すこともできた。しかしその言を一言でまとめれば「台地のあちこちを掘ったが、土器しか出なかった」とのことで、甲骨の出土状況に関する情報も得られなかった。思うに、鎮江営の村民にとっては村北の台地を掘って土器が出るのは当たり前のことであり、特に印象に残る出来事ではなかったのだろう。

鎮江営村とその農地は、この台地を西・南・東の三方向から削平しつつ広がっている。家々は主として台地の南側に、屋根が台地の頂部よりも一段低くなる高さまで台地を削平した上で、全て真南に向けて建てられている（第4図）。北からの寒風を避け南からの陽光を最大限取り入れるためであろう。村の北端の家は台地を削った崖面に接するように建てられ、崖面には厚い文化層が露出

していた。「採石溝」には、報告時以降特に拡大している様子は見られない。深さは最大で台地頂部から10m余、底部には所々岩盤が露出している。

台地の頂部は平坦で、主として果樹園として利用されていた。地表には多数の土器が散布しており、遺物の豊富さを伺わせる。土器には様々な時代のものが混在していた。頂部の不自然に平坦な地形と併せ、台地は側面からだけでなく上面からも削平と攪乱を被っているものと思われる（第5図）。「農民が絶えず土取を行い保護が困難」（北京市文物研究所 1990）という記述が裏付けられる。「北京西南地区で新石器時代早期から戦国期に至る考古学文化編年大系を確立した」（王清林 1997）とされる貴

第4図 鎮江営村（北拒馬河東岸より遠望）

第5図 台地上面の状況（台地南端から北を見る）

重な遺跡は、近い将来消滅してしまうかも知れない。

概算の結果、台地の頂部・採石溝の東端は北緯39度31分55秒、東経115度45分10秒、標高90mと算出された。

（4）白浮村遺跡

白浮村遺跡は、北京市昌平県の南・京密引水渠の北側の、龍山の南麓に位置する。1975年、保存状態が良好な3基の西周木槨墓が発掘された。墓中からは、青銅器・土器・玉器・石器等、合わせて数百点の遺物が検出された。この内M2・M3の2基からは大量の卜甲・卜骨が検出され、一部の卜甲に刻字が発見された。北京地区における西周燕文化墓葬中からの刻字卜甲の出土は、これが初めてである（北京市文物管理処 1976）。

北京市文物管理処（1976）・中国社会科学院考古研究所（1984）・北京市文物研究所（1990）の記

載を総合して出土状況を要約すれば、以下の通りである。

　　M2はM1の東側に位置し、墓抗は長3.35m・幅2.5m、墓口は現地表下4.35mで検出された。内部には角材を井桁に組んで外壁長3.3m・外壁幅1.95mの槨室を収める。槨壁は2～3段、高さにして60cm程度を残すに過ぎない。槨の蓋は既に破壊されており構造は不明である。墓底中央に楕円形の腰坑を有し、犬を一頭収める。墓主は中年女性で頭を北に仰身直肢で埋葬されている。墓主の左上方から腹甲・背甲合わせて数十片の卜甲の破片が発見された[8]。卜甲には、いずれもミガキがかけられている。一部の卜甲の背面には、方形平底の鑿が規則正しく穿たれており、灼痕が認められた。有字の物は2片で、計3文字が刻まれていた。

　　M3はM1の南端から5mの位置から発見された。墓抗は長4.35m・幅2.9m、墓口は現地表下3.2mで検出されたが、上部は現代の建築により攪乱されており、槨室の底部から1.9mの高さまでしか残っていない。木槨は大部分が朽ちていたが、痕跡からM2と同一の構造であることが確認された。残長はそれぞれ2.8m・1.39mであった。墓底中央には楕円形の腰坑を有するが、副葬品は無い。墓主は中年男性で頭を北に俯身直肢で埋葬されている。槨室の右側中央付近からは腹甲・背甲合わせて100片以上の卜甲が発見され、その一部に刻字が認められた[9]。また、槨室の左側中央付近からは大量の卜骨が発見され、卜骨の間からも卜甲が発見された[10]。初歩的な鑑定によれば、卜骨には牛と羊の肩胛骨が含まれる。いずれも既に朽ちて砕けてしまっているが、背面には鑽の痕跡と灼痕が認められる。卜骨上からは刻字は発見されていない。

　　これらの文字はいずれも大変小さく、周原で発見されたものとよく似ている。

　　遺物の形態から、3基の墓葬の年代はいずれも西周中期と考えられる[11]。

　白浮村M2並びにM3からは、有字卜甲を含む大量の甲骨が出土している。殷墟遺跡においては、大量の甲骨と大小様々なクラスに跨る多数の墓葬がごく近接した位置から発見されているが、甲骨、就中有字甲骨を墓葬に副葬する例は見られない。これは周原においても、灃西（陝西省文物管理委員会 1956・中国科学院考古研究所 1962）・琉璃河（琉璃河考古隊 1997）においても同様である。これもまた殷以来の卜占～刻字の理念に、何らかの変化が生じていることを示すもの言えよう。

　白浮村遺跡の踏査は2007年3月8日に行った。昌平鎮は北京の北西約25km、八達嶺長城への中間点に位置する。昌平鎮周辺は軍都山の南麓・華北平原の最北部に当たり、平原の中に取り残されたように比高20～100m程度の小さな山が散在している。京密引水渠にかかる橋の袂から、その北岸に沿って西へ進み東沙河に至るまでの約2kmの間には、このような山が3座存在する。中央の一番高い山が目指す龍山であり、東麓一帯が化庄村である。龍山の北麓に広がっていた山峡村は、取り壊しが進みほぼ更地となっている。南へ向かって拡大を続ける昌平鎮の建物群が、そのすぐ北まで迫ってきており、遠からず呑み込まれるものと思われる。西麓は運動公園として整備中であり、龍山南西の崖面は一部削り取られている。

　木槨墓が発見された龍山南麓には高層建築が立ち並び、周囲を高い塀で囲んでいる。その北端は龍山の裾を3～5m程度の高さで削り取っている。門衛の初老の男性に尋ねた所、発掘が行われたのは正しくこの一帯であるが、牌子も無く正確な位置はもはや分からないとのことであった。敷地

内はビルとコンクリート舗
装で固められており、どう
にもならない。舗装の下は
ともかく、ビルの下になっ
た遺構は跡形もなく消滅さ
せられてしまったことだろ
う。

龍山の山体は南北方向が
長軸で約600m、最大幅約
400m・最少幅200m程度で
ある。北・南・南西の3つ

第6図　白浮村遺跡の現状

のピークを持ち、南のピークは比高50m余、北と南西のピークはそれよりやや低い。南西のピーク
から木槨墓が発見された南麓方向に、前述の高層建築群を見下ろす写真を第6図に示す。概算の結
果、撮影地点は北緯40度11分08秒、東経116度14分40秒、標高110mと算出された。

おわりに

西周甲骨は、殷墟甲骨に比して遙かに広範囲から出土し、素材も出土状態もバリエーションに富
む。その背景には、卜占を受け容れた集団の多様性・卜占に対する規範の弛緩・卜占ならびに刻字
自体の持つ意味合いの変化等々、様々な要因が複雑に絡み合っているものと思われる。

一方で、周原地域で発見される素材は亀甲が主体であり、基本的に灰坑中から・細片となって・
土器その他の遺物と紅焼土塊を伴って出土するケースが殆どである。周原における「統一性」と周
原以外における「多様性」の対比もまた、西周甲骨を考える上で多くのヒントを内包している。

註

(1) 発掘当時の名称は「洪趙県」であったが、後に「洪洞県」と改称された。
(2) 暢文齋・顧鉄符（1956）では、発掘は「1954年10月」とされているが、本稿では発掘報告である山西省文
物管理委員会（1955）の記載に拠った。
(3) 山西省文物管理委員会（1955）では「灼痕は無い」とされているが、本稿では卜骨の報告である暢文齋・
顧鉄符（1956）の記載に拠った。
(4) 暢文齋・顧鉄符（1956）に掲載されている写真に基づき、骨の残長（40.5㎝）と刻字部位の長さ（9.8㎝）
とを照合すると、比率が合わない。幅についても、原文では「厘米」とされているが極めて不自然である。
幅の「厘米」を「毫米」の誤記と見なすと、暢文齋・顧鉄符（1955）に掲げられている模本の大きさにほ
ぼ合致する。何らかの混乱があるものと判断される。
(5) グーグルアースのURLは　http://maps.google.co.jp/　である。
　　以下、航空写真に基づく本稿の記載は専らこれに拠る。文中の座標と標高は、これらに基づいて算出し
た概数である。あくまでも参考値とお考え戴きたい。地図ならびに航空写真を転載することができればよ
り明確に記述できる所であるが、著作権の制約から断念した。御諒恕を乞う。
(6) 王宇信（1999）はこれを左行で釈し、西周甲骨文の行款問題全般について論じている。

⑺　背面の写真が発表されていないため、鑽鑿の形状の詳細は不明である。
⑻　中国社会科学院考古研究所（1984）の記載では、出土した卜甲の数は「M2・M3合計で100余片」とされており、北京市文物研究所（1990）もこの数字を踏襲している。綴合が進んだ結果、片数が大幅に減少したのであろう。しかし、この記載ではM2・M3それぞれの数が不明なため、本文中では北京市文物管理処（1976）の数字を採ることとする。
⑼　M3出土の有字卜甲の片数、並びに刻まれていた文字の総数については明確な記載が無い。北京市文物管理処（1976）は、本文中で「例えば」として2片8字を挙げている。同・図版4－11～14には4片の写真が、本文中の図4には3片の拓が示されており、図版4－12・13は図4－1・3と同一で、M2の出土品である。図4－2は「其祀」と読め、本文中でM3出土卜甲の例として挙げられているものの1つと判断される。しかし図4－11・14とは形状が異なり、そのいずれとも同一片とは考えられない。王宇信・楊升南（1999）の表12では2基合計で5片13字とされており、これに拠ればM3から出土したのは3片10字ということになる。そうであれば、図4－11・14のいずれか一片が本文中で「其尚上下韋馭」の6文字を記しているとされる卜甲に当たり、いずれか一片には2文字が刻されていたことになる。仄聞する所によれば、白浮村出土の有字甲骨は、多くの人の手に触れている内に摩耗して消滅しまったとのことである。曹瑋（2002）は岐山鳳雛出土の周原甲骨の写真を網羅的に収載しているが、「因粉化現已不存」として模本のみを伝えるものも散見される。白浮村出土の有字甲骨に関する伝聞も、残念ながら事実であろう。
⑽　北京市文物管理処（1976）の図3では、槨室の東側に卜骨と思われる描写がなされている。
⑾　北京市文物管理処（1976）は遺物の分析ならびに木槨のC14測定年代がB.C.1120±90と算出されたことに基づき「西周初期」としている。しかし、中国社会科学院考古研究所（1984）は遺物の分析からこれを否定して「西周中期」との判断を示し、北京市文物研究所（1990）もこれに従っている。本稿では「西周中期」を採る。

参考文献

王宇信　「邢台南小汪西周甲骨出土的意義」（『史学月刊』1999年第1期）
王宇信・楊升南　『甲骨学一百年』（社会科学文献出版社、1999年）
王清林　「房山鎮江営遺址」（『北京文博』1997年第4期）
岡村秀典　「中国古代王権と祭祀」（『考古学研究』45－4、1999年）
郭沫若　「安陽新出土的牛胛骨及其刻辞」（『考古』1972年第2期）
河北省文物研究所・邢台市文物管理処　「邢台南小汪周代遺址西周遺存的発掘」（『文物春秋』1992年増刊）
中国科学院考古研究所　『灃西発掘報告』（文物出版社、1962年）
中国社会科学院考古研究所　『新中国的考古発現和研究』（文物出版社、1984年）
山西省文物管理委員会　「山西洪趙県坊堆村古遺址墓群清理簡報」（『文物参攷資料』1955年第4期）
陝西省文物管理委員会　「長安張家坡村西周遺址的重要発現」（『文物参攷資料』1956年第3期）
曹瑋　『周原甲骨文』（世界図書出版公司、2002年）
北京市文物管理処　「北京地区的又一重要考古収穫――昌平白浮西周木槨墓的新啓示」（『考古』1976年第4期）
北京市文物研究所　『北京考古四十年』（北京燕山出版社、1990年）
暢文齋・顧鉄符　「山西洪趙坊堆村出土的卜骨」（『文物参攷資料』1956年第7期）
李学勤　「談安陽小屯以外出土的有字甲骨」（『文物参攷資料』1956年第11期）
琉璃河考古隊　「琉璃河遺址1996年度発掘簡報」（『文物』1997年第6期）

6. 渭河流域における村塢の基礎的研究

石井　仁

はじめに

　古来、漢民族は多くの城郭都市を建設した。秦漢帝国の統治をささえた郡県制も、亭・郷という城郭都市を基本単位に運用された。ところが、後漢～魏晋南北朝時代、「聚」、あるいは「邨」(「村」の古字。単に「屯」と表記されることが多い)の文字で表される、山林叢沢に立地し、簡単な障壁をめぐらしただけの集落が流行する。「塢」、「壁（辟）」、「堡（保）」、「営」、「塁」、「固」なども類義語であり、「塢聚」、「塢壁」、「堡壁」、「塁壁」、「営堡」、「村塢」などの熟語にもなる（本稿では、「村塢」と統一的に表記する）。『水経注』に見える「白騎塢」（巻七・済水一）や「石泉固」（巻十一・易水）、「檀山塢」、「一合塢」、「雲中塢」（ともに巻十五・洛水）などのように、川の合流点や険阻な山上など、要害の地に建設されるのが一般的だった。当時の記録（『魏志』巻十一・田疇伝、『晋書』巻六十二・祖逖伝、同上巻六十七・郗鑒伝、同上巻八十八・孝友・庾袞伝など）には、おおむね「塢主」という在地の指導者（拠点をかえて移動する場合は「行主」ともいう）を推戴し、郷党のほか流民、非漢民族なども雑居する、自衛自治・自給自足的な性格をもつ集落として描かれている。

　村塢に関する本格的な研究は、戦前の那波（1943）にさかのぼる。ついで、戦後発表された宮川（1950）、宮崎（1960・1962）、あるいは金（1964）などは、村塢を西洋中世の農村や自治都市の中国的な形態ととらえた。さらに、谷川（1977）、趙（1980）、堀（1992）、伊藤（1993）などは、村塢を通して、当時の基層社会の情況を探ろうとしている。言うまでもなく、かかる先行研究は、パイオニア的な研究でもある那波（1943）に実地調査の成果が一部盛り込まれている以外、大部分は文献史料に依拠したものである。そもそも、旧来の村塢研究は魏晋南北朝史の一部として扱われてきたのであり、村塢そのものは当時の政治・社会を理解するための副次的な役割しか与えられてこなかった。したがって、個々の村塢に対する歴史地理学的な視点はほとんど欠落し、管見の限り、考古学的な発掘調査はおろか、実地調査に基づく報告すらなされていない。

　以上のような村塢研究の現状をふまえ、本報告は渭河流域の村塢を対象に、歴史地理学的なアプローチを試みるものである。古い歴史をもつ渭河流域は、秦漢～隋唐時代、国都がおかれたことから、政治・経済の中心となり、その結果、村塢に関する記録も数多く残されている。したがって、本報告では、第一に渭河流域に存在した村塢に関する文献史料を収集すること、第二にそれらの分析を通して固有名をもつ村塢の由来と位置などに関する基礎的データを作成することをめざし、それによって将来の実地調査に資することを目的とする。

(1) 後漢〜魏晋南北朝期の関中における村塢の展開

① 後漢時代の情勢

　王莽政権の崩壊（23年）から光武帝（在位25〜57）の天下統一（37年）までの内戦期、無政府状態が続いた関中（陝西省の渭河流域）には、大小さまざまな割拠勢力が存在した。『後漢書』列伝七・馮異伝によれば、

>　時赤眉雖降、衆寇猶盛。延岑據藍田、王歆據下邽、芳丹據新豊、蔣震據霸陵、張邯據長安、公孫守據長陵、楊周據谷口、呂鮪據陳倉、角閎據汧、駱延據盩厔、任良據鄠、汝章據槐里、各稱將軍、擁兵、多者萬餘、少者數千人、轉相攻擊。異且戰且行、屯軍上林苑中。延岑既破赤眉、自稱武安王、拜置牧守、欲據關中、引張邯・任良共攻異。異擊破之、斬首千餘級、諸營保守附岑者、皆來降歸異。

とあるように、征西大将軍の馮異（？〜34）が赤眉を破った頃（27年）、藍田に拠る延岑（？〜36）など、十二余りの武装勢力が主要な県に割拠していた。延岑らが県城を占拠しているのか、あるいは村塢を根拠地にしているのかは不明であるが、かれらを支持する勢力（これらも在地豪族であろう）が「営保」に拠っていたことは確かである。

　同上列伝二十一・郭伋伝に、

>　郭伋、字細侯、扶風茂陵人也。……更始新立、三輔連被兵寇、百姓震駭、強宗・右姓各擁衆保營、莫肯先附。更始素聞伋名、徵拜左馮翊、使鎮撫百姓。

とあるように、更始帝劉玄（在位23〜25）が長安に入城した頃、すでに三輔（長安周辺の首都圏特別行政区－京兆尹・左馮翊・右扶風の総称）には、有力豪族（強宗・右姓）が兵衆を擁して「保営」、すなわち村塢にたてこもっていたという。また、同上列伝九・耿弇伝に、

>　（建武）六年〔30年〕、西拒隗囂、屯兵於漆。八年、從上隴。明年、與中郎將來歙分部徇安定・北地諸營保、皆下之。

とあるように、長安以西の安定・北地両郡にも多くの「営保」が存在していたことがわかる。

　後漢末・三国期の関中における村塢の動向については、ほとんど史料がないが、『蜀志』巻六・馬超伝・裴松之注引『典略』に、

>　建安十六年〔211年〕、超與關中諸將侯選・程銀・李堪・張橫・梁興・成宜・馬玩・楊秋・韓遂等凡十部俱反、其衆十萬、同據河・潼、建列營陣。是歲、曹公〔＝曹操〕西征、與超等戰於河・渭之交、超等敗走。

とあるように、黄巾の乱（184年）以来、「関中の諸将」、もしくは「関西の諸将」と呼ばれる、十余りの勢力が割拠していた。『太平御覧』巻八百九十七・獣部九・馬五に引かれる傅玄『乗輿馬賦』に、

>　馬超破蘇氏塢、塢中有駿馬百餘疋、自超已下倶爭取肥好者、而將軍龐悳獨取一驃馬、形觀既醜、衆亦笑之。其後……馬超戰於渭南、逸足電發、追不可逮、衆乃服焉。

とあるように、馬超（176〜222）が「蘇氏塢」を陥落させた際、武将の龐悳（？〜219）は貧相な驃馬（口先が黒い黄馬、または浅黄色の馬）を取り、笑いものになるが、のちに曹操との戦いで、

この騂馬は稲妻のように駆け、誰も龐悳に追いつけなかったという逸話が紹介されている。「蘇氏塢」の所在地、ならびにこれに拠った勢力などについては不明であるが、後漢末の関中に村塢が実在していたこと、そして、馬超など「関西の諸将」は、おのれに服従しない村塢を攻め、その人的・物的資源を兼併していたことが窺われる。

『魏志』巻九・夏侯淵伝に、

> （建安）十七年〔212年〕、太祖〔＝曹操〕乃還鄴、以淵行護軍將軍、督朱靈・路招等、屯長安。擊破南山賊劉雄、降其衆。

とあるように、馬超らを破った後、長安に駐屯した夏侯淵（？～219）は、「南山の賊劉雄」を討伐している。同上巻八・張魯伝注引『魏略』に、

> 劉雄鳴者、藍田人也。少以采藥射獵爲事、常居覆車山下。每晨夜出行雲霧中、以識道不迷、而時人因謂之能爲雲霧。郭・李之亂、人多就之。建安中、附屬州郡、州郡表薦爲小將。馬超等反、不肯從、超破之。後詣太祖、……表拜爲將軍、遣令迎其部黨。部黨不欲降、遂刧以反、諸亡命皆往依之、有衆數千人、據武關道口。太祖遣夏侯淵討破之、雄鳴南奔漢中。

とあるように、劉雄は「劉雄鳴」とも表記され、馬超らに同調せず、敗れて曹操（155～220）に降るが、再び背いて、夏侯淵に討たれたのである。董卓の故将－李傕・郭汜らが献帝を奉じて長安を支配していた頃（192～195年）、おそらく、故郷の藍田山（覆車山ともいう）に多くの民衆を集めて強大化した塢主であったように思われる。

そもそも、「関西の諸将」自体が諸村塢を支配下におく群雄、より具体的に言えば、村塢連合の盟主だった可能性もある。かれらのうち、程銀・侯選・李堪の三人について、『魏志』張魯伝注引『魏略』には、

> 時又有程銀・侯選・李堪、皆河東人也、興平之亂、各有衆千餘家。

とあり、後漢末、河東郡から関中に避難した流民集団の指導者だったことが窺われる。当然、移住先に村塢を建設したことが予想され、『義門読書記』巻二十六・三国志・魏志・張魯伝の条に、

> 注採魏略、時又有程銀・侯選・李堪云云。按、此屬皆大亂之時、塢壁自保、因爲雄長者也。

とあるように、清の何焯（1661～1722）は、かれらを「塢壁」に拠って勢力を蓄えた群雄だと看破している。

② 西晋末期の長安政権との関係

『晋書』巻八十九・忠義・劉沈伝に、

> 劉沈、字道眞、燕國薊人也。……齊王冏輔政、引爲左長史、遷侍中。于時李流亂蜀、詔沈以侍中假節、統益州刺史羅尚・梁州刺史許雄等以討流。行次長安、河間王顒請留沈爲軍司、……後領雍州刺史。……張方既逼京都、王師屢敗、王湖・祖逖言於（長沙王）乂曰、「劉沈忠義果毅、雍州兵力足制河間。宜啓上詔興沈、使發兵襲顒、顒窘急、必召張方以自救、此計之良也。」乂從之。沈奉詔馳檄四境、合七郡之衆及守防諸軍・塢壁甲士萬餘人、以安定太守衞博〔衛博の誤り〕・新平太守張光・安定功曹皇甫澹爲先登襲長安。

とある。八王の乱のさなか、雍州刺史の劉沈（？～304）は詔をうけて（実は恵帝を奉じる長沙王司馬乂の策略）、長安の河間王司馬顒（？～306）を攻め、敗北する（303～304年）。このとき、劉

沈が率いたのは、雍州七郡（京兆・馮翊・扶風・安定・北地・始平・新平郡）の地方軍、守防の諸軍（地方に派遣されていた中央軍の部隊か）、および「塢壁」の甲士（重武装の兵士）、合わせて一万余りの軍勢だった。西晋時代、関中の村塢はかなりの軍事力、あるいは経済力を保有していたことが窺われる。

同上・麹允伝に、

> 麹允、金城人也。……愍帝即尊位、以允爲尚書左僕射、領軍、持節、西戎校尉、録尚書事、雍州如故。……允性仁厚、無威斷、……新平太守竺恢、始平太守楊像、扶風太守竺爽、安定太守焦嵩、皆征・鎮杖節、加侍中・常侍、村塢主帥小者、猶假銀青將軍之號、欲以撫結衆心。

とある。匈奴劉氏の侵攻による洛陽陥落（311年）後、秦王司馬鄴（270～317、武帝の孫）は関中の地方官・豪族に迎えられ、長安で即位した。西晋の愍帝（在位313～316）である。これを補佐した麹允（？～316）は、「仁厚なるも、威断なく」、官位を乱発し、人心を繋ぎ止めようとする。そのため、安定太守の焦嵩らに「征鎮杖節」、すなわち征西・征東・征南・征北の四征将軍、もしくは鎮西・鎮東・鎮南・鎮北の四鎮将軍（魏晋時代、いずれも最高地方長官－都督に授けられる将軍号として用いられた）、および節（高級官僚の郡太守以下を軍法によって裁くことのできる最高指揮権を示す器物）を授与し、さらに侍中もしくは散騎常侍（ともに皇帝の侍従職）を兼任させたというのである。同上巻五・孝愍帝紀・建興四年（316年）八月の条に、

> 劉曜逼京師、内外斷絶。鎮西將軍焦嵩・平東將軍宋哲・始平〔新平の誤り〕太守竺恢等同赴國難、麹允與公卿守長安小城以自固。

とあるように、このうち、安定太守の焦嵩は「鎮西将軍」だったことが確認できる。新平太守の竺恢に将軍号の肩書きが見えないのは史料の脱落であろうし、平東将軍の宋哲という人物も弘農太守を兼ねていた。平東将軍は四征・四鎮に次ぐ、四平将軍の一つである。

さらに注意しなければならないのは、「村塢主帥の小なる者」、すなわち小規模な村塢の塢主たちにも「銀青将軍」、銀印青綬を帯びる四品の将軍－寧朔将軍、および建威・振威・奮威・揚威・広威の五威将軍、建武・振武・奮武・揚武・広武の五武将軍など（『宋書』巻十八・礼志五、同上巻四十・百官志下）が乱発されたことである。ということは、裏をかえせば、四征・四鎮将軍（三品、金章紫綬）を授けられた焦嵩ら四人は、塢主の「大なる者」だった可能性が出てくる。同上・麹允伝に、

> 焦嵩、安定人、初率衆據雍。（劉）曜之逼京都、允告難於嵩。

とあるように、唯一、出自の明らかな焦嵩は「安定の人」とされ、もともと兵衆を集めて扶風郡雍県に割拠していたというのである。

また、楊像は天水の人ではないかと疑われ、そうだとすれば、『魏志』巻二十五・楊阜伝に、

> 楊阜、字義山、天水冀人也。以州從事爲牧韋端使詣許、拜安定長史。……隴右平定、太祖〔＝曹操〕封討（馬）超之功、侯者十一人、賜阜爵關内侯。……太祖征漢中、以阜爲益州刺史。還、拜金城太守、未發、轉武都太守。……在郡十餘年、徵拜城門校尉。……後遷少府。

とあり、魏の重臣の楊阜が「天水郡冀県の人」だったように、後漢以来の有力豪族の出身ということになる。

残る竺恢・竺爽の「竺氏」は、珍しい姓であるが、『元和姓纂』によれば、

> 本天竺胡人、後漢入中國、而稱竺氏。

とあり、後漢時代、インドから渡来した帰化人の子孫だという。『宋書』巻九十七・索虜伝に、

> 冠軍將軍・青州刺史竺夔鎭東陽城、聞虜將至、斂衆固守。……以固守功、進號前將軍、封建陵縣男、食邑四百戶。夔、字祖季、東莞人也、官至金紫光祿大夫。

とあり、南朝宋の初め（423年）、北魏の攻撃を防いだ竺夔が「東莞の人」と記されているように、南北朝時代、竺氏は東莞郡莒県（『元和姓纂』）を本籍地にしていたようである。ただし、『晋書』巻百六・石季龍載記上に、

> 安定人侯子光、弱冠美姿儀、自稱佛太子、從大秦國來、當王小秦國、易姓名爲李子楊。游于鄠縣爰赤眉家、頗見其妖狀、事微有驗。赤眉信敬之、妻以二女、轉相扇惑。京兆樊經・竺龍・嚴諶・謝樂子等、聚衆數千人於杜南山。子楊稱大黄帝、建元曰龍興。赤眉與經爲左右丞相、龍・諶爲左右大司馬、樂子爲大將軍。

とあるように、五胡十六国・後趙の石虎（？～349、武帝）のとき、関中で挙兵した侯子光の乱（337年）に、「京兆の竺龍」という人物が加担している。魏晋時代、竺氏は京兆郡を本籍とし、この地の豪族的な存在だったことが窺われる。

同上巻六十二・祖逖伝に、

> 初、北中郎將劉演距于石勒也、流人塢主張平・樊雅等在譙、演署平爲豫州刺史、雅爲譙郡太守。

とあるように、西晋の兗州刺史劉演は、石勒（274～333、後趙の明帝）との戦いに際して、譙県に拠る塢主の張平・樊雅らの支援を期待し、張平を豫州刺史、樊雅を譙郡太守に署置したというのである（315～316年頃）。おそらく、焦嵩らが郡太守を授けられ、さらには四征・四鎮将軍を加えられる経緯も、これと同類なのだろう。権力基盤の薄弱な長安の愍帝政権は、実体は塢主にすぎない焦嵩らの軍事力・経済力に目をつけ、高位高官に任命することによって、かれらの歓心を買い、協力を取りつけようとしたのである。

③ 五胡十六国時代における諸村塢の動向

　五胡十六国時代、関中の諸村塢はこの地を統治する（しようとする）政権にとって、なくてはならない、あるいは無視することのできない政治勢力となる。『資治通鑑』巻九十八・晋紀二十・穆帝永和六年（350年）の条に、

> （二月）王朗之去長安也、朗司馬京兆杜洪據長安、自稱晉征北將軍・雍州刺史、以馮翊張琚爲司馬。關西夷・夏皆應之。苻健欲取之、……既而自稱晉征西大將軍・都督關中諸軍事・雍州刺史、……悉衆而西。……杜洪聞之、與健書、侮慢之。以張琚弟先爲征虜將軍、帥衆萬三千逆戰于潼關之北。先兵大敗、走還長安。……三輔郡縣・堡壁皆降。冬十月、苻健長驅至長安、杜洪・張琚奔司竹。

とある。後趙の末期、京兆の杜洪が自立を企てると、「関西の夷・夏」がこれに呼応した。ところが、氐族の苻健（317～355、前秦の明帝）が関中に侵攻し、杜洪側が劣勢になると、「三輔の郡県・堡壁」は雪崩をうって、苻健に降ったというのである（現行『晋書』に当該記事は見えない）。「関西夷・夏」と「三輔郡県・堡壁」は同義であり、関西（＝三輔）の都市、および村塢に居住す

る漢族（夏）と非漢族（夷）を意味している。

また、『晋書』巻百十四・苻堅載記下に、

> 關中堡壁三十〔原文は「三千」に作るが、『資治通鑑』巻百六・晋紀二十八・孝武帝太元十年五月の条によって改める〕餘所、推平遠將軍馮翊趙敖爲統主、相率結盟、遣兵糧助堅。

とあるように、前秦の末期（385年）、「関中の堡壁三十余所」が連合して平遠将軍の趙敖（かれも塢主の一人なのだろう）を盟主に推戴し、西燕の慕容沖（？～386）の攻撃をうけて苦戦する苻堅（338～385、前秦の宣昭帝）に兵糧を送り、これを支援しようとしたという。

おなじような事例はほかにも見え、西晋末から五胡十六国時代にかけて、関中の諸村塢は非常に大きな政治力を保有し、かれらの動向が政局を左右したことが窺われる。しかし、北魏による黄河流域の統一、いわゆる北朝の成立後、村塢の自律性を示すような記事は次第に少なくなる。先行研究が指摘するように、体制に取り込まれ、末端の行政単位として再編されていったのである。

以上のように、渭河流域には多くの村塢が存在した。次節では、それらを個別具体的に見てゆくこととしたい。

(2) 渭河流域の諸村塢

① 五谿聚（もしくは五雞聚）

『後漢書』本紀一下・光武帝紀下・建武十年（34年）十月の条に、

> 來歙率諸將撃羌於五谿、大破之。

とあるように、後漢初め、光武帝の武将來歙（？～35）は「五谿」の羌族を討った。『続漢書』郡国志五・涼州隴西郡襄武県に、

> 有五雞聚。

とあるように、隴西郡襄武県（現在の甘粛省隴西県）にあった村塢の名であり、「五雞聚」とも表記される。

『太平寰宇記』巻百五十一・隴右道二・渭州襄武県に、

> 有五谿聚、即楊盛分羌爲部以五谿、毎谿爲一聚、于是有五谿之名。

とあり、『読史方輿紀要』巻五十九・陝西八・鞏昌府隴西県に、

> 五谿聚。在府東。後漢志注、襄武有五谿聚、建武十五年、來歙破羌於五谿、是也。隴西記、襄武有五谿、楊盛分羌爲五部、錯居谿旁、毎谿爲五聚、於是有五谿之號。

とあるように、五胡十六国時代、仇池国の楊盛（364～425）が羌族を五部に分けたとき、渓谷ごとに五つの村塢を作ったことから、五谿と称したとされる。ただし、『宋書』巻九十八・氐胡伝に、

> 略陽清水氐楊氏、秦漢以來、世居隴右、爲豪族。……（太元）十五年〔390年〕、又以定爲輔國將軍・秦州刺史、……又進持節・都督隴右諸軍事・輔國大將軍・開府儀同三司、（平羌）校尉・刺史如故。其年、進平天水・略陽郡、遂有秦州之地、自號隴西王。至十九年、攻隴西虜乞佛乾歸、定軍敗見殺。無子。佛句子盛先爲監國、守仇池、襲位、自號使持節・征西將軍・秦州刺史・平羌校尉・仇池公。……分諸四山氐・羌爲二十部護軍、各爲鎭戍、不置郡縣。

とあるように、楊盛が配下の氐族・羌族を二十部に分け、護軍という行政・軍事の単位に再編した

という記事は見えるが、羌族を五部に分けたことは確認できず、そもそも、五谿聚は後漢初期から存在したことが確認できるので、『太平寰宇記』、あるいは『読史方輿紀要』に引かれた『隴西記』の記事は、後世の附会なのだろう。

② 桑壁

『晋書』巻八十六・張軌伝附張茂伝に、

　　明年、劉曜遣其將劉咸攻韓璞於冀城、呼延寔攻寧羌護軍陰鑒于桑壁。

とあるように、東晋の太寧元年（323年）、五胡十六国・前趙の軍は前涼の将陰鑒が守る「桑壁」を攻めている。当該記事は、『資治通鑑』巻九十二・晋紀十四・明帝太寧元年七月の条にも載せられているが、胡三省は、

　　桑壁、當在南安界。

という注をつけ、桑壁は南安郡内にあったと解釈している。魏晋時代の南安郡は、現在の甘粛省隴西県一帯を境域とし、また、このとき、前趙の軍は天水郡冀県（現在の甘粛省天水市の西）も攻めているから、桑壁もまた渭水流域、おそらく、隴西県の下流、冀県の上流にあったのだろう。

③ 落門聚（もしくは雒門聚）

『後漢書』光武帝紀下・建武十年（34年）十月の条に、

　　中郎將來歙等大破隗純於落門。

とある。両漢交替期、群雄の隗囂（？～33）は隴西地方に割拠するが、その子の隗純のとき、後漢の討伐をうけ、「落門」で滅亡してしまう。同上李賢注に、

　　前書曰、天水冀縣有落門聚。在今渭州隴西縣東南。有落門山、落門水出焉。

とあり、『続漢書』郡国志五・涼州漢陽郡冀県に、

　　有雒門聚。

とあるように、唐の渭州隴西県（現在の甘粛省武山県附近）の東南にあった「落門聚」、もしくは「雒門聚」という村塢である。また、『水経注』巻十七・渭水上に、

　　渭水又東、有落門西山東流三谷水注之、三川統一、東北流注于渭水。有落門聚、昔馮異攻落門、
　　未拔而薨。建武十年、來歙又攻之、擒隗囂子純、隴右平。

とあるように、渭水の南に落門山という山があるが、その西側の三谷から発する渓流が合流したものが落門水であり、東北に流れて渭水に注ぐ。つまり、落門聚は渭水の南岸、落門水との合流点にあったことがわかる。川の合流点に村塢が建設される事例はよく見られ、たとえば、同上巻七・済水一に、

　　㴨水又東南流、右會同水、水出南原下、東北流、逕白騎塢南。塢在原上、據二谿之會、北帶深
　　隍、三面阻嶮、惟西版築而已。

とあるように、河内郡軹県（現在の河南省済源市）の地にあった「白騎塢」は、二つの渓流が交差する高台の上に位置し、北側も深い空堀に守られ、西側にのみ城壁が築かれていたという。落門聚もまた、渭水と落門水を自然の堀に見立てていたのだろう。なお、『蜀志』巻十五・姜維伝に、

　　（延熙十六年）夏、維率數萬人出石營、經董亭、圍南安。魏雍州刺史陳泰解圍、至洛門、維糧
　　盡退還。

とあり、魏の陳泰（？〜260）は蜀軍に包囲された南安郡を救援するため、「洛門」に至った（253年）といわれるように、落門聚は、三国時代もなお交通・軍事の要衝だったことが窺われる。

④　柔凶塢（もしくは桑凶塢）

『晋書』巻八十六・張軌伝に、

>　秦州刺史裴苞・東羌校尉貫與據險斷使、命宋配討之。西平王叔與曹祛餘黨麹儒等劫前福禄令麹恪爲主、執太守趙彝、東應裴苞。寔迴師討之、斬儒等。左督護陰預與苞戰狹西、大敗之、苞奔桑凶塢。

とあるように、西晋の永嘉六年（312年）、秦州刺史の裴苞は、五胡十六国・前涼の張軌（255〜314）が派遣した軍に敗れ、「桑凶塢」に逃れたとされる。『資治通鑑』巻八十八・晋紀十・懐帝永嘉六年九月の条は、

>　秦州刺史裴苞據險、以拒涼州兵。張寔・宋配等擊破之、苞奔柔凶塢。

とあるように、「柔凶塢」に作る。『読史方輿紀要』巻五十九・陝西八・秦州には、

>　柔凶塢、在州西南。

とあり、清の顧祖禹（1631〜1692）は秦州（現在の甘粛省天水市）の西南にあったと解釈する。

⑤　伯陽堡（もしくは柏陽堡）

『晋書』巻百二十五・乞伏乾歸載記に、

>　又攻克（姚）興別將姚龍于伯陽堡、王憬于永洛城、徙四千餘戸于苑川、三千餘戸于譚郊。

とあるように、五胡十六国・西秦の乞伏乾歸（？〜412）は後秦の武将を「伯陽堡」に攻め、これを陥落させたという（411年）。『資治通鑑』巻百十六・晋紀三十八・安帝義熙七年の条には、

>　河南王乾歸攻秦略陽太守姚龍於柏陽堡、克之。冬十一月、進攻南平太守王憬於水洛城、又克之。

とあり、「柏陽堡」に作る。『水経注』巻十七・渭水上に、

>　（渭水）又東過上邽縣。……渭水又東、伯陽谷水入焉、水出刑馬之山伯陽谷、北流、……又西北歷谷、引控羣流、北注渭水。渭水又東歷大利、又東南流、苗谷水注之、水南出刑馬山、北歷平作、西北逕苗谷、屈而東逕伯陽城南、謂之伯陽川。……渭水東南流、……左則伯陽東渠水注之。

とあるように、上邽県（現在の甘粛省天水市）の東に位置する渭水支流のなかに、渭水の南にそびえる刑馬山から北流して渭水に注ぐ「伯陽谷水」と「苗谷水（伯陽川ともいう）」という河川が確認され、さらにそれらの下流には渭水の北側から合流する「伯陽東渠水」という川も見える。「伯陽堡」という『晋書』の表記が正確だとすれば、これらの河川のいずれかの流域にあった村塢という推測が成り立つ。

ところで、同上には、

>　（渭水）又東過冀縣北。……渭水又東與新陽崖水合、即隴水也、東北出隴山。其水西流右逕瓦亭南、……一水亦出隴山、東南流歷瓦亭北、又西南合爲一水、謂之瓦亭川。……瓦亭水又南逕成紀縣東、歷長離川、謂之長離水。……其水又西南與略陽川水合、水出隴山香谷西、……川水又西南得水洛口、水源東導隴山、西逕水洛亭。

とある。隴山に源を発して渭水に注ぐ隴水（現在の葫蘆河）は、おおよそ下流を新陽崖水、中流を長離水、上流を瓦亭水という。長離水と呼ばれる中流には、やはり隴山から発する略陽川水が合流

する。「水洛亭」は略陽川水の西岸にあった都市である（現在の甘粛省庄浪県附近）。前掲『晋書』乞伏乾帰載記の「永洛城」は、『資治通鑑』に見える「水洛城」の誤りであり、『水経注』のいう「水洛亭」をさすと推測される。前述の伯陽谷水、伯陽川、伯陽東渠水はともに渭水と隴水の合流点よりも下流に位置する。ここから水洛亭を攻めるためには、まず渭水をさかのぼり、さらにその支流の隴水をさかのぼらなければならない。この行程を大軍が進むのに何日を費やすのか、にわかには分からないが、地勢的に見れば、かなりのロスがあると思われる。とすれば、「伯陽堡」ではなく、『資治通鑑』に記される「柏陽堡」が正しく、その場所は水洛亭の周辺、すなわち隴水流域だったのかもしれない。

⑥　白崖堡

　　『資治通鑑』巻百十五・晋紀三十七・安帝義熙六年（410年）三月の条に、

　　　夏王（赫連）勃勃遣尚書胡金纂攻平涼、秦王興救平涼、撃金纂、殺之。勃勃又遣兄子左將軍羅
　　　提攻拔定陽、阬將士四千餘人。秦將曹熾・曹雲・王肆佛等各將數千戸内徙、興處之湟山及陳倉。
　　　勃勃寇隴右、破白崖堡、遂趣清水、略陽太守姚壽都棄城走、勃勃徙其民萬六千戸於大城。興自
　　　安定追之、至壽渠川、不及而還。

とあるように、五胡十六国・夏の赫連勃勃（？～425、武烈帝）は後秦の軍事拠点であった「白崖堡」を攻略した。胡三省は、

　　　清水縣、前漢屬天水郡、後漢省、晉分屬略陽郡。元豐九域志、清水縣在秦州東九十里、有白沙
　　　鎭、縣西又有白石堡。

という注をつけ、宋代の清水県（現在の甘粛省清水県）にあった「白沙鎮」、もしくは「白石堡」という集落に比定している。なお、当該記事は現行『晋書』には見えない。

⑦　鳴蟬堡

　　『晋書』巻百二十五・乞伏乾帰載記に、

　　　苻登將沒弈于遣使結好、以二子爲質、請討鮮卑大兜國。乾歸乃與沒弈于攻大兜於安陽城、大兜
　　　退固鳴蟬堡、乾歸攻陷之、遂還金城。

とあるように、西秦の乞伏乾帰は、前秦の驃騎将軍沒弈于と結び、鮮卑の大兜を「鳴蟬堡」に攻め、これを滅ぼしている。当該記事は、『資治通鑑』巻百七・晋紀二十九・孝武帝太元十六年（391年）八月の条にも見え、胡三省は、

　　　據載記、大兜時據安陽城。安陽城、在唐秦州隴城縣界。鳴蟬堡、亦當在其地。

という注をほどこし、唐代の秦州隴城県（現在の甘粛省秦安県）にあったと推測している。隴城県は隴水下流域の都市である。

⑧　野人塢

　　『太平寰宇記』巻三十・関西道六・鳳翔府天興県に、

　　　野人塢。在縣南一百八十歩。秦穆公失駿馬、野人盜食之處也。

とあるように、北宋の初め、鳳翔府天興県（現在の陝西省鳳翔県）には「野人塢」という村塢があった。秦の穆公の名馬が野人に食われた場所に因むのだという。当時、集落として使用されていたのか、あるいはいつ建設されたのか、定かではないが、「塢」という地名から、後漢～魏晋南北朝

期につくられた村塢と見てまちがいない。

⑨　龍尾堡

『晋書』巻百十八・姚興載記下に、

> 勃勃遣其將赫連建率衆寇貳縣、數千騎入平涼。姚恢與建戰于五井、平涼太守姚興都〔軍都の誤り〕爲建所獲、遂入新平。姚弼討之、戰于龍尾堡、大破之、擒建、送於長安。

とあるように、後秦の将姚弼は夏の将赫連建を「龍尾堡」に破った（413年）。当該記事は、『資治通鑑』巻百十七・晋紀三十九・安帝義熙十一年（415年）九月の条にも載せられており、胡三省は、

> 劉昫地理志、鳳翔府岐山縣、唐武德七年、移治龍尾城。

と注し、龍尾堡を岐山県の「龍尾城」に比定している。

⑩　郭氏塢

『蜀志』巻五・諸葛亮伝注引『漢晋春秋』に、

> 亮卒于郭氏塢。

とあり、建興十二年（234年）、蜀の丞相諸葛亮（181〜234）は「郭氏塢」で亡くなったという。『蜀志』諸葛亮伝に、

> 十二年春、亮悉大衆由斜谷出、以流馬運、據武功五丈原、與司馬宣王對於渭南。……相持百餘日。其年八月、亮疾病、卒于軍。

とあるように、諸葛亮は五丈原（郿県の西南）で魏の司馬懿（179〜251）と対陣中に病死している。両記事を整合的に解釈すれば、郭氏塢は五丈原にあったこと、そして、諸葛亮はそこを本陣として使用していたということになる。その由来は詳らかではないが、他の事例を参考にすれば、郭氏という個人もしくは一族によって建設された村塢だったのだろう。

⑪　郿塢（萬歲塢、董卓塢ともいう）

渭河流域の村塢のうち、もっとも有名なものは、『魏志』巻六・董卓伝に、

> 築郿塢、高與長安城埒、積穀爲三十年儲、云、「事成、雄據天下。不成、守此、足以畢老。」

とあるように、後漢末の梟雄、董卓（？〜192）によって築城された「郿塢」である。城壁の高さは長安城のそれに匹敵し、三十年分の穀物が蓄えられ、董卓が「天下統一の事業が成功しなくとも、ここを守れば、老後を過ごすには十分だ」と豪語するほどの堅固な村塢だった。

『後漢書』列伝六十二・董卓伝に、

> 乃結壘於長安城東以自居。又築塢於郿、高厚七丈、號曰「萬歲塢」。積穀爲三十年儲。自云、「事成、雄據天下。不成、守此、足以畢老。」……（董卓暗殺後）使皇甫嵩攻卓弟旻於郿塢、殺其母妻男女、盡滅其族。……塢中珍藏有金二三萬斤、銀八九萬斤、錦綺繒縠紈素奇玩、積如丘山。

とあるように、初平二年（191年）、長安に撤退した董卓は、まず長安城の東に「結壘」、すなわち村塢を作り、これを居城とした。当時、長安城はかなり荒廃していたと考えられ、『後漢書』本紀九・献帝紀・興平二年（195年）四月丁酉の条に、

> 郭汜攻李傕、矢及御前。是日、李傕移帝、幸北塢。

とあり、同上・李賢注に引かれる『山陽公載記』に、

> 時帝在南塢、傕在北塢。時流矢中傕左耳、乃迎帝、幸北塢。

とあるように、董卓死後、その故将の李傕・郭汜らが長安を支配していた頃、献帝（在位189〜220）は「南塢」、李傕は「北塢」を居城としていたらしい。『資治通鑑』巻六十一・漢紀五十三・献帝興平二年四月丙申の条にも当該記事が載せられており、胡三省は、

　　　據傕・汜和後、然後帝得出長安宣平門、則北塢蓋在長安城中。傕・汜於城中各築塢而居也。

という注をほどこし、北塢は長安城内にあり、李傕と郭汜はそれぞれ城内に村塢を築いて居住していたと解釈している。董卓が城東に築いた村塢も、城内にあった可能性が高い。

　さらに董卓は郿県に村塢を築き、「萬歳塢」と号し、穀物のほか、莫大な量の金銀財宝が蓄えられていたというのである。しかし、『魏志』董卓伝注引『英雄記』にも、

　　　旻〔董卓の弟〕・璜〔同じく兄子〕等及宗族老弱悉在郿、皆還、爲其羣下所斫射。卓母年九十、走至塢門、曰、「乞脱我死。」即斬首。……卓塢中金有二三萬斤、銀八九萬斤、珠玉錦綺玩雜物、皆山崇卓積、不可知數。

とあるように、董卓の死後、かれの一族は郿塢で滅亡した。ただし、『魏志』巻二十八・鄧艾伝に、

　　　艾言司馬文王曰、「…可封禪爲扶風王、錫其資財、供其左右。郡有董卓塢、爲之宮舍。…」

とあるように、蜀平定の立役者、鄧艾（197〜264）は、降伏した後主劉禪（207〜271）を扶風王に封じ、「董卓塢」を「宮舍」として住まわせるよう、司馬昭（211〜265）に提案している。ここで言う「董卓塢」は、郿塢をさしている。長安城と同規模の堅固な城壁をもつ郿塢は、その後も長く、集落として使用されたことが窺われる。

　なお、『水経注』巻十七・渭水上に、

　　　渭水又東逕郿塢南。漢獻帝傳曰、董卓發卒、築郿塢、高與長安城等、積穀爲三十年儲、自云、「事成、雄據天下。不成、守此、足以畢老。」其愚如此。

とあり、『元和郡県図志』巻二・関内道二・鳳翔府郿県に、

　　　董卓塢。在縣東北十六里。卓封郿侯、築塢、高與長安埒、號爲萬歳塢。

とあり、『太平寰宇記』巻三十・関西道六・鳳翔府郿県に、

　　　郿塢。在縣東北十六里。董卓封郿侯、據北皐築塢、高七丈、號曰萬歳塢、亦曰董卓塢、以寫長安城形。

とあるように、後世の地理書にも、郿塢の記事は載せられており、郿県の東北十六里の地点にある丘の上に建設されたものだという。

⑫　**新羅堡**

　『晋書』巻百十五・苻登載記に、

　　　（姚）萇攻陷新羅堡。萇〔衍字〕扶風太守齊益男奔（苻）登。

とあり、『資治通鑑』巻百七・晋紀二十九・孝武帝太元十五年（390年）三月の条に、

　　　後秦主萇攻秦扶風太守齊益男於新羅堡、克之、益男走。

とあるように、前秦と後秦の抗争のさなか、後秦の姚萇（330〜393、武昭帝）は前秦の扶風太守を「新羅堡」に攻め、これを敗走させたという。『陝西通志』巻十六・関梁一・西安府常興県に、

　　　新羅堡。在縣東南。

とあり、『読史方輿紀要』巻五十五・陝西四・鳳翔府郿県に、

> 新羅堡。在縣東南。晉太元十五年、姚萇攻秦扶風太守齊益男於新羅堡、克之。時扶風郡、蓋寄治於此。

とあるように、新羅堡は鄠県の東南にあったとされる。

新羅堡の由来は不明であるが、漢語の「新羅」は朝鮮半島に存在した国名であり、それ以外の意味はない。とすれば、新羅と何らかの関係がある村塢ということになるのだろうか。周知のように、新羅は唐の初め、朝鮮半島を統一した国家であるが、『資治通鑑』巻百四・晋紀二十六・孝武帝太元二年（377年）春の条に、

> 高句麗・新羅・西南夷、皆遣使入貢于秦。

とあるように、管見の限り、五胡十六国の前秦に朝貢したという記事が、中国との交渉の始まりである。さらに、同上・太元五年の条に、

> 秦征北將軍・幽州刺史行唐公洛、……自以有滅代之功、求開府儀同三司、不得。由是怨憤。三月、秦王堅以洛爲使持節・都督益寧西南夷諸軍事・征南大將軍・益州牧、……（苻洛）大言曰、「孤計決矣。沮謀者斬。」於是自稱大將軍・大都督・秦王、……分遣使者、徵兵於鮮卑・烏桓・高句麗・百濟・新羅・休忍諸國。

とあるように、前秦の幽州刺史であった行唐公苻洛（苻堅の兄子）が反乱にふみきるに際して、烏桓・鮮卑などの北方遊牧民族のほか、朝鮮半島の高句麗・百済・新羅などからも徴兵しようとしたとされる。五胡十六国の諸政権では、服属させた集団を他の地域に移住させる、いわゆる徙民が頻繁におこなわれた。前秦もまた、かつて敵対した鮮卑・羌などの集団を関中に移住させている。新羅が前秦に服属していたことは明らかであり、記録には見えないが、かれらもまた徙民の対象となった可能性は高い。同上巻百十七・晋紀三十九・安帝義熙十二年（416年）六月の条に、

> 并州胡數萬落叛秦、入于平陽、……攻立義將軍姚成都于匈奴堡。〔以下、胡三省注〕此匈奴種落相率保聚之地、因以爲名。

とあり、『読史方輿紀要』巻四十一・山西三・平陽府臨汾県に、

> 匈奴堡。舊志、在府西南七十里。匈奴種人嘗保聚於此、因名。

とあるように、現在の山西省臨汾市には「匈奴堡」と呼ばれる村塢があったが、胡三省や顧祖禹は地名の由来を匈奴が拠ったこと求めている。新羅堡の名も同様の事情によるものと考えられ、前秦時代、関中に移住した新羅出身者によって建設された村塢だったのだろう。

なお、前掲『晋書』苻登載記によれば、前秦の扶風太守は県城ではなく、村塢に駐在していたことが窺われる。『蜀志』巻十三・張嶷伝に、

> 初、越嶲郡自丞相亮討高定之後、叟夷數反、殺太守龔祿・焦璜。是後太守不敢之郡、只住安上縣、去郡八百餘里、其郡徒有名而已。時論欲復舊郡、除嶷爲越嶲太守。嶷將所領往之郡、……始嶷以郡郛不類壞、更築小塢。在官三年、徙還故郡、繕治城郭。

とあるように、蜀の越嶲太守張嶷（？〜258）は「小塢」を築いて駐在した。また、『資治通鑑』巻百六・晋紀二十八・孝武帝太元十年（385年）三月の条に、

> 初、劉牢之攻燕黎陽太守劉撫于孫就柵。〔以下、胡三省注〕孫就、人姓名、蓋立柵于黎陽界、劉撫因屯焉。

とあるように、五胡十六国・後燕の黎陽太守は「孫就柵」という村塢に駐屯していたことが確認できる。このように、当時、郡太守が村塢を治所とするのは、ごく一般的におこなわれていたことである。

⑬　囲趣柵

『魏書』巻八十・賀抜勝伝附賀抜岳伝に、

> 時万俟醜奴遣其大行臺尉遲菩薩向武功、南渡渭水、攻圍趣柵。（爾朱）天光遣岳率騎一千馳往赴救。菩薩攻柵、已克、還向岐州。岳以輕騎八百北渡渭水擒賊、令殺掠其民、以挑菩薩。

とあるように、北魏末、六鎮の乱の際（530年）、万俟醜奴（？〜530）が「囲趣柵」を攻めたという。『読史方輿紀要』巻五十五・陝西四・鳳翔府郿県に、

> 圍趣柵。在縣東南。南北朝時置柵於此。後魏永安中、高平賊万俟醜奴圍岐州、分遣將尉遲菩薩等自武功南渡渭、攻圍趣柵、抜之、即此。

とあるように、囲趣柵は郿県の東南にあったとされる。

⑭　馬嵬堡

『晋書』巻百十六・姚萇載記に、

> （慕容）沖既率衆東下、長安空虚。盧水郝奴稱帝於長安、渭北盡應之。扶風王驎有衆數千、保據馬嵬。奴遣弟多攻驎。萇伐驎、破之、驎走漢中。執多而進攻奴、降之。

とあり、また、『資治通鑑』巻百六・晋紀二十八・孝武帝太元十一年（386年）の条に、

> 鮮卑既東、長安空虚。前滎陽太守高陵趙穀等招杏城盧水胡郝奴帥戸四千入于長安、渭北皆應之、以穀爲丞相。扶風王驎有衆數千、保據馬嵬、奴遣弟多攻之。夏四月、後秦王萇自安定伐之、驎奔漢中。萇執多而進、奴懼、請降。

とあるように、前秦の苻堅死後、長安を占拠した盧水胡の郝奴は、「馬嵬」に拠る王驎を攻めるが、後秦の姚萇は両者の抗争に乗じて長安を支配下に収めたという。

馬嵬の地名は、安史の乱の際、楊貴妃（719〜756）が殺された「馬嵬駅」（『旧唐書』巻九・玄宗紀下、『資治通鑑』巻二百十八・唐紀三十四・粛宗至德元載六月丙申の条など）として知られるが、『通典』巻百七十三・州郡典三・古雍州上・京兆府金城県に、

> 周曰犬丘、秦曰廢丘、項羽封章邯爲王、都於此。漢高帝改名槐里、武帝又割置茂陵縣、有武帝茂陵。昭帝又割其地、置平陵縣、有昭帝平陵。魏改爲始平。開元中、改爲金城。有馬嵬故城。孫景安征塗記云、馬嵬所築、不知何代人。姚萇時、扶風王驎以數千人保馬嵬、即此也。

とあり、また、『元和郡県図志』巻二・関内道二・京兆府興平県に、

> 馬嵬故城。在縣西北二十三里。馬嵬於此築城以避難、未詳何代人也。

とあり、『太平寰宇記』巻二十七・関西道三・雍州興平県に、

> 馬嵬故城。一云馬嵬坡。馬嵬、姓名也、于此築城以避難、未詳何代人。

とあり、『大清一統志』巻百七十九・西安府二に、

> 馬嵬堡。在興平縣西三十里。亦曰馬嵬鎮。

とあるように、「馬嵬故城」、「馬嵬坡」、「馬嵬堡」ともいわれ、建設年代は不明ながら、馬嵬という人物が「避難」のために築いたものだという。とすれば、その始まりは、やはり、後漢以降、在

地の有力者によって建設された村塢にあると思われる。

ところで、『梁書』巻十七・馬仙琕伝に、

> 馬仙琕、字靈馥、扶風郿人也。父伯鸞、宋冠軍司馬。仙琕少以果敢聞。……（天監）十一年〔512年〕、遷持節・督豫北豫霍三州諸軍事・信武將軍・豫州刺史・領南汝陰太守。……在州四年、卒、贈左衛將軍。

とあり、『陳書』巻十九・馬樞伝に、

> 馬樞、字要理、扶風郿人也。祖靈慶、齊竟陵王録事參軍。樞、……六歲、能誦孝經・論語・老子。及長、博極經史、尤善佛經及周易・老子義。梁邵陵王綸爲南徐州刺史、素聞其名、引爲學士。…綸甚嘉之、將引薦於朝廷。尋遇侯景之亂、綸擧兵援臺、……（樞）乃隱於茅山、有終焉之志。天嘉元年、文帝徵爲度支尚書、辭不應命。……太建十三年〔581年〕卒、時年六十。撰道覺論二十卷、行於世。

とあるように、南朝梁の将軍馬仙琕（？～515）、および陳の処士馬樞（522～581）は「扶風郿の人」、すなわち扶風郡（漢代は右扶風という）郿県を本籍地としていた（馬仙琕と馬樞の先祖は、東晋以後、江南に移住し、南朝に仕えた官僚だったから、かれら自身は江南の生まれである）。おそらく、『後漢書』列伝十四・馬援伝に、

> 馬援、字文淵、扶風茂陵人也。……又交阯女子徵側及女弟徵貳反、攻沒其郡。九眞・日南・合浦蠻夷皆應之、寇略嶺外六十餘城。側自立爲王。於是璽書拜援伏波將軍、以扶樂侯劉隆爲副、督樓船將軍段志等南擊交阯。

とあるように、後漢光武帝の重臣、かつ伏波将軍に任ぜられて、いわゆる徵則・徵貳姉妹の反乱を鎮圧した馬援（前13～後49）、もしくはその一族の子孫なのだろう。

ちなみに、『明一統志』巻三十四・鳳翔府・古蹟に、

> 伏波村。在扶風縣西十里。漢伏波將軍馬援舊居。

とあり、『大清一統志』巻百八十四・鳳翔府二・古蹟に、

> 馬氏村。在扶風縣東南二十五里。相傳、漢馬融授徒處。

とあるように、明清時代、陝西省扶風県（漢代の郿県）には馬援の旧居があったとされる「伏波村」、および馬融の私塾があったとされる「馬氏村」という集落が確認できる。馬融（79～166）は、『後漢書』列伝五十上・馬融伝に、

> 馬融、字季長、扶風茂陵人也。將作大匠嚴之子。

とあるように、馬援の兄子馬嚴の子である。同上本紀十上・皇后紀上に、

> 明德馬皇后、諱某、伏波將軍援之小女也。

とあるように、末娘が明帝の皇后に立てられたことから、馬援の子孫は後漢の外戚・権貴としての地位を確立した。これにともなって、馬氏一族は郷里の右扶風においても繁栄し、郿県などにも勢力を拡大させたのだろう。とすれば、馬鬼堡は馬援の一族、すなわち扶風の馬氏の誰かによって建設された可能性が高いように思われる。

⑮　劉迴堡

『宋書』巻四十五・王鎭悪伝に、

高祖〔＝宋の武帝劉裕〕既至長安、佛佛〔＝赫連勃勃〕畏憚、不敢動。及大軍東還、便寇逼北
　　　地。義眞〔劉裕の子〕遣中兵參軍沈田子距之、虜甚盛、田子屯劉回堡。

とあり、また、『晉書』巻百三十・赫連勃勃載記に、

　　　勃勃善之、以子璝都督前鋒諸軍事・領撫軍大將軍、率騎二萬、南伐長安。前將軍赫連昌屯兵潼
　　　關、以（王）買德爲撫軍右長史、南斷青泥。勃勃率大軍繼發、璝至渭陽、降者屬路。義眞遣龍
　　　驤將軍沈田子率衆逆戰、不利而退、屯劉迴堡。

とあるように、義熙十四年（418年）正月、夏の軍勢が長安に迫ると、東晋の将沈田子（383～418）
はこれを迎撃するが、敗れて「劉迴堡」に撤退した。

　劉迴堡の位置については、『大清一統志』巻百七十九・西安府二には、

　　　又（興平）縣境有劉迴堡。……其地當在縣西南、久湮。

とあり、清代の西安府興平県（現在の陝西省興平市）の「西南」にあったとするが、『読史方輿紀
要』巻五十三・陝西二・西安府興平県は、

　　　劉迴堡。在縣東南。晉義熙十三年、劉裕入長安、以沈田子爲始平太守。及裕還、赫連勃勃遣其
　　　子璝向長安、至渭陽、田子將兵拒之、畏其衆盛、退屯劉迴堡、即此。

とあるように、同県の「東南」にあったとする。いまのところ、どちらが正しいか判断できないの
で、両説を併記する。

⑯　狗枷堡

　『水経注』巻十九・渭水下に、

　　　（霸水）又西北左合狗枷川水。水有二源、……（風涼）原爲二水之會、亂流北逕宣帝許后陵東、
　　　北去杜陵十里、斯川于是有狗枷之名。川東亦曰白鹿原也、上有狗枷堡。『三秦記』曰、「麗山西
　　　有白鹿原、原上有狗枷堡。秦襄公時、有大狗來、下有賊則狗吠之、一堡無患。」故川得厥目焉。

とあり、また、『太平御覧』巻九百五・獸部十七・狗下に引く『辛氏三秦記』に、

　　　有白鹿原。周平王時、白鹿出此原。原有狗枷堡。秦襄公時、有天狗来、其上有賊、天狗吠而護
　　　之、一堡無患。

とある。霸水は秦嶺山脈に源を発し、西安市藍田県附近を西北に流れて渭水に注ぐ。その支流の狗
枷川水も秦嶺から発し、漢代の杜陵県（現在の長安県の東）の東を経て、霸橋附近で霸水に合流す
る。狗枷川水の源流は二つあり、東川・西川と呼ばれていたが、両川は風涼原で合流し、さらに北
流して前漢宣帝（在位前74～前49）の許后陵の東を過ぎる。その東岸の白鹿原に「狗枷堡」という
村塢があったとされる。狗枷の地名は春秋時代の逸話に因るものと説明されているが、実際には後
漢以降に建設された村塢なのだろう。

⑰　范氏堡、段氏堡、逆萬堡、曲牢堡

　『晉書』巻百十五・苻登載記に、

　　　馮翊郭質起兵廣郷以應登、宣檄三輔曰、……衆咸然之。唯鄭縣人苟曜不從、聚衆數千應姚萇。
　　　登以質爲平東將軍、馮翊太守。質遣部將伐曜、大敗而歸。質乃東引楊楷、以爲聲援、又與曜戰
　　　于鄭東、爲曜所敗、遂歸于萇、萇以爲將軍、質衆皆潰散。登自雍攻萇將金溫于范氏堡、克之、
　　　遂渡渭水、攻萇京兆太守韋范于段氏堡、不克、進據曲牢。苟曜有衆一萬、據逆方堡、密應登、

登去曲牢繁川、次于馬頭原。

とあり、同上巻百十六・姚萇載記に、

　　　鎮東苟曜據逆萬堡、密引苻登。萇與登戰、敗於馬頭原、收衆復戰。……（萇）進戰、大敗之、
　　　登退屯于郿。

とあり、『資治通鑑』巻百七・晋紀二十九・孝武帝太元十六年（391年）の条（カッコ内は胡三省注）に、

　　　三月、秦主登自雍攻後秦安東將軍金榮于范氏堡、克之。遂渡渭水、攻京兆太守韋範于段氏堡、
　　　不克、進據曲牢。〔曲牢、在杜縣東北。〕……苟曜有衆一萬、密召秦主登、許爲内應。登自曲牢
　　　向繁川、〔繁川、蓋即杜陵縣之樊川也。〕軍于馬頭原。五月、後秦主萇引兵逆戰、登擊破之、破
　　　之斬其右將軍呉忠。萇收衆復戰、……遂進戰、大破之、登退屯於郿。

とあり、また、『通典』巻百五十四・兵典七・兵機務速に、

　　　十六國後秦姚萇與苻登相持。萇將苟曜據逆萬堡、密引苻登。

とある。

　東晋の太元十六年（391年）三月、前秦の苻登（342〜394、高帝）は三輔の豪族の支持をうけて、長安に進攻する。まず「范氏堡」を陥落させ、渭水を渡って、後秦の京兆太守が守る「段氏堡」を攻めるが、攻略できず、「曲牢」に転進した。このとき、鄭県の豪族苟曜が「逆萬堡」に拠り、苻登に呼応する。五月、後秦の姚萇は馬頭原で苻登と戦い、苦戦の末、これを退けたというのである。当時、苻登は現在の咸陽市彬県附近の「大界営」、もしくは「胡空堡」などを本拠地にしていたから、かれが最初に攻めた「范氏堡」は現在の咸陽市周辺にあり、渭水を渡って攻めた「段氏堡」は、京兆太守が駐屯していたということからしても、漢長安城周辺にあったものと推測される。淝水敗戦（383年）後の混乱によって、前秦の都であった長安が荒廃したため、後秦の京兆太守は長安城内もしくは城外に村塢を作り、駐留していたのだろう。また、苟曜が拠った「逆萬堡」は、かれの本拠地の鄭県、すなわち現在の渭南市華県周辺にあったと思われる。なお、苻登が駐留したとされる「曲牢」という地名も、『大清一統志』巻百七十九・西安府二・関隘に、

　　　曲牢堡。在咸寧縣南。

とあるように、「曲牢堡」という清代の咸寧県、すなわち西安の南にあった村塢の名である。

⑱　彌姐営、千戸固

『晋書』巻百十五・苻登載記に、

　　　登將軍寶洛・寶于等謀反、發覺、出奔于（姚）萇。登進討彭池、不克、攻彌姐營及繁川諸堡、
　　　皆克之。萇連戰屢敗、乃遣其中軍姚崇襲大界、登引師要之、大敗崇于安丘、……進攻萇將呉
　　　忠・唐匡于平涼、克之、以尚書苻碩原爲前禁將軍・滅羌校尉、戍平涼。登進據苟頭原、以逼安
　　　定。萇率騎三萬夜襲大界營、陷之、殺登妻毛氏及其子弁・尚、擒名將數十人、驅掠男女五萬餘
　　　口而去。登收合餘兵、退據胡空堡。遣使齎書、加寶衝大司馬・驃騎將軍・前鋒大都督・都督隴
　　　東諸軍事、楊定左丞相・都督中外諸軍事、楊璧大將軍・都督隴右諸軍事。遣衝率見衆爲先驅、
　　　自繁川趣長安。登率衆從新平逕據新豐之千戸固。使定率隴上諸軍爲其後繼、璧守仇池。

とあるように、太元十四年（389年）、前秦の苻登は長安の南に位置する「彌姐営、及び繁川の諸堡」

を攻略した。同年五月、姚萇に大界営を奇襲され、大損害を被るが、旧臣の竇衝・楊定（？～394)・楊璧らと連携し、三方から長安を攻める作戦を立てる。その際、苻登自身は新豊県の「千戸固」に拠る手はずだったというのである。『読史方輿紀要』巻五十三・陝西二・西安府臨潼県に、

> 千戸固。在縣西。晉太元十五年、苻登與姚萇相持、登趨長安據新豐之千戸固、去長安五十里。

とあるように、「千戸固」は現在の西安市臨潼区の西にあったとされる。

⑲　成貳壁

『資治通鑑』巻百六・晋紀二十八・孝武帝太元十年（385年）正月の条に、

> 甲寅、秦王堅與西燕主沖戰于仇班渠、大破之。……壬申、沖遣尚書令高蓋夜襲長安、……乙亥、高蓋引兵攻渭北諸壘、太子宏與戰於成貳壁、大破之、斬首三萬。

とあるように、前秦の皇太子苻宏は西燕の軍を「成貳壁」で破ったという。同上・胡三省注に、

> 成貳、蓋人姓名。關中大亂、立壁自保、因爲地名。

とあるように、村塢の名は建設者にちなんだものと思われる。その位置については、西燕の将高蓋が「渭北の諸塁を攻」めたとあることから、渭水の北、現在の咸陽市周辺にあったものと推測される。なお、当該記事は現行『晋書』には見えない。

⑳　新支堡

『晋書』巻百十六・姚萇載記に、

> 苻登與竇衝相持、萇議擊之、……（姚興）比至胡空堡、衝圍自解。登聞興向胡空堡、引還、興因襲平涼、大獲而歸、……使興還鎭長安。……萇如長安、至於新支堡、疾篤、輿疾而進。

とあるように、太元十八年（393年）、前秦の姚萇は長安に帰還する際、「新支堡」に至り、重体に陥った。しかし、病をおして先に進んだといわれるから、その場所は長安までわずかの距離、渭水の北岸、咸陽市周辺だったものと推測される。

㉑　楊氏壁（および石城柵）

『晋書』巻百十七・姚興載記上に、

> 慕容永既爲慕容垂所滅、河東太守柳恭等各阻兵自守、興遣姚緒討之。恭等依河距守、緒不得濟。鎭東薛彊先據楊氏壁、引緒從龍門濟河、遂入蒲坂。恭勢屈、請降。徙新平・安定新戸六千於蒲坂。

とあり、『資治通鑑』巻百八・晋紀三十・孝武帝太元二十一年（396年）の条に、

> 西燕既亡、其所署河東太守柳恭等各擁兵自守。秦主興遣晉王緒攻之、恭等臨河拒守、緒不得濟。初、永嘉之亂、汾陰薛氏聚其族黨、阻河自固、不仕劉・石。及苻氏興、乃以禮聘薛彊、拜鎭東將軍。彊引秦兵、自龍門濟、遂入蒲阪、恭等皆降。興以緒爲并冀二州牧、鎭蒲阪。

とあるように、後秦の将姚緒は、「楊氏壁」に拠る薛彊の支援をうけて黄河を渡り、并州攻略の足がかりを得たという。『魏書』巻四十二・薛辯伝に、

> 薛辯、字允白、其先自蜀徙於河東之汾陰、因家焉。祖陶、與薛祖・薛落等分統部衆、故世號三薛。父強〔＝彊〕、復代領部落、而祖・落子孫微劣、強遂總攝三營。善綏撫、爲民所歸、歷石虎・苻堅、常憑河自固。仕姚興爲鎭東將軍、入爲尚書。強卒、辯復襲統其營、爲興尚書郎、建威將軍・河北太守。……劉裕平姚泓、辯舉營降裕、司馬德宗拜爲寧朔將軍・平陽太守。及裕失

　　　　長安、辯來歸國、仍立功於河際、太宗授平西將軍・雍州刺史、賜爵汾陰侯。
とあるように、五胡十六国時代の初め、河東郡汾陰県の薛氏一族は、三つの村塢（「三営」）に分かれて自衛を図るが、薛彊のときに統合される。前述の「楊氏壁」は、薛彊および父の薛陶、さらに子の薛辯（379〜422）が拠った村塢なのだろう。

　さらに、『周書』巻三十五・薛端伝に、
　　　　薛端、字仁直、河東汾陰人也。……魏雍州刺史・汾陰侯辨之六世孫、代爲河東著姓。……年十七、司空高乾辟爲參軍、賜爵汾陰縣男。端以天下擾亂、遂棄官歸郷里。魏孝武西遷、太祖令大都督薛崇禮據龍門、引端同行。崇禮尋失守、遂降東魏。東魏遣行臺薛循義〔脩義の誤り〕、都督乙干貴率衆數千西度據楊氏壁。……端密與宗室及家僮等叛之、……遂入石城柵、……柵中先有百家、端與并力固守。……東魏又遣其將賀蘭懿・南汾州刺史薛琰達守楊氏壁。端率其屬并招喻村民等、多設奇以臨之。懿等疑有大軍、便即東遁、爭船溺死者數千人。端收其器械、復還楊氏壁。太祖遣南汾州刺史蘇景恕鎭之。
とある。北魏の東西分裂（534年）直後、東魏の軍は黄河を渡って「楊氏壁」を占領し、西魏への攻勢を強めようとしていた。このとき、西魏は薛端（薛彊の子孫）の活躍によって楊氏壁を奪還し、南汾州刺史の蘇景恕が駐屯したという。『資治通鑑』巻百五十六・梁紀十二・武帝中大通六年十月の条にも当該記事は載せられ、胡三省は、
　　　　據薛端傳、楊氏壁在龍門西岸、當在華陰・夏陽之間。蓋華陰諸楊遇亂築壁以自守、因以爲名。
という注をつけ、楊氏壁の位置を「龍門の西岸」、「華陰・夏陽の間」とし、その由来については、後漢以来の名門、華陰の楊氏一族によって築かれた村塢であると推測している。ちなみに、譚其驤主編『中国歴史地図集』第四冊（東晋十六国・南北朝時期）は、現在の渭南市韓城県附近に「楊氏壁」の文字を表記している。なお、薛端が一時身を寄せた「石城柵」には、「百家」の民衆が生活していたというから、これも楊氏壁の近くにあった小規模な村塢なのだろう。

㉒　姚武壁

　『太平寰宇記』巻二十八・関西道四・同州夏陽県に、
　　　　姚武壁。『十六國春秋』、苻堅二十一年、慕容泓起兵、屯華澤。堅遣子叡討之、以龍驤將軍姚萇爲司馬、爲泓所敗、叡死之。……萇懼、奔渭北。西州豪族率衆歸之、推萇爲盟主。萇乃僭號於此。蓋以武功立、因名姚武壁。
とある。淝水の敗戦後、西燕の慕容泓（？〜384）が反乱をおこし、討伐を命ぜられた鉅鹿公苻叡（苻堅の子）は華陰で敗死してしまう（384年）。苻叡の司馬であった姚萇は敗戦の罪を恐れ、渭水の北に出奔し、大将軍・大単于・萬年秦王と自称して前秦からの独立を宣言する。このとき、姚萇が拠った村塢が「姚武壁」である。『読史方輿紀要』巻五十四・陝西三・同州郃陽県によれば、
　　　　姚武壁。在縣東北。
とあり、現在の渭南市合陽県の東北にあったという。

おわりに

　今回の調査によって、文献史料に見える渭河流域の村塢のうち、固有名をもち、おおよその場所

を特定できる村塢が数多く判明した。ただし、紙数の関係から、紹介できたのは、主として渭河本流の流域にあった20余りにすぎない。渭河の支流である涇河（もと涇水）、および洛河（もと洛水、河南省洛陽市附近を流れて黄河に合流する洛河とは同名の別の河川。陝西省北部の山岳地帯から発し、延安の南を流れて渭河に注ぐ）流域にも多くの村塢が確認される。以下、主な村塢名と場所を列挙して、本報告の結びとしたい。

①密造堡（甘粛省平涼市）
②勅奇堡、黄石固（同上）
③路承堡（同上・涇川県）
④草壁（同上・霊台県）
⑤大界営（同上・涇川県）
⑥胡空堡、徐嵩堡（咸陽市彬県）
⑦姚奴堡、帛蒲堡（同上）
⑧冶谷堡（咸陽市）
⑨黄洛堡、和寧堡（咸陽市三原県）
⑩馬祇柵（馬祇柵、洪賓柵ともいう）（西安市）
⑪趙氏塢（銅川市）
⑫雨金堡（渭南市富平県）
⑬彭沛穀堡、大蘇堡（銅川市）
⑭李潤堡（銅川市）
⑮野人堡（渭南市蒲城県）

参考文献（のちに著書・全集に収録された論考は初出年のみ記し、掲載誌等は省略した）
石井仁　「黒山・白波考－後漢末の村塢と公権力」（『東北大学東洋史論集』第9輯、2003年）
石井仁　「柤中考－三国時代における洏南の村塢と流民、蛮夷」（『狩野直禎先生傘寿記念・三国志論集』三国志学会、2008年）
伊藤敏雄　「魏晋期における在地社会と国家権力」（『歴史学研究』第651号、1993年）
關尾史郎　「古代中国における移動と東アジア」（『岩波講座世界歴史⑲移動と移民』岩波書店、1999年）
谷川道雄　『隋唐帝国形成史論』（筑摩書房、1971年）
　　　　　『世界帝国の形成』（講談社現代新書・新書東洋史②、1977年）
田村実造　『中国史上の民族移動期－五胡・北魏時代の政治と社会』（創文社、1985年）
那波利貞　「塢主攷」（『東亜人文学報』第2巻第4号、1943年）
船木勝馬　『古代遊牧騎馬民の国』（誠文堂新光社、1989年）
堀敏一　「魏晋南北朝時代の『村』をめぐって」（1992年）（同氏著『中国古代の家と集落』汲古書院、1996）
三崎良章　『五胡十六国－中国史上の民族大移動』（東方選書、2000年）
宮川尚志　「六朝時代の村について」（1950年）（同氏著『六朝史研究－政治・社会篇』日本学術振興会、1956年）
宮崎市定　「中国における村制の成立」（1960年）（『宮崎市定全集』第7巻、岩波書店、1992年）
　　　　　「六朝時代華北の都市」（1962年）（同上）
金發根　『永嘉乱後北方的豪族』（台湾商務印書館、1964年、台北）

具聖姫　『両漢魏晋南北朝的塢壁』（民族出版社、2005年、北京）

周一良　『魏晋南北朝史論集』（中華書局、1963年、北京）

齊濤　『魏晋隋唐郷村社会研究』（山東人民出版社、1995年、済南）

譚其驤　『長水集（上)』（人民出版社、1987年、北京）

趙克堯　「論魏晋南北朝的塢壁」（1980年）（同氏著『漢唐史論集』復旦大学出版社、1993年、上海）

渭河流域先周・西周考古学文献目録

　この文献目録に取り上げた文献は、原則として本研究に利用した発掘調査関係の文献である。従って引用した文献の記述内容は、渭河流域の先周・西周時代遺跡に関する考古学報告が大部分ではあるが、一部、金文研究あるいは年代論等の論文や渭河流域以外の先周・西周関係の考古学的研究文献も含まれている。また本研究に引用しなかった文献でも、渭河流域の先周・西周時代考古学研究に於いて重要な意味を持つと、筆者が考えた文献に関しては、ここに掲載しておいた（飯島武次）。

1. 飯島武次　1988　「先周文化陶器の研究——劉家遺跡出土陶器の検討」（『考古学雑誌』第74巻第1号）
2. 飯島武次　1990　「先周文化青銅器の研究——二里岡上層青銅器の先周文化への波及」（『駒澤史学』第41号）
3. 飯島武次　1990　「二里岡上層青銅器対先周文化的影響」（『中原文物』1990年第3期）
4. 飯島武次　1992　「西周土器の編年研究——豊鎬地区の土器」（『駒澤史学』第44号）
5. 飯島武次　1992　「先周文化陶器研究——試論周原出土陶器的性質」（『考古学研究』（一）、北京大学考古系）
6. 飯島武次　1993　「最近収集の西周陶鬲について」（『駒澤史学』第46号）
7. 飯島武次　1993　「西周時代の関中と中原の土器」（『日本中国考古学会会報』第三号）
8. 飯島武次　1997　「西周時代都城遺跡の問題点」（『生産の考古学』同成社）
9. 飯島武次　1998　『中国周文化考古学研究』（同成社、東京）
10. 渭南県図書館・左忠誠　1980　「渭南県南堡村発現三件商代銅器」（『考古与文物』1980年第2期）
11. 尹盛平　1981　「周原西周宮室制度初探」（『文物』1981年第9期）
12. 尹盛平　2005　『周原文化与西周文明』（『早期中国文明』江蘇教育出版社）
13. 尹盛平・任周芳　1984　「先周文化的初歩研究」（『文物』1984年第7期）
14. 王恩田　1981　「岐山鳳雛村西周建築群基址的有関問題」（『文物』1981年第1期）
15. 王宇信　1984　『西周甲骨探論』(中国社会科学出版社)
16. 王永剛・崔風光・李延麗　2007　「陝西甘泉県出土晚商青銅器」（『考古与文物』2007年第3期）
17. 王暉　2004　「岐山考古新発現与西周史研究新認識」（『文博』2004年第5期）
18. 王巍・徐良高　2000　「先周文化的考古学探索」（『考古学報』2000年第3期）
19. 王玉清　1959　「岐山発現西周時代大鼎」（『文物』1959年第10期、84頁）
20. 王桂枝　1985　「宝鶏下馬営旭光西周墓清理簡報」（『文博』1985年第2期）
21. 王桂枝　1987　「宝鶏西周墓出土的幾件玉器」（『文博』1987年第6期）
22. 王桂枝　1991　「眉県車圏村出土西周青銅器」（『文博』1991年第2期）
23. 王桂枝・高次若　1981　「宝鶏地区発現幾批商周青銅器」（『考古与文物』1981年第1期）
24. 王桂枝・高次若　1981　「陝西宝鶏上王公社出土三件西周銅器」（『文物』1981年第12期）
25. 王桂枝・高次若　1983　「宝鶏新出土及館蔵的幾件青銅器」（『考古与文物』1983年第6期）
26. 王光永　1975　「陝西省宝鶏市峪泉生産隊発現西周早期墓葬」（『文物』1975年第3期）
27. 王光永　1977　「陝西省岐山県発現商代銅器」（『文物』1977年第12期）
28. 王光永　1984　「宝鶏県貢村塬発現夨王簋蓋等青銅器」（『文物』1984年第6期）
29. 王光永　1991　「陝西宝鶏戴家湾出土商周青銅器調査報告」（『考古与文物』1991年第1期）
30. 王克林　1994　「姫周戎狄説」（『考古与文物』1994年第4期）
31. 王克林　1994　「従唐叔虞之封論周族的起源」（『華夏考古』1994年第3期）

32. 王寿芝　1988　「陝西城固出土的商代青銅器」(『文博』1988年第6期)
33. 王世雄　1986　「陝西西周原始玻璃的鑑定与研究」(『文博』1986年第2期)
34. 王長啓　2002　「西安豊鎬遺址発現的車馬坑及青銅器」(『文物』2002年第12期)
35. 王長啓　1990　「西安市文物中心収蔵的青銅器」(『考古与文物』1990年第5期)
36. 王斌偉・彭景元　1991　「浅論先周文化」(『考古与文物』1991年第6期)
37. 王文学・高次若・李新泰　1990　「宝鶏霊隴出土西周早期青銅器」(『文博』1990年第2期)
38. 汪保全　1998　「甘粛天水市出土西周青銅器」(『考古与文物』1998年第3期)
39. 王鷹・王風英　2005　「陝西永寿県発現的先周文化遺存」(『考古与文物』2005年第6期)
40. 郭沫若　1957　「盠器銘考釈」(『考古学報』1957年第2期)
41. 岳連建　1991　「西周瓦的発明、発展演変及其在中国建築史上的意義」(『考古与文物』1991年第1期)
42. 岳連建　1998　「西周王陵位置初探」(『文博』1998年第2期)
43. 岳連建　2004　「周公廟西周大墓性質管見」(『文博』2004年第5期)
44. 夏商周断代工程専家組　2000　『夏商周断代工程1996－2000年階段成果報告・簡報』(北京)
45. 葛今　1972　「涇陽高家堡早周墓葬発掘記」(『文物』1972年第7期)
46. 甘粛省博物館文物組　1972　「霊台白草坡西周墓」(『文物』1972年第12期)
47. 甘粛省博物館文物隊　1977　「甘粛霊台白草坡西周墓」(『考古学報』1977年第2期)
48. 甘粛省文物工作隊　1986　「甘粛崇信于家湾周墓発掘簡報」(『考古与文物』1986年第1期)
49. 韓汝玢　1995　「張家坡M152出土西周戈的鑑定」(『考古』1995年第7期)
50. 韓明祥　1982　「臨潼南羅西周墓出土青銅器」(『文物』1982年第1期)
51. 咸陽市文物考古研究所・旬邑県博物館　2006　「陝西旬邑下魏洛西周早期墓発掘簡報」(『文物』2006年第8期)
52. 咸陽地区文管会・曹発展・陝西省考古研究所・陳国英　1981　「咸陽地区出土西周青銅器」(『考古与文物』1981年第1期)
53. 叶祥奎　1990　「陝西長安澧西西周墓地出土的亀甲」(『考古』1990年第6期)
54. 祁健業　1984　「岐山県博物館近年来征集的商周青銅器」(『考古与文物』1984年第5期)
55. 魏興興・李亜龍　2007　「陝西扶風斉鎮発現西周煉炉」(『考古与文物』2007年第1期)
56. 岐山県博物図書館・祁健業　1982　「岐山県北郭公社出土的西周青銅器」(『考古与文物』1982年第2期)
57. 岐山県博物館・龐文龍・劉少敏　1992　「岐山県北郭郷樊村新出土青銅器等文物」(『文物』1992年第6期)
58. 岐山県博物館・劉少敏・龐文龍　1992　「陝西岐山新出土周初青銅器等文物」(『文物』1992年第6期)
59. 岐山県文化館・陝西省文管会等　1976　「陝西省岐山県董家村西周銅器窖穴発掘簡報」(『文物』1976年第5期)
60. 姫乃軍　1992　「陝西延長出土一批商代青銅器」(『考古与文物』1992年第4期)
61. 姫乃軍・陳明徳　1993　「陝西延長出土一批西周青銅器」(『考古与文物』1993年第5期)
62. 岐阜市歴史博物館　1988　『中国陝西省宝鶏市周原文物展』
63. 牛世山　2000　「論先周文化的淵源」(『考古与文物』2000年第2期)
64. 許俊臣・劉得禎　1987　「甘粛合水、慶陽県出土早周陶器」(『考古』1987年第7期)
65. 巨万倉　1985　「陝西岐山王家嘴、衛里西周墓葬発掘簡報」(『文博』1985年第5期)
66. 巨万倉　1988　「周原岐山出土的青銅兵器」(『文博』1988年第5期)
67. 巨万倉　1989　「岐山流龍咀村発現西周陶窯遺址」(『文博』1989年第2期)
68. 苟保平　1996　「城固県文化館収蔵的青銅器」(『文博』1996年第6期)
69. 高強　1993　「陝西岐山双庵一具西周晩期人頭骨」(『文博』1993年第2期)

70. 考古研究所渭水調査発掘隊　1959　「陝西渭水流域調査簡報」(『考古』1959年第11期)
71. 考古研究所澧西発掘隊　1959　「1955－57陝西長安澧西発掘簡報」(『考古』1959年第10期)
72. 高次若　1984　「宝鶏貢村再次発現夨国銅器」(『考古与文物』1984年第4期)
73. 高次若　1991　「宝鶏市博物館蔵青銅器介紹」(『考古与文物』1991年第5期)
74. 高次若・劉明科　1990　「宝鶏茹家荘新発現銅器窖蔵」(『考古与文物』1990年第4期)
75. 高次若・劉明科・李新秦　1998　「宝鶏高家村発現劉家文化陶器」(『考古与文物』1998年第4期)
76. 侯若冰　1988　「扶風出土的青銅兵器与生産工具」(『文博』1988年第6期)
77. 侯若冰　1989　「扶風新出土的銅鼎銅戈」(『考古与文物』1989年第2期)
78. 黄盛璋　1986　「長安鎬京地区西周墓新出銅器群初探」(『文物』1986年第1期)
79. 高西省　1988　「扶風近年征集的商周青銅器」(『文博』1988年第6期)
80. 高西省　1989　「扶風唐西堰出土青銅器」(『考古与文物』1989年第1期)
81. 高西省　1993　「扶風出土的幾組商周青銅兵器」(『考古与文物』1993年第3期)
82. 高西省　1993　「扶風出土的西周巨型青銅爬龍及研究」(『文博』1993年第6期)
83. 高西省　1994　「論周原地区出土的幾種異形青銅兵器——兼論新干大墓的年代」(『文博』1994年第1期)
84. 高西省　1994　「扶風巨良海家出土大型爬龍等青銅器」(『文博』1994年第2期)
85. 高西省・侯若斌　1985　「扶風発現一銅器窖蔵」(『文博』1985年第1期)
86. 高明　1984　「略論周原甲骨文的族属」(『考古与文物』1984年第5期)
87. 康楽　1985　「陝西武功県征集到三件西周青銅器」(『考古与文物』1985年第4期)
88. 康楽　1986　「武功出土商周青銅器」(『文博』1986年第1期)
89. 江林昌　2000　「古公亶父"至于岐下"与渭水流域先周考古文化」(『考古与文物』2000年第2期)
90. 胡謙盈　1982　「姫周陶鬲研究」(『考古与文物』1982年第1期)
91. 胡謙盈　1982　「豊鎬考古工作三十年（1951－1981）的回顧」(『文物』1982年第10期)
92. 胡謙盈　1986　「試探先周文化及相関問題」(『中国考古学研究——夏鼐先生考古五十年紀念論文（二）』)
93. 胡謙盈　1987　「太王以前的周史管窺」(『考古与文物』1987年第1期)
94. 胡謙盈　2005　「南邠碾子坡先周文化遺存的性質分析」(『考古』2005年第6期)
95. 胡智生　1993　「強国墓地玉雕芸術初探」(『文博』1993年第6期)
96. 胡智生・劉宝愛・李永澤　1988　「宝鶏紙坊頭西周墓」(『文物』1988年第3期)
97. 呉鎮烽　1988　「陝西商周青銅器的出土与研究」(『考古与文物』1988年第5・6期)
98. 呉鎮烽・朱捷元・尚志儒　1979　「陝西永寿、藍田出土西周青銅器」(『考古』1979年第2期)
99. 呉鎮烽・雒忠如　1975　「陝西省扶風県強家村出土的西周銅器」(『文物』1975年第8期)
100. 胡百川　1987　「隴県梁甫出土西周早期青銅器」(『文博』1987年第3期)
101. 呉大焱・羅英杰　1976　「陝西武功県出土駒父盨蓋」(『文物』1976年第5期)
102. 呼林貴・薛東里　1986　「耀県丁家溝出土西周窖蔵青銅器」(『考古与文物』1986年第4期)
103. 近藤喬一　2008　「周原銅器窖蔵考——中国古代の銅器窖蔵2——」(『アジアの歴史と文化』第十二輯、山口大学)
104. 崔璿　1992　「夏商周三代三足甕」(『考古与文物』1992年第6期)
105. 柴福林・何滔滔・龔春　2005　「陝西城固県新出土商代青銅器」(『考古与文物』2005年第6期)
106. 史言　1972　「扶風荘白大隊出土的一批西周銅器」(『文物』1972年第6期)
107. 史言　1972　「眉県楊家村大鼎」(『文物』1972年第7期)
108. 秋維道・孫東位　1980　「陝西禮泉県発現両批商代銅器」(『文物資料叢刊』第3期)
109. 周原考古隊　1982　「周原出土伯公父簠」(『文物』1982年第6期)

110. 周原考古隊　2002　「陝西扶風県雲塘、斉鎮西周建築基址1999－2000年度発掘簡報」(『考古』2002年第 9 期)

111. 周原考古隊　2003　「2001年度周原遺址調査報告」(『古代文明』第 2 巻、395頁)

112. 周原考古隊　2003　「2001年度周原遺址(王家嘴、賀家地点)発掘簡報」(『古代文明』第 2 巻、432頁)

113. 周原考古隊　2003　「1999年度周原遺址ⅠA1区及ⅣA1区発掘簡報」(『古代文明』第 2 巻、491頁)

114. 周原考古隊　2003　「2002年周原遺址(斉家村)発掘簡報」(『考古与文物』2003年第 4 期)

115. 周原考古隊　2004　「2003年秋周原遺址(ⅣB2区与ⅣB3区)的発掘」(『古代文明』第 3 巻)

116. 周原考古隊　2004　「陝西周原遺址発現西周墓葬与鋳銅遺址」(『考古』2004年第 1 期)

117. 周原考古隊　2004　「周原遺址(王家嘴地点)嘗試性浮選的結果及初歩分析」(『文物』2004年第10期)

118. 周原考古隊　2005　「陝西周原七星河流域2002年考古調査報告」(『考古学報』2005年第 4 期)

119. 周原考古隊　2006　「2003年陝西岐山周公廟遺址調査報告」(『古代文明』第 5 巻)

120. 周原博物館　2005　「1995年扶風黄堆老堡子西周墓清理簡報」(『文物』2005年第 4 期)

121. 周原博物館　2005　「1996年扶風黄堆老堡子西周墓清理簡報」(『文物』2005年第 4 期)

122. 周原博物館　2007　「周原遺址劉家墓地西周墓葬的清理」(『文博』2007年第 4 期)

123. 周原扶風文管所　1985　「扶風斉家村七、八号西周銅器窖蔵清理簡報」(『考古与文物』1985年第 1 期)

124. 周原扶風文管所　1987　「陝西扶風強家一号西周墓」(『文博』1987年第 4 期)

125. 周秦文化研究会　1998　『周秦文化研究』(陝西人民出版社)

126. 種建栄　2007　「周原遺址斉家北墓葬分析」(『考古与文物』2007年第 6 期)

127. 種建栄・張敏・雷興山　2007　「岐山孔頭溝遺址商周時期聚落性質初探」(『文博』2007年第 5 期)

128. 種建栄・雷興山　2005　「周公廟遺址甲骨坑H1発掘記」(『文博』2005年第 1 期)

129. 種建栄・雷興山　2005　「周公廟遺址西周大墓与夯土囲墻発現記」(『文博』2005年第 3 期)

130. 種建栄・雷興山　2008　「岐山孔頭溝遺址田野考古工作的理念与方法」(『文博』2008年第 5 期)

131. 珠葆　1984　「長安灃西馬王村出土"鄒男"銅鼎」(『考古与文物』1984年第 1 期)

132. 淳化県文化館　1980　「陝西淳化史家塬出土西周大鼎」(『考古与文物』1980年第 2 期)

133. 淳化県文化館・姚生民　1986　「陝西淳化県出土的商周青銅器」(『考古与文物』1986年第 5 期)

134. 邵英　2006　「宗周、鎬京与嵩京」(『考古与文物』2006年第 2 期)

135. 商県図書館・西安半坡博物館・商洛地区図書館　1981　「陝西商県紫荊遺址発掘簡報」(『考古与文物』1981年第 3 期)

136. 肖琦　1991　「陝西隴県出土周代青銅器」(『考古与文物』1991年第 5 期)

137. 肖琦　1993　「隴県出土的両周陶器」(『文博』1993年第 6 期)

138. 徐錫台　1979　「早周文化的特点及其淵源的探索」(『文物』1979年第10期)

139. 徐錫台　1988　「周原考古工作的主要収穫」(『考古与文物』1988年第 5・6 期)

140. 徐天進　1990　「試論関中地区的商文化」(『紀念北京大学考古専業三十周年論文集』)

141. 徐天進　2004　「周原遺址最近的発掘収獲及相関問題」(『中国考古学』第四号)

142. 徐天進　2006　「周公廟遺址的考古所獲及所思」(『文物』2006年第 8 期)

143. 徐天進・王占奎・徐良高　2006　「1999年度周原遺址IA1区及ⅣA1区発掘簡報」(『周原遺址的分期与布局研究』北京大学中国考古学研究中心)

144. 徐天進・孫秉君　2006　「2001年度周原遺址調査報告」(『周原遺址的分期与布局研究』北京大学中国考古学研究中心)

145. 徐天進・孫秉君・徐良高・雷興山　2006　「2001年度周原遺址発掘簡報」(『周原遺址的分期与布局研究』北京大学中国考古学研究中心)

146. 徐天進・張恩賢　2002　「西周王朝的発祥地——周原——周原考古綜述」(『吉金鋳国史——周原出土西周青銅器精粋』北京大学考古文博学院・北京大学古代文明研究中心)

147. 徐天進・馬賽　2006　「周原遺址商周時期墓地的分布与年代」(『周原遺址的分期与布局研究』北京大学中国考古学研究中心)

148. 徐天進・雷興山・孫慶偉・種建栄　2006　「2003年秋周原遺址ⅣB2区及B3区的発掘」(『周原遺址的分期与布局研究』北京大学中国考古学研究中心)

149. 徐炳昶・常恵　1933　「陝西調査古蹟報告」(『国立北平研究院院務彙報』第4巻第6期)

150. 徐良高・王巍　2002　「陝西扶風雲塘西周建築基址的初歩認識」(『考古』2002年第9期)

151. 徐良高　2004　「周・崇・断代・文献——〈西周年代研究之疑問難辨〉読后」(『考古与文物』2004年第2期)

152. 辛怡華　2003　「岸——周王朝的良馬繁殖基地——眉県東李村盠尊（駒尊）組器再研究」(『文博』2003年第2期)

153. 辛怡華・劉宏岐　2002　「周原——西周時期異姓貴族的聚居地」(『文博』2002年第5期)

154. 鄒衡　1980　「論先周文化」(『夏商周考古学論文集』文物出版社)

155. 鄒衡　1988　「再論先周文化」(『周秦漢唐考古与文化国際学術会議論文集』西北大学)

156. 西安市文物管理処　1974　「陝西長安新旺村、馬王村出土的西周銅器」(『考古』1974年第1期)

157. 西安半坡博物館・王宜涛　1983　「商県紫荊遺址発現二里頭文化陶文字」(『考古与文物』1983年第4期)

158. 西安半坡博物館・鞏啓明　1981　「西安袁家崖発現商代晩期墓葬」(『文物資料叢刊』第5期)

159. 西安半坡博物館・藍田県文化館　1981　「陝西藍田懐珍坊商代遺址試掘簡報」(『考古与文物』1981年第3期)

160. 西北大学文博学院考古専業　1998　「陝西扶風県案板遺址西周墓的発掘」(『考古与文物』1998年第6期)

161. 西北大学文博学院・陝西省文物局・趙従蒼　2006　『城洋青銅器』(科学出版社、北京)

162. 西北大学歴史系考古専業　1988　「西安老牛坡商代墓地的発掘」(『文物』1988年第6期)

163. 石興邦　1954　「長安普渡村西周墓葬発掘記」(『考古学報』第8冊)

164. 石興邦　2004　「従周公廟西周墓葬的発現和発掘所想到的」(『文博』2004年第5期)

165. 石璋如　1949　「伝説中周都的実地考察」(『国立中央研究院歴史語言研究所集刊』第二十本下冊)

166. 石璋如　1956　「関中考古調査報告」(『国立中央研究院歴史語言研究所集刊』第二十七本)

167. 陝西周原考古隊　1978　「陝西扶風荘白一号西周青銅器窖蔵発掘簡報」(『文物』1978年第3期)

168. 陝西周原考古隊　1978　「陝西扶風県雲塘、荘白二号西周銅器窖蔵」(『文物』1978年第11期)

169. 陝西周原考古隊　1979　「陝西岐山鳳雛村西周建築基址発掘簡報」(『文物』1979年第10期)

170. 陝西周原考古隊　1979　「陝西岐山鳳雛村発現周初甲骨文」(『文物』1979年第10期)

171. 陝西周原考古隊　1979　「陝西扶風斉家十九号西周墓」(『文物』1979年第11期)

172. 陝西周原考古隊　1979　「陝西岐山鳳雛村西周青銅器窖蔵簡報」(『文物』1979年第11期)

173. 陝西周原考古隊　1980　「扶風雲塘西周墓」(『文物』1980年第4期)

174. 陝西周原考古隊　1980　「扶風雲塘西周骨器製造作坊遺址試掘簡報」(『文物』1980年第4期)

175. 陝西周原考古隊　1981　「扶風召陳西周建築群基址発掘簡報」(『文物』1981年第3期)

176. 陝西周原考古隊　1981　「扶風県斉家村西周甲骨発掘簡報」(『文物』1981年第9期)

177. 陝西周原考古隊　1983　「陝西岐山賀家村西周墓発掘報告」(『文物資料叢刊』第8期)

178. 陝西周原考古隊　1984　「扶風劉家姜戎墓葬発掘簡報」(『文物』1984年第7期)

179. 陝西周原考古隊　1986　「扶風黄堆西周墓地鑽探清理簡報」(『文物』1986年第8期)

180. 陝西周原考古隊・尹盛平主編　1992　『西周微氏家族青銅器群研究』(文物出版社)

181. 陝西周原考古隊・岐山周原文管所　1982　「岐山鳳雛村両次発現周初甲骨文」(『考古与文物』1982年第3期)

182. 陝西周原扶風文管所　1982　「周原西周遺址扶風地区出土幾批青銅器」(『考古与文物』1982年第2期)

183. 陝西周原扶風文管所　1982　「周原発現師同鼎」(『文物』1982年第12期)
184. 陝西省考古研究院商周考古研究部　2008　「陝西夏商周考古発現与研究」(『考古与文物』2008年第6期)
185. 陝西省考古研究所　1993　「陝西武功岸底先周遺址発掘簡報」(『考古与文物』1993年第3期)
186. 陝西省考古研究所　1995　『高家堡戈国墓』(三秦出版社)
187. 陝西省考古研究所　1995　『鎬京西周宮室』(西北大学出版社)
188. 陝西省考古研究所　2003　「陝西長安羊元坊商代遺址残灰坑的清理」(『考古与文物』2003年第2期)
189. 陝西省考古研究所　2007　「陝西扶風雲塘、齊鎮建築基址2002年度発掘簡報」(『考古与文物』2007年第3期)
190. 陝西省考古研究所商周室・北京大学考古系商周実習組　1988　「陝西耀県北村遺址発掘簡報」(『考古与文物』1988年第2期)
191. 陝西省考古研究所・徐錫台　1980　「岐山賀家村周墓発掘簡報」(『考古与文物』1980年第1期)
192. 陝西省考古研究所・陝西省文物管理委員会・陝西省博物館　1979　『陝西出土商周青銅器(一)』(北京)
193. 陝西省考古研究所・陝西省文物管理委員会・陝西省博物館　1980　『陝西出土商周青銅器(二)』(北京)
194. 陝西省考古研究所・陝西省文物管理委員会・陝西省博物館　1980　『陝西出土商周青銅器(三)』(北京)
195. 陝西省考古研究所・陝西省文物管理委員会・陝西省博物館　1984　『陝西出土商周青銅器(四)』(北京)
196. 陝西省考古研究所・北京大学考古実習隊　1987　「銅川市王家河墓地発掘簡報」(『考古与文物』1987年第2期)
197. 陝西省考古研究所宝鶏工作站・宝鶏市考古工作隊　1994　「陝西岐山趙家台遺址試掘簡報」(『考古与文物』1994年第2期)
198. 陝西省考古研究所・宝鶏市考古工作隊・眉県文化館楊家村聯合考古隊　2003　「陝西眉県楊家村西周青銅器窖蔵発掘簡報」(『文物』2003年第6期)
199. 陝西省考古研究所・宝鶏市考古工作隊・眉県文化館聯合考古隊　2003　「陝西眉県楊家村西周青銅器窖蔵」(『考古与文物』2003年第3期)
200. 陝西省考古研究所・宝鶏市考古工作隊・鳳翔県博物館　2007　「鳳雛県孫家南頭周墓発掘簡報」(『考古与文物』2007年第1期)
201. 陝西省考古研究所・宝鶏市考古隊　2000　「陝西省宝鶏市峪泉周墓」(『考古与文物』2000年第5期)
202. 陝西省考古研究所宝中鉄路考古隊　1995　「陝西隴県店子村四座周墓発掘簡報」(『考古与文物』1995年第1期)
203. 陝西省博物館・陝西省文物管理委員会　1963　『扶風齊家村青銅器群』(北京)
204. 陝西省博物館・陝西省文物管理委員会　1976　「陝西岐山賀家村西周墓葬」(『考古』1976年第1期)
205. 陝西省博物館・文管会岐山工作隊　1978　「陝西岐山礼村附近周遺址的調査和試掘」(『文物資料叢刊』第2期)
206. 陝西省文物管理委員会　1956　「長安張家坡村西周遺址的重要発現」(『文物参考資料』1956年第3期)
207. 陝西省文物管理委員会　1957　「長安普渡村西周墓的発掘」(『考古学報』1957年第1期)
208. 陝西省文物管理委員会　1960　「陝西岐山、扶風周墓清理記」(『考古』1960年第8期)
209. 陝西省文物管理委員会　1963　「陝西扶風、岐山周代遺址和墓葬調査発掘報告」(『考古』1963年第12期)
210. 陝西省文物管理委員会　1964　「陝西長安灃西張家坡西周遺址的発掘」(『考古』1964年第9期)
211. 陝西省文物管理委員会　1964　「陝西省永寿県、武功県出土西周銅器」(『文物』1964年第7期)
212. 陝西省文物管理委員会　1986　「西周鎬京附近部分墓葬発掘簡報」(『文物』1986年第1期)
213. 陝西省文物局・中華世紀壇芸術館　2003　『盛世吉金——陝西宝鶏眉県青銅器窖蔵』(北京出版社)
214. 曹瑋　1993　「太王都邑与周公封邑」(『考古与文物』1993年第3期)
215. 曹瑋　2001　「耀県北村商代遺址出土動物骨骼鑑定報告」(『考古与文物』2001年第6期)

216. 曹瑋　2002　『周原甲冑文』(世界図書出版公司)
217. 曹瑋　2004　『周原遺址与西周銅器研究』(科学出版社、北京)
218. 曹瑋　2005　『周原出土青銅器』(四川出版集団巴蜀書社)
219. 曹瑋　2006　『漢中出土商代青銅器』(四川出版集団巴蜀書社)
220. 曹永斌・樊維岳　1986　「藍田泄湖鎮発現西周車馬坑」(『文博』1986年第5期)
221. 曹明檀・尚志儒　1984　「陝西鳳翔出土的西周青銅器」(『考古与文物』1984年第1期)
222. 蘇秉琦　1948　『闘鶏台溝東区墓葬』(『国立北平研究院史学研究所陝西考古発掘報告』第一種第一号)
223. 宋豫秦・崔海亭・徐天進・周昆叔・王占奎　2002　「周原現代地貌考察和歴史景観復原」(『中国歴史地理論叢』第17巻第1期)
224. 孫華　1993　「関中商代諸遺址的新認識──壹家堡遺址発掘的意義」(『考古』1993年第5期)
225. 孫華　1994　「陝西扶風県壹家堡遺址分析──兼論晩商時期関中地区諸考古学文化的関係」(『考古学研究』(二)、北京大学考古系)
226. 孫慶偉　2006　「論周公廟和周原甲骨的年代与族属」(『古代文明』第5巻)
227. 中国科学院考古研究所　1962　『澧西発掘報告』(『中国田野考古報告集』考古学専刊丁種第十二号)
228. 中国科学院考古研究所　1965　『長安張家坡西周銅器群』(『考古学専刊』乙種第十五号)
229. 中国科学院考古研究所澧鎬考古隊　1963　「1961－62年陝西長安澧東試掘簡報」(『考古』1963年第8期)
230. 中国科学院考古研究所澧西発掘隊　1962　「1960年秋陝西長安張家坡発掘簡報」(『考古』1962年第1期)
231. 中国科学院考古研究所澧西考古隊　1965　「陝西長安張家坡西周墓清理簡報」(『考古』1965年第9期)
232. 中国社会科学院考古研究所　1984　『新中国的考古発現和研究』(『考古学専刊』甲種第十七号)
233. 中国社会科学院考古研究所　1988　『武功発掘報告──滸西荘与趙家来遺址』(『中国田野考古報告集』考古学専刊丁種第三十三号)
234. 中国社会科学院考古研究所　1999　『張家坡西周墓地』(『中国田野考古報告集』考古学専刊丁種第五十七号)
235. 中国社会科学院考古研究所　2007　『南邠州・碾子坡』(『中国田野考古報告集』考古学専刊丁種第六十六号)
236. 中国社会科学院考古研究所渭水流域考古調査発掘隊　1996　「陝西渭水流域西周文化遺址調査」(『考古』1996年第7期)
237. 中国社会科学院考古研究所甘粛工作隊　1980　「甘粛永靖蓮花台辛店文化遺址」(『考古』1980年第4期)
238. 中国社会科学院考古研究所甘粛工作隊　1980　「甘粛永靖張家嘴与姫家川遺址的発掘」(『考古学報』1980年第2期)
239. 中国社会科学院考古研究所涇渭工作隊　1989　「陝西長武碾子坡先周文化遺址発掘記略」(『考古学集刊』第6集)
240. 中国社会科学院考古研究所涇渭工作隊　1999　「陝西彬県断涇遺址発掘報告」(『考古学報』1999年第1期)
241. 中国社会科学院考古研究所陝西武功発掘隊　1983　「陝西武功県新石器時代及西周遺址調査」(『考古』1983年第5期)
242. 中国社会科学院考古研究所武功発掘隊　1988　「1982－1983年陝西武功黄家河遺址発掘簡報」(『考古』1988年第7期)
243. 中国社会科学院考古研究所扶風考古隊　1980　「一九六二年陝西扶風斉家村発掘簡報」(『考古』1980年第1期)
244. 中国社会科学院考古研究所豊鎬工作隊　1987　「1984－85年澧西西周遺址、墓葬発掘報告」(『考古』1987年第1期)

245. 中国社会科学院考古研究所豊鎬工作隊　1992　「陝西長安県灃西新旺村西周制骨作坊遺址」（『考古』1992年第11期）
246. 中国社会科学院考古研究所豊鎬工作隊　2000　「1997年灃西発掘報告」（『考古学報』2000年第2期）
247. 中国社会科学院考古研究所豊鎬発掘隊　1984　「長安灃西早周墓葬発掘記略」（『考古』1984年第9期）
248. 中国社会科学院考古研究所豊鎬発掘隊　2004　「陝西長安県灃西大原村西周墓葬」（『考古』2004年第9期）
249. 中国社会科学院考古研究所灃西隊　1994　「1987、1991年陝西長安張家坡的発掘」（『考古』1994年第10期）
250. 中国社会科学院考古研究所灃西発掘隊　1980　「1967年長安張家坡西周墓葬的発掘」（『考古学報』1980年第4期）
251. 中国社会科学院考古研究所灃西発掘隊　1981　「1976－1978年長安灃西発掘簡報」（『考古』1981年第1期）
252. 中国社会科学院考古研究所灃西発掘隊　1983　「陝西長安県新旺村新出土西周銅鼎」（『考古』1983年第3期）
253. 中国社会科学院考古研究所灃西発掘隊　1986　「長安張家坡西周井叔墓発掘簡報」（『考古』1986年第1期）
254. 中国社会科学院考古研究所灃西発掘隊　1986　「1979－1981年長安灃西、灃東発掘簡報」（『考古』1986年第3期）
255. 中国社会科学院考古研究所灃西発掘隊　1986　「1984年灃西大原村西周墓地発掘簡報」（『考古』1986年第11期）
256. 中国社会科学院考古研究所灃西発掘隊　1987　「陝西長安灃西客省荘西周夯土基址発掘報告」（『考古』1987年第8期）
257. 中国社会科学院考古研究所灃西発掘隊　1988　「1984年長安普渡村西周墓葬発掘簡報」（『考古』1988年第9期）
258. 中国社会科学院考古研究所灃西発掘隊　1989　「長安張家坡M183西周洞室墓発掘簡報」（『考古』1989年第6期）
259. 中国社会科学院考古研究所灃西発掘隊　1990　「陝西長安張家坡M170号井叔墓発掘簡報」（『考古』1990年第6期）
260. 趙永福　1984　「1961－62年灃西発掘簡報」（『考古』1984年第9期）
261. 張恩賢・魏興興　2001　「周原遺址出土"丹叔番"盂」（『考古与文物』2001年第5期）
262. 趙学謙　1959　「記岐山発現的三件青銅器」（『考古』1959年第11期）
263. 趙学謙　1963　「陝西宝鶏、扶風出土的幾件青銅器」（『考古』1963年第10期）
264. 張洲　1995　「周原環境与文化要述」（『文博』1995年第4期）
265. 張洲　2007　『周原環境与文化（修訂本）』（三秦出版社）
266. 張春生　2003　「周先公世系補遺」（『文博』2003年第2期）
267. 長水　1972　「岐山賀家村出土的西周銅器」（『文物』1972年第6期）
268. 張翠蓮　1993　「扶風劉家墓地試析」（『考古与文物』1993年第3期）
269. 張政烺　1976　「何尊銘分解釈補遺」（『文物』1976年第1期）
270. 張雪蓮・仇士華　2004　「周原遺址雲塘、斉鎮建築基址碳十四年代研究」（『考古』2004年第4期）
271. 張長寿　1980　「論宝鶏茹家荘発現的西周銅器」（『考古』1980年第6期）
272. 張長寿　1983　「記陝西長安灃西新発現的両件銅鼎」（『考古』1983年第3期）
273. 張長寿　1987　「記灃西新発現的獣面玉飾」（『考古』1987年第5期）
274. 張長寿　1994　「西周的玉柄形器——1983－86年灃西発掘資料之九」（『考古』1994年第6期）
275. 張長寿　2000　「灃西的先周文化遺存」（『考古与文物』2000年第2期）
276. 張長寿・張孝光　1992　「西周時期的銅漆木器具——1983－86年灃西発掘資料之六」（『考古』1992年第6期）
277. 張長寿・梁星彭　1989　「関中先周青銅文化的類型与周文化的淵源」（『考古学報』1989年第1期）

278. 張天恩　1989　「高領袋足鬲的研究」(『文物』1989年第 6 期)
279. 張天恩　2004　「関中西部商文化研究」(『考古学報』2004年第 1 期)
280. 張天恩　2004　「周公廟遺址発掘渉及的主要問題」(『文博』2004年第 5 期)
281. 張天恩　2004　『関中商代文化研究』(『北京大学震旦古代文明研究中心学術叢書之九』)
282. 長武県文化館・田学祥・張振華　1975　「陝西長武県文化大革命以来出土的幾件西周銅器」(『文物』1975年第 5 期、89頁)
283. 張文祥　1996　「宝鶏強国墓地淵源的初歩探討——兼論蜀文化与城固銅器群的関係」(『考古与文物』1996年第 2 期)
284. 張懋鎔　2005　「幽王銅器新探」(『文博』2005年第 1 期)
285. 張懋鎔　2004　「関于周公廟墓地性質的別類思考」(『文博』2004年第 5 期)
286. 張懋鎔・魏興興　2002　「一座豊富的地下文庫——周原出土西周有銘青銅器綜論」(『吉金鑄国史——周原出土西周青銅器精粋』北京大学考古文博学院・北京大学古代文明研究中心)
287. 張良仁　2001　「高領袋足鬲的分期与来源」(『考古与文物』2001年第 4 期)
288. 陳穎　1985　「長安県新旺村出土的両件青銅器」(『文博』1985年第 3 期)
289. 陳全方　1976　「周原遺址考古新発現」(『西北大学学報（哲社版）』1976年第 3・4 期)
290. 陳全方　1979　「早周都城岐邑初探」(『文物』1979年第10期)
291. 陳全方　1984　「周原西周建築基址概述（上）」(『文博』1984年創刊号)
292. 陳全方　1984　「周原西周建築基址概述（下）」(『文博』1984年第 2 期)
293. 陳全方　1985　「周原出土陶文研究」(『文物』1985年第 3 期)
294. 陳全方　1987　「周原遺址発掘綜述」(『中国考古学研究論集——紀念夏鼐先生考古五十週年』)
295. 陳全方　1988　『周原与周文化』(上海人民出版社)
296. 陳全方　1991　「周原的来暦与我国最早的京城」(『文博』1991年第 4 期)
297. 陳全方　1992　「従周原新出土文物談西周文、武王和周公的業績」(『文博』1992年第 4 期)
298. 陳夢家　1955　「西周銅器断代（一）」(『考古学報』第 9 冊)
299. 陳夢家　1955　「西周銅器断代（二）」(『考古学報』第10冊)
300. 陳夢家　1956　「西周銅器断代（三）」(『考古学報』1956年第 1 期)
301. 丁乙　1982　「周原的建築遺存和銅器窖蔵」(『考古』1982年第 4 期)
302. 程学華　1959　「宝鶏扶風発現西周銅器」(『文物』1959年第11期、72頁)
303. 鄭洪春　1981　「長安県河迪村西周墓清理簡報」(『文物資料叢刊』第 5 号)
304. 鄭洪春　1984　「西周建築基址勘査」(『文博』1984年第 3 期)
305. 鄭洪春・蒋祖棣　1986　「長安灃東西周遺存的考古調査」(『考古与文物』1986年第 2 期)
306. 鄭洪春・穆海亭　1988　「長安県花園村西周墓葬清理簡報」(『文博』1988年第 1 期)
307. 鄭洪春・穆海亭　1992　「鎬京西周五号大型宮室建築基址発掘簡報」(『文博』1992年第 4 期)
308. 田昌五　1989　「周原出土甲骨中反映的商周関係」(『文物』1989年第10期)
309. 田仁孝・張天恩・雷興山　1993　「碾子坡類型芻論」(『文博』1993第 6 期)
310. 田仁孝・劉棟・張天恩　1994　「西周強氏遺存幾个問題的探討」(『文博』1994年第 5 期)
311. 田鉄林　1991　「麟游県出土商周青銅器」(『考古与文物』1991年第 1 期)
312. 陶栄　2008　「甘粛崇信香山寺先周墓清理簡報」(『考古与文物』2008年第 2 期)
313. 董珊　2006　「試論周公廟亀甲卜辞及其相関問題」(『古代文明』第 5 巻)
314. 唐蘭　1976　「何尊銘文解釈」(『文物』1976年第 1 期)
315. 唐蘭　1978　「略論西周微史家族窖蔵銅器的重要意義」(『文物』1978年第 3 期)

316．銅川市文化館　1982　「陝西銅川発現商周青銅器」（『考古』1982年第1期）
317．西江清高　1993　「西周式土器成立の背景（上）」（『東洋文化研究所紀要』第121冊）
318．西江清高　1994　「西周式土器成立の背景（下）」（『東洋文化研究所紀要』第123冊）
319．西江清高　1995　「中国先史時代の土器作り」（『しにか』第6巻第7号）
320．任周芳　2006　「宝鶏地区古代遺址的分布」（『周原遺址的分期与布局研究』北京大学中国考古学研究中心）
321．冉素茹　1988　「藍田県出土一件西周青銅盨」（『文博』1988年第6期）
322．白栄金　1990　「長安張家坡M170号西周墓出土一組半月形銅件的組合復原」（『考古』1990年第6期）
323．馬承源　1976　「何尊銘文初釈」（『文物』1976年第1期）
324．林巳奈夫　1972　『中国殷周時代の武器』（京都）
325．林巳奈夫　1984　『殷周時代青銅器の研究——殷周青銅器綜覧一』（東京）
326．林巳奈夫　1986　『殷周時代青銅器紋様の研究——殷周青銅器綜覧二』（東京）
327．樊維岳　1985　「藍田県出土一組西周早期青銅器」（『文博』1985年第3期）
328．樊維岳　1987　「藍田出土一組西周早期銅器陶器」（『考古与文物』1987年第5期）
329．眉県文化館・劉懐君・宝鶏市文管会・任周芳　1982　「眉県出土"王作仲姜"宝鼎」（『考古与文物』1982年第2期）
330．馮建科　2004　「試論周公廟遺址的文化内涵及性質」（『文博』2004年第6期）
331．馮濤　2004　「陝西周公廟発現大型墓葬群」（『文博』2004年第2期）
332．傅熹年　1981　「陝西岐山鳳雛西周建築遺址初探——周原西周建築遺址研究之一」（『文物』1981年第1期）
333．傅熹年　1981　「陝西扶風召陳西周建築遺址初探——周原西周建築遺址研究之二」（『文物』1981年第3期）
334．付升岐　1984　「扶風新出土的青銅器」（『文博』創刊号）
335．扶風県図書館・羅西章　1979　「陝西扶風発現西周厲王㝬簋」（『文物』1979年第4期）
336．扶風県図書館・羅西章　1980　「陝西扶風楊家堡西周墓清理簡報」（『考古与文物』1980年第2期）
337．扶風県博物館　1984　「扶風北呂周人墓地発掘簡報」（『文物』1984年第7期）
338．扶風県博物館　1986　「扶風県官務窖出土西周銅器」（『文博』1986年第5期）
339．扶風県博物館　2007　「陝西扶風県新発現一批商周青銅器」（『考古与文物』2007年第3期）
340．扶風県博物館・高西省　1989　「陝西扶風益家堡商代遺址的調査」（『考古与文物』1989年第5期）
341．扶風県文化館・陝西省文管会等　1976　「陝西扶風県召李村一号周墓清理簡報」（『文物』1976年第6期）
342．扶風県文化館・陝西省文管会等　1976　「陝西扶風出土西周伯㦰諸器」（『文物』1976年第6期）
343．扶風県文化館・羅西章　1977　「扶風白家窰水庫出土的商周文物」（『文物』1977年第12期）
344．扶風県文化館・羅西章　1978　「扶風美陽発現商周銅器」（『文物』1978年第10期）
345．北京大学考古教研室華県報告編写組　1980　「華県、渭南古代遺址調査与試掘」（『考古学報』1980年第3期）
346．北京大学考古系　1993　「陝西扶風県壹家堡遺址発掘簡報」（『考古』1993年第1期）
347．北京大学考古系商周組　1994　「陝西扶風県壹家堡遺址1986年度発掘報告」（『考古学研究』（二）、北京大学考古系）
348．北京大学考古系商周組・陝西省考古研究所　1994　「陝西耀県北村遺址1984年発掘報告」（『考古学研究』（二）、北京大学考古系）
349．北京大学考古系商周組・陝西省考古研究所　2000　「陝西禮泉朱馬嘴商代遺址試掘簡報」（『考古与文物』2000年第5期）
350．北京大学考古系商周実習組・陝西省考古研究所商周研究室　1989　「陝西米脂張坪墓地試掘簡報」（『考古与文物』1989年第1期）
351．北京大学考古文博院　2001　「陝西彬県、淳化等県商時期遺址調査」（『考古』2001年第9期）

352. 北京大学考古文博学院・種建栄・雷興山　2007　「先周文化鋳銅遺存的確認及其意義」（『中国文物報遺産周刊』第251期）
353. 北京大学考古文博学院・北京大学古代文明研究中心　2002　『吉金鋳国史——周原出土西周青銅器精粋』（文物出版社）
354. 龐懐靖　1991　「重談美陽、岐陽地望問題」（『考古与文物』1991年第5期）
355. 龐懐靖　1993　「周原甲骨文」（『文博』1993年第6期）
356. 龐懐靖　2001　「歧邑（周城）之発現及鳳雛建築基址年代探討」（『文博』2001年第1期）
357. 龐懐靖　2001　「鳳雛甲組宮室年代問題再探討」（『考古与文物』2001年第4期）
358. 彭曦　2007　「西周甲骨作董版初釋」（『文博』2007年第2期）
359. 宝鶏県博物館・閻宏斌　1988　「宝鶏林家村出土西周青銅器和陶器」（『文物』1988年第6期）
360. 宝鶏市考古研究所　2007　「陝西宝鶏紙坊頭西周早期墓葬清理簡報」（『文物』2007年第8期）
361. 宝鶏市考古研究所・扶風県博物館　2007　「陝西扶風五郡西村西周青銅器窖蔵発掘簡報」（『文物』2007年第8期）
362. 宝鶏市考古工作隊　1984　「陝西武功鄭家坡先周遺址発掘簡報」（『文物』1984年第7期）
363. 宝鶏市考古工作隊　1989　「関中漆水下游先周遺址調査報告」（『考古与文物』1989年第6期）
364. 宝鶏市考古工作隊　1998　「陝西宝鶏市高家村遺址発掘簡報」（『考古』1998年第4期）
365. 宝鶏市考古工作隊・宝鶏市博物館　1996　「宝鶏県陽平鎮高廟村西周墓群」（『考古与文物』1996年第3期）
366. 宝鶏市考古隊　1989　「宝鶏市紙坊頭遺址試掘簡報」（『文物』1989年第5期）
367. 宝鶏市考古隊　1989　「宝鶏市附近古遺址調査」（『文物』1989年第6期）
368. 宝鶏市考古隊・扶風県博物館　1996　「扶風県飛鳳山西周墓発掘簡報」（『考古与文物』1996年第3期）
369. 宝鶏市考古隊・扶風県博物館　2007　「陝西扶風県新発現一批西周青銅器」（『考古与文物』2007年第4期）
370. 宝鶏市周原博物館・羅西章　1995　『北呂周人墓地』（西北大学出版社）
371. 宝鶏市博物館　1983　「宝鶏竹園溝西周墓地発掘簡報」（『文物』1983年第2期）
372. 宝鶏市博物館・王光永　1977　「陝西省岐山県発現商代銅器」（『文物』1977年第12期）
373. 宝鶏市博物館・王光永・鳳翔県文化館・曹明檀　1979　「宝鶏市郊区和鳳翔発現西周早期銅鏡等文物」（『文物』1979年第12期）
374. 宝鶏市博物館・李仲操　1978　「史墻盤銘文試釋」（『文物』1978年第3期）
375. 宝鶏茹家荘西周墓発掘隊　1976　「陝西省宝鶏市茹家荘西周墓発掘簡報」（『文物』1976年第4期）
376. 龐文龍　1994　「岐山県博物館蔵商周青銅器録遺」（『考古与文物』1994年第3期）
377. 龐文龍・崔玫英　1989　「岐山王家村出土青銅器」（『文博』1989年第1期）
378. 龐文龍・崔玫英　1990　「陝西岐山近年出土的青銅器」（『考古与文物』1990年第1期）
379. 穆暁軍　1998　「陝西長安県出土西周呉虎鼎」（『考古与文物』1998年第3期）
380. 保全　1981　「西安老牛坡出土商代早期文物」（『考古与文物』1981年第2期）
381. 彭邦炯　1991　「西安老牛坡商墓遺存族属新探」（『考古与文物』1991年第6期）
382. 本刊編輯部　2003　「宝鶏眉県楊家村窖蔵単氏家族青銅器群座談紀要」（『考古与文物』2003年第3期）
383. 馬琴莉　1996　「三原県収蔵的商周銅器和陶器」（『文博』1996年第4期）
384. 俞偉超　1985　「古代"西戎"和"羌"、"胡"考古学文化帰属問題的探討」（『先秦両漢考古学論集』）
385. 楊巨中　2000　「周豊邑鎬京城址考」（『文博』2000年第4期）
386. 楊軍昌　1997　「周原出土西周陽燧技術研究」（『文物』1997年第7期）
387. 楊鴻勳　1981　「西周岐邑建築遺址初歩考察」（『文物』1981年第3期）
388. 雍城考古隊　1985　「陝西鳳翔県大辛村遺址発掘簡報」（『考古与文物』1985年第1期）

389. 雍城考古隊　1987　「陝西鳳翔水溝周墓清理記」(『考古与文物』1987 年第 4 期)

390. 雍城考古隊・韓偉・呉鎮烽　1982　「鳳翔南指揮西村周墓的発掘」(『考古与文物』1982 年第 4 期)

391. 姚生民　1986　「陝西淳化県出土的商周青銅器」(『考古与文物』1986 年第 5 期)

392. 姚生民　1990　「陝西淳化県新発現的商周青銅器」(『考古与文物』1990 年第 1 期)

393. 楊莉　2006　「鳳雛H11之1、82、84、112四版卜辞通釈与周原卜辞的族属問題」(『古代文明』第 5 巻)

394. 雷興山　2000　「対関中地区商文化的幾点認識」(『考古与文物』2000 年第 2 期)

395. 雷興山　2006　「論周公廟遺址卜甲坑H45的期別与年代──兼論関中西部地区商周之際考古学文化分期的幾点認識」(『古代文明』第 5 巻)

396. 雒忠如　1963　「扶風県又出土了周代銅器」(『文物』1963 年第 9 期、65 頁)

397. 羅紅俠　1993　「周原出土的人物形象文物」(『文博』1993 年第 6 期)

398. 羅紅俠　1994　「扶風黄堆老堡三座西周残墓清理簡報」(『考古与文物』1994 年第 3 期)

399. 羅紅俠　1994　「扶風黄堆老堡西周残墓出土文物」(『文博』1994 年第 5 期)

400. 羅紅俠・周暁　1995　「試論周原遺址出土的西周璽印」(『文物』1995 年第 12 期)

401. 羅西章　1973　「扶風新征集了一批西周青銅器」(『文物』1973 年第 11 期、78 頁)

402. 羅西章　1974　「陝西扶風県北橋出土一批西周青銅器」(『文物』1974 年第 11 期、85 頁)

403. 羅西章　1978　「扶風白龍大隊発現西周早期墓葬」(『文物』1978 年第 2 期)

404. 羅西章　1980　「扶風雲塘発見西周磚」(『考古与文物』1980 年第 2 期)

405. 羅西章　1980　「扶風出土的商周青銅器」(『考古与文物』1980 年第 4 期)

406. 羅西章　1986　「扶風出土的古代瓷器」(『文博』1986 年第 4 期)

407. 羅西章　1987　「周原出土的陶製建築材料」(『考古与文物』1987 年第 2 期)

408. 羅西章　1988　「周原青銅器窖蔵及有関問題的探討」(『考古与文物』1988 年第 2 期)

409. 羅西章　1988　「周原出土的西周陶製生産工具」(『文博』1988 年第 5 期)

410. 羅西章　1989　「周原出土的骨笄」(『文博』1989 年第 3 期)

411. 羅西章　1990　「扶風斉家村西周墓清理簡報」(『文博』1990 年第 3 期)

412. 羅西章　1992　「扶風斉家村西周石器作坊調査記」(『文博』1992 年第 5 期)

413. 羅西章　1997　「西周王陵何処覓」(『文博』1997 年第 2 期)

414. 羅西章　1997　「扶風黄堆西周 57 号墓出土菜籽」(『考古与文物』1997 年第 3 期)

415. 羅西章・王均顕　1987　「周原扶風地区出土西周甲骨的初歩認識」(『文物』1987 年第 2 期)

416. 藍田県文化館・樊維岳・陝西省考古研究所・呉鎮烽　1980　「陝西藍田県出土商代青銅器」(『文物資料叢刊』第 3 期)

417. 李海栄　2000　「関中地区出土商時期青銅器文化因素分析」(『考古与文物』2000 年第 2 期)

418. 李学勤　1981　「西周甲骨的幾点研究」(『文物』1981 年第 9 期)

419. 李学勤　1986　「論長安花園村両墓青銅器」(『文物』1986 年第 1 期)

420. 李学勤　1986　「灃西発現的乙卯尊及其意義」(『文物』1986 年第 7 期)

421. 李学勤　2004　「周公廟遺址性質推想」(『文博』2004 年第 5 期)

422. 李自智　1988　「陝西商周考古述要」(『考古与文物』1988 年第 5・6 期)

423. 李滌陳　1994　「西周特大容器"三足倉"」(『考古与文物』1994 年第 4 期)

424. 李滌陳　1994　「戸県発現西周特大容器三足倉」(『文博』1994 年第 5 期)

425. 李西興　1984　「従岐山鳳雛村房基遺址看西周的家族公社」(『考古与文物』1984 年第 5 期)

426. 李長慶　1955　「陝西長安斗門鎮発現周代文物簡報」(『文物参考資料』1955 年第 2 期)

427. 李長慶・田野　1957　「祖国歴史文物的又一次重要発現──陝西眉県発掘出四件周代銅器」(『文物参考資

料』1957 年第 4 期）

428．李伯謙　1983　「城固銅器群与早期蜀文化」（『考古与文物』1983 年第 2 期）
429．李伯謙　2004　「眉県楊家村出土青銅器与晋侯墓地若干問題的研究」（『古代文明』第 3 巻）
430．李峰　1986　「試論陝西出土商代銅器的分期与分区」（『考古与文物』1986 年第 3 期）
431．李峰　1988　「黄河流域西周墓葬出土青銅礼器的分期与年代」（『考古学報』1988 年第 4 期）
432．李峰　1991　「先周文化的内涵及其淵源探討」（『考古学報』1991 年第 3 期）
433．劉煜・宋江寧・劉歆益　2007　「周原出土鋳銅遺物的分析検測」（『考古与文物』2007 年第 4 期）
434．劉懐君　1987　「眉県出土一批西周窖蔵青銅楽器」（『文博』1987 年第 2 期）
435．劉懐君　2003　「眉県楊家村西周窖蔵青銅器的初歩認識」（『考古与文物』2003 年第 3 期）
436．劉軍社　1993　「先周文化与光社文化的関係」（『文博』1993 年第 2 期）
437．劉軍社　1993　「周磚芻議」（『考古与文物』1993 年第 6 期）
438．劉軍社　1993　「鳳翔西村先周墓葬分析」（『文博』1993 年第 6 期）
439．劉軍社　1994　「鄭家坡文化与劉家文化的分期及其性質」（『考古学報』1994 年第 1 期）
440．劉軍社　1995　「先周文化与光社文化的関係」（『文博』1995 年第 1 期）
441．劉軍社　1996　「再論鄭家坡遺址的分期与年代」（『考古与文物』1996 年第 2 期）
442．劉軍社　2003　『先周文化研究』（三秦出版社）
443．劉軍社　2006　「対尋找涇水上游先周文化遺存的思考」（『文博』2006 年第 5 期）
444．劉建国　2006　「陝西周原七星河流域考古信息系統的建設与分析」（『考古』2006 年第 3 期）
445．劉宏岐　2004　「周公廟遺址発現周代磚瓦及相関問題」（『考古与文物』2004 年第 6 期）
446．劉合心　1975　「陝西省周至県発現西周王器一件」（『文物』1975 年第 7 期）
447．劉合心　1981　「陝西省周至県出土西周太師簋」（『考古与文物』1981 年第 1 期、128 頁）
448．劉合心　1983　「陝西省周至県近年征集的幾件西周青銅器」（『文物』1983 年第 7 期）
449．劉宏斌　2007　「吉金現世三秦増輝——扶風五郡西村青銅器発現保護親歴記」（『文博』2007 年第 1 期）
450．劉士莪　1988　「西安老牛坡商代墓地初論」（『文物』1988 年第 6 期）
451．劉士莪　2004　「従西周王陵和大貴族墓談起」（『文博』2004 年第 5 期）
452．劉士莪　2002　『老牛坡』（『西北大学考古専業田野発掘報告』）
453．劉緒　2006　「『周原遺址与西周銅器研究』読后」（『考古学研究』（六）、北京大学考古文博学院）
454．劉緒・徐天進　2006　『周原遺址的分期与布局研究』（北京大学中国考古学研究中心）
455．劉随群　1993　「涇陽発現高領袋足鬲」（『文博』1993 年第 6 期）
456．劉瑞　2007　「陝西扶風雲塘、斉鎮発現的周代建築址研究」（『考古与文物』2007 年第 3 期）
457．劉宝愛・嘯鳴　1989　「宝鶏市博物館収蔵的陶鬲」（『文物』1989 年第 5 期）
458．劉亮　1986　「鳳雛村名探源——従甲骨文看周人対鳳的崇拝」（『文博』1986 年第 1 期）
459．劉亮　1999　「周原遺址出土的円柱形角器初考」（『考古与文物』1999 年第 5 期）
460．梁星彭　1982　「〈論先周文化〉商榷」（『考古与文物』1982 年第 4 期）
461．梁星彭　1996　「壹家堡商周遺存若干問題商榷」（『考古』1996 年第 1 期）
462．梁星彭　1996　「張家坡西周洞室墓淵源与族属探討」（『考古』1996 年第 5 期）
463．梁星彭　2002　「岐周、豊鎬周文化遺迹、墓葬分期研究」（『考古学報』2002 年第 4 期）
464．梁星彭・馮孝堂　1963　「陝西長安、扶風出土西周銅器」（『考古』1963 年第 8 期）
465．林直寸　1958　「陝西扶風黄堆郷発現周瓦」（『考古通訊』1958 年第 9 期）
466．臨潼県文化館　1977　「陝西臨潼発現武王征商簋」（『文物』1977 年第 8 期）
467．麟游県博物館　1990　「陝西省麟游県出土商周青銅器」（『考古』1990 年第 10 期）

468. 盧建国・菫啓明・尚友徳　1984　「陝西耀県北村商代遺址調査記」(『考古与文物』1984年第1期)
469. 路廸民・翟克勇　2000　「周原陽燧的合金成分与金相組織」(『考古』2000年第5期)
470. 盧連成　1985　「扶風劉家先周墓地剖析——論先周文化」(『考古与文物』1985年第2期)
471. 盧連成　1988　「西周豊鎬両京考」(『中国歴史地理論叢』1998年第3輯)
472. 盧連成・胡智生　1983　「宝鶏茹家荘、竹園溝墓地有関問題的探討」(『文物』1983年第2期)
473. 盧連成・胡智生　1988　『宝鶏強国墓地』(北京)
474. 盧連成・羅英杰　1981　「陝西武功県出土楚殷諸器」(『考古』1981年第2期)

おわりに

　2006・2007・2008年度にわたる3ヵ年の渭河流域における先周・西周遺跡の分布調査と踏査が終わった。この3ヵ年の調査の結果、鳳凰山の南麓に広がる周公廟（鳳凰山）遺跡は、周公旦の采邑である可能性がますます高くなった。従って周公廟の北東の尾根に分布する陵坡の大墓群は、周公旦一族の墓地である可能性が出てきた。周公廟遺跡が周公旦の采邑であったことを認めるのなら、その地は周公旦が文王から譲り受けた土地で、古公亶父の周城の位置となってくる。

　西江清高氏・渡部展也氏による渭河流域先周・西周遺跡の立地研究とGPS調査を伴う踏査は、大きな成果を上げた。石井仁氏のこの地に関する魏晋南北朝関係史料からの村塢・環土塁集落研究は、時代を遡って西周時代集落研究に結びつけていかなければならない研究であった。

　2006・2007・2008年度に北京大学考古文博学院・陝西省考古研究院が、発掘調査を行い研究代表者・飯島武次、研究分担者・酒井清治氏、設楽博己氏が参加した周公廟遺跡の祝家巷北地点・廟王村地点・祝家巷北A1地点・祝家巷北A2地点は、古公亶父の周城の地域内に含まれている可能性が高いことを確認するにいたった。当初の研究目的の一つであった周城（岐邑）の位置を最終的に確定することはできなかったが、先周・西周の采邑や集落や宮殿区に関する研究においては一定の成果を得ることが出来た。しかし、西周王陵の位置に関しては、顕著な成果を上げることは出来ず、研究上未解決の仕事として心残りである。

　研究課題名「中国渭河流域における西周時代遺跡の調査研究」の研究を遂行するに当たり中国側の海外共同研究者（研究協力者）である徐天進（北京大学考古文博学院教授）、雷興山（北京大学考古文博学院准教授）、焦南峰（陝西省考古研究院院長）、王占奎（陝西省考古研究院副院長）の諸氏から、全日程にわたり、絶大な援助、協力を頂いたことを明記し、謝辞に代えたい。また北京大学研究生の劉静氏から研究分担者の西江清高氏・渡部展也氏が、並々ならぬ協力を得たと聞いている。両氏に変わってお礼を申し上げたい。

　研究代表者・飯島は、2009年4月から北京大学考古文博学院へ在外研究員として長期の出張が予定されているため、本報告書は2008年度内刊行を目指して大変急いで執筆をお願いし、編集・刊行した。そのため研究成果をまとめる時間も短く、編集を含め荒削りな内容にならざる負えなかった。2010年度以降に正式な「本報告」を考えている。最後に、出版の労を取って下さった株式会社同成社・山脇洋亮社長にお礼を申し上げたい。

　2009年2月

　　　　　　　　　　　　　　　　　　　　　　　　　　　　　　　　　　飯島　武次

中国渭河流域西周时代遗址的调查研究
(要旨)

饭岛武次

　　周王朝所创造的西周文化，成为古代中国礼制、儒教、封建价值观的母体。特别是儒教和儒学，对日本封建时代的学术、制度、价值观产生了极大的观影响。周族自始祖后稷传至第13代为古公亶父（太王），他带领周人离开邠，渡过漆河，翻越岐山，迁徙到岐山南的「周原」。在这里与姜族女子结婚，并营建了周城。这一段历史在日本也为人所知，周文王和太公望吕尚在渭阳相遇的故事则更加广为流传。日本战国时代的武将织田信长，1567年占据稻叶山城，效仿文王兴邦于岐山，将那个被称为井口的地方改称岐阜，迈出了统一日本的一步。基于这种原因，我们日本人对于西周文化和西周王朝有着特殊的亲近感，对西周王朝发祥地的考古学研究也极为关心。

　　2006、2007、2008年度，以《中国渭河流域西周时代遗址的调查研究》为课题，饭岛武次作为研究代表，制定了研究计划，申请并获得了日本文部科学省的科学研究补助金，对分布在渭河北岸台地的西周王朝建国时期的遗迹进行了考古学调查。为寻找岐邑，我们先后踏查了西起宝鸡市附近的斗鸡台、水沟村，东至西安市长安区的丰镐等许多先周和西周的遗址，同时对遗址与水源的关系进行地理学的考证，取得了许多考古学研究成果。

　　2006、2007、2008年，北京大学考古文博学院和陕西省考古研究院在凤凰山（周公庙）遗址的4个地点（祝家巷北地点・庙王村地点・祝家巷北A1地点・祝家巷北A2地点）进行了考古发掘。研究代表飯岛武次，研究分担者酒井清治、設楽博己、鈴木敦来到发掘现场，亲眼目睹了考古调查成果。通过参观这些遗址的发掘现场，认识到凤凰山（周公庙）遗址极有可能被包含在古公亶父所建的周城（岐邑）范围内。

　　在对先周・西周采邑、集落、宫殿区的研究中，这三年的调查与踏查取得了一定成果。位于凤凰山南麓的凤凰山（周公庙）遗址极有可能就是周公的采邑。因而，分布在周公庙东北山梁上的陵坡大墓群也有可能是周公旦一族的墓地。据《诗经》郑玄《周南召南谱》等文献的记载，文王将古公亶父的故地岐邦封赐给周公旦为采地。如果可以确认凤凰山（周公庙）遗址为周公采邑的话，不无理由推测周公的采邑可能就是古公亶父的周城。

　　然而，关于西周王陵位置的确认，未能取得显著的成果。作为今后的课题遗留下来，未免有些遗憾。

　　在《中国渭河流域西周时代遗址的调查研究》的课题研究过程中，中方的海外共同研究者（研究合作者）徐天进教授（北京大学考古文博学院）、雷兴山副教授（北京大学考古文博学院）、焦南峰所长（陕西省考古研究院）、王占奎副所长（陕西省考古研究院）自始至终给予了巨大的支持和协作，在此明记，代为谢辞。

（中文翻译 苏哲）

執筆者一覧（執筆順　編者を除く）
（生年・最終学歴・現職の順）

長尾　宗史（ながお　むねのり）
　1978年生。
　駒澤大学大学院人文科学研究科修士課程修了。
　現在、駒澤大学大学院人文科学研究科博士課程在学中。

西江　清高（にしえ　きよたか）
　1954年生。
　上智大学大学院博士課程後期課程満期退学。博士（史学）。
　現在、南山大学文学部教授。

渡部　展也（わたなべ　のぶや）
　1974年生。
　慶應義塾大学大学院・メディア研究科博士後期課程単位
　　取得退学。博士（政策・メディア）。
　現在、中部大学人文学部准教授。

徐　　天進（じょ　てんじん）
　1958年生。
　北京大学考古系博士課程修了。
　現在、北京大学考古文博学院教授。

鈴木　　敦（すずき　あつし）
　1959年生。
　九州大学大学院文学研究科博士課程中退。修士（文学）。
　現在、茨城大学人文学部教授。

石井　　仁（いしい　ひとし）
　1958年生。
　東北大学大学院文学研究科博士課程後期満期退学。
　現在、駒澤大学文学部准教授。

中国 渭河 流域の西周 遺跡
<small>ちゅうごく い が りゅういき せいしゅう い せき</small>

■編者略歴■

飯島　武次（いいじま　たけつぐ）

1943（昭和18）年	東京に生まれる。
1966（昭和41）年	駒澤大学文学部地理歴史学科卒業
1972（昭和47）年	東京大学大学院人文科学研究科博士課程考古学専攻単位取得満期退学
1972（昭和47）年	東京大学助手（文学部）
1976（昭和51）年	財団法人古代学協会研究員
1980（昭和55）年	駒澤大学専任講師（文学部考古学）
1986（昭和61）年	北京大学考古学系研究員
1987（昭和62）年	文学博士（東京大学）
現　在	駒澤大学教授（文学部考古学）
著　書	『夏殷文化の考古学研究』（山川出版社、1985年）
	『中国新石器文化研究』（山川出版社、1991年）
	『中国周文化考古学研究』（同成社、1998年）
	『中国考古学概論』（同成社、2003年）

2009年3月20日発行

編者　飯島　武次
発行者　山脇　洋亮
印刷　亜細亜印刷㈱

発行所　東京都千代田区飯田橋4-4-8　東京中央ビル内　㈱同成社
TEL 03-3239-1467　振替 00140-0-20618

©IijimaTaketugu 2009. Printed in Japan
ISBN978-4-88621-479-9 C3022